LITURGIE DER KINDERTAUFE

Liturgie der Kindertaufe

Herausgegeben von
Jürgen Bärsch
Andreas Poschmann

Deutsches Liturgisches Institut
Trier

© VzF Deutsches Liturgisches Institut
Trier 2009

Satz: Satzweise, Föhren
Umschlaggestaltung: © S. Angerhausen
Abbildungen im Innenteil (S. 140–154): A. Lempges.
Gedankt sei den Pfarrgemeinden für die freundliche Abdruckerlaubnis.

Auslieferung
VzF Deutsches Liturgisches Institut
Postfach 2628, 54216 Trier
Tel. 0(0 49)6 51 9 48 08-50, Fax 0(0 49)6 51 9 48 08-33
Internet www.liturgie.de, E-Mail dli@liturgie.de
Bestell-Nr. 5307

ISBN 978-3-937796-08-6

Vorwort

Nach alter Tradition hat die Kirche immer auch Säuglinge und Kleinkinder getauft und in ihre Gemeinschaft aufgenommen. Zu Recht durfte sie darauf vertrauen, dass die Kinder nach der Taufe durch ihre Eltern, Erzieher und Priester den christlichen Glauben kennen lernten und durch das Mitleben mit ihnen wie mit der sie umgebenden Gesellschaft wie selbstverständlich in die Glaubensgemeinschaft hineinwuchsen.

Demgegenüber stellt sich die Situation heute völlig anders dar. Obwohl die Weitergabe des Glaubens häufig kaum gesichert ist und vielfach sogar ganz ausfällt, werden dennoch weiterhin in unseren Pfarrgemeinden die weitaus meisten Menschen als kleine Kinder getauft. Das weckt bei nicht wenigen Verantwortlichen Unbehagen, die bisherige Praxis weiterzuführen und stellt Fragen, wie künftig angemessene Wege zur Eingliederung von Kindern in die Kirche beschritten werden können.

Der revidierte Ritualefaszikel „Die Feier der Kindertaufe", der Anfang 2008 erschienen ist, war darum der Anlass, im Rahmen der Sommerakademie dieses Buch vorzustellen und zu bedenken, wie es helfen kann, die heutige Pastoral und Liturgie der Kindertaufe in unseren Gemeinden zu befruchten.

Neben praktischen und historischen Zugängen kam bei der 7. Trierer Sommerakademie auch die Kindertaufe in der evangelischen Kirche und im Nachbarland Frankreich zur Sprache. Abgerundet wurde die Akademiewoche durch eine Exkursion zu Tauforten und durch Workshops zu Musik, Predigt und zu besonderen Formen wie Trauung und Taufe.

Gedankt sei allen, die zum Gelingen der Akademietagung beigetragen haben. Der Tagesablauf war geprägt von gemeinsamen gottesdienstlichen Feiern, die von KMD Prof. Matthias Kreuels vorbereitet worden waren. Höhepunkte waren das gemeinsame Abendlob mit den Mönchen der Abtei St. Matthias am Mittwoch und die Eucharistiefeier mit Dompropst Werner Rössel am Donnerstag in der Krypta des Trierer Doms. Für die organisatorische Begleitung der Tagung sei dem Tagungshaus der Barmherzigen Brüder in Trier gedankt und den Mitarbeiterinnen des Deutschen Liturgischen Instituts, insbesondere Gabriele Ballmann und Marion Bexten.

Eichstätt und Trier im Dezember 2008 Jürgen Bärsch
  Andreas Poschmann

Inhalt

Vorwort 5

Jürgen Bärsch
Die Taufe kleiner Kinder – von einer kirchlichen Praxis und
ihren Fragen. Einführung in das Tagungsthema der
7. Trierer Sommerakademie 9

Eduard Nagel
Den Glauben weitergeben
Die revidierte „Feier der Kindertaufe" 16

Jürgen Bärsch
Wie die Kirche Kinder taufte ...
Streiflichter aus der Geschichte als Anfragen für die Gegenwart 32

Dorothea Sattler
Gewiss werden, getauft zu sein. Ökumenische Perspektiven
vor dem Hintergrund der Kindertaufpraxis 53

Reinhild Ahlers
Kirchenrechtliche Fragen rund um die Feier der Kindertaufe . 77

Hanns Kerner
Praxis der Kindertaufe in der evangelischen Kirche.
Theologische, liturgische und katechetische Aspekte 90

Konrad Baumgartner
Die Taufe von Kindern – Pastorale Probleme und Aufgaben . 105

Jean-Claude Reichert
Wege zur Kindertaufe nach katechumenaler Art.
Einblick in die Situation in Frankreich 123

Anja Lempges
Gegen Tod und Teufel – Aus Wasser und Geist geboren.
Tauforte und ihre liturgische Zeichenhaftigkeit 136

Stephan George
Die Feier der Taufe – ein Gemeindegottesdienst! 157

Martin Stuflesser
„Oh Seligkeit, getauft zu sein ..." Feierformen des
Taufgedächtnisses heute 172

Matthias Kreuels
Musik und Gesang bei der Kindertaufe –
Provokatives und Motivierendes 199

Stephan George
Wenn Paare sich trauen und ihre Kinder taufen lassen wollen . 205

Konrad Baumgartner
Verkündigung bei der Feier der Kindertaufe 209

Klaus Peter Dannecker
Die Zeichen sprechen lassen. Anstiftung zur symbolgerechten
und mystagogischen Feier der Kindertaufe 211

Jürgen Bärsch
Heute Kinder taufen. Erkenntnisse und Aufgaben 230

Tagungsabfolge 241

Mitarbeitende 243

Die Taufe kleiner Kinder – von einer kirchlichen Praxis und ihren Fragen

Einführung in das Tagungsthema der 7. Trierer Sommerakademie

Jürgen Bärsch

„Die Situation des Christentums ist gegenwärtig einem sehr raschen Wandel unterworfen. Die bisherige ‚volkskirchliche' Gestalt des Christentums ist in eine Krise geraten, deren Ausgang noch ungewiss ist. Die Taufe unmündiger Kinder ist eines der wesentlichsten Merkmale dieser epochalen Gestalt des Christentums. Was dogmatisch mehr ein Rand- und Grenzproblem darstellt, wird so zu einer zentralen Frage für die Zukunft der Kirche." Diese Einschätzung stammt keineswegs aus unserer Zeit, sie wurde bereits 1970 von dem damaligen Münsteraner Dogmatiker Walter Kasper formuliert und steht am Beginn eines Sammelbandes mit dem Titel „Christsein ohne Entscheidung oder Soll die Kirche Kinder taufen?"[1]

Das Buch steht für die im katholischen Raum seit dem Ende der 1960er Jahre vor allem in Frankreich und Deutschland heftig geführte Diskussion über die Berechtigung und den Sinn der Kindertaufe.[2] Zwar spiegelten sich hier die zeitgenössischen gesellschaftspolitischen Forderungen nach individueller Freiheit und Selbstbestimmung wider, aber mindestens ebenso drängend wurde doch auch die sich auflösende Gestalt der „Volkskirche" und die zunehmende Anzahl von „Taufscheinchristen", wie man damals sagte, als eine Herausforderung für Theologie und Praxis der Kindertaufe wahrgenommen. Noch einmal Walter Kasper: „Es kann kaum ein Zweifel darüber bestehen, dass das konstantinische Zeitalter und damit die volkskirchliche Gestalt der Kirche heute im Vergehen ist. Kirchliche Mitgliedschaft und noch mehr kirchliche Bekenntnisgebundenheit und die Zugehörigkeit zu einem bestimmten Volk bzw. zu einer bestimmten Gesellschaft sind heute immer weniger deckungsgleich. Das Christsein wird immer mehr zu einer Sache der persönlichen Entscheidung. Deshalb ist es schon rein kirchengeschichtlich ver-

---

[1] Vorwort des Herausgebers, in: Walter Kasper (Hg.), Christsein ohne Entscheidung oder Soll die Kirche Kinder taufen?, Mainz 1970, 7.
[2] Vgl. neben den vielen Beiträgen in theologischen und pastoralen Zeitschriften jener Jahre den Sammelband: Waldemar Molinski (Hg.), Diskussion um die Taufe. Mit Arbeitshilfen für eine erneuerte Praxis der Kindertaufe, München 1971.

ständlich, dass die Praxis der Kindertaufe heute wieder in Frage gestellt wird."[3]

Die hier angedeutete Entwicklung stellt sich heute, knapp vierzig Jahre später, neu und verschärft dar. Allein schon der demografische Wandel hat im Zuge eines deutlichen Rückgangs der Geburtenrate zwangsläufig zu einem Rückgang der Säuglingstaufen geführt.[4] Eine neuerliche und nachhaltige Verschiebung trat nach dem Mauerfall und der Wiedervereinigung Deutschlands ein, da nun ein bedeutender Prozentsatz der Bundesbürger durch den staatlich verordneten Atheismus geprägt war und bis heute geprägt ist.

Hinzu kommt, dass die Zahl jener katholisch getauften Eltern zunimmt, für die aus verschiedenen Gründen eine Taufe ihres neugeborenen Kindes von vorn herein ausgeschlossen ist, weil etwa die früher so bedrängende Frage nach der Heilsnotwendigkeit der Taufe für sie keine mehr Rolle spielt oder weil sie ihrem Kind die Freiheit lassen möchten, sich in einem späteren Alter für oder gegen die Taufe zu entscheiden. Nicht selten tritt die Taufe erst wieder im Zusammenhang mit der Vorbereitung auf die Erstkommunion ins Bewusstsein. So waren beispielsweise im Bistum Essen im Jahre 2003 18 % aller Taufen keine Säuglingstaufen, zumeist handelte es sich um Taufen im Grundschulalter.

Aber noch weitaus fragwürdiger stellt sich die Praxis der Säuglingstaufe dar, wenn Eltern (und Paten) zwar um die Taufe bitten, aber selbst kaum mehr eine Beziehung zur Kirche oder gar zum Glauben haben. Dahinter stehen oft sehr unterschiedliche, aber eben zumeist auch vage Motive wie der Wunsch, dem Kind das Beste mitgeben zu wollen, am Beginn des Lebensweges um einen Segen zu bitten, sicher auch ein schönes Familienfest aus Anlass der Geburt zu feiern und dankbare Foto- und Videomotive zum Lebensbeginn zu haben. Daran knüpfen sich dann die Fragen, auf die alle Verantwortlichen in der Pastoral immer wieder stoßen: Darf man in all diesen Fällen wirklich taufen? Wollen die Eltern (und Paten) tatsächlich das, was die Kirche im Sakrament der Taufe feiert? Was verbirgt sich hinter den manchmal ungeschickten sprachlichen Wendungen, wenn

---

[3] Walter KASPER, Glaube und Taufe, in: Christsein ohne Entscheidung (s. Anm. 1), 129–159, hier 129.

[4] Im Jahre 2006 wurden 188.077 Taufen in der katholischen Kirche der Bundesrepublik gefeiert, für 2004 zählte man 200.635 Taufen (davon 87,4 % Kleinkinder). Im Verhältnis zur Geburtenquote gibt es aber seit fast zwei Jahrzehnten keinen nennenswerten Rückgang. Vgl. Katholische Kirche in Deutschland. Statistische Daten 2004, hg. vom Sekretariat der Deutschen Bischofkonferenz (Arbeitshilfen 199), Bonn 2006, 10–12; die Zahlen für 2006 stammen aus: Peter SCHEUENPFLUG, Neuakzentuierungen in der Taufpastoral. Kirchliche Begegnungs-Räume für die Krisenzeit Familie-Werden, in: Klerusblatt 88 (2008) 37–40, hier 37.

Eltern den Wunsch nach der Taufe ihres Kindes formulieren? Wie viel an Glauben muss man vorauszusetzen, wie viel an erkennbarer Bereitschaft, die Taufe ihres Kindes mit vorzubereiten? Ist nicht auch das Heil des Kindes ein Argument? Wo liegen dann aber die Grenzen für die Taufe? Wann ist ein Taufaufschub geboten, wie ihn can. 868 § 2 des kanonischen Rechts vorsieht? Wie viel Ärger handle ich mir damit aber ein? Muss ich den gegebenenfalls in Kauf nehmen, wenn ich das Sakrament nicht entleeren will?

Die sich hier abzeichnende Entwicklung gilt übrigens, wenngleich unter teilweise anderen Vorzeichen, auch für die Taufpraxis in den Kirchen der Reformation. Wie aus der soeben erschienenen Orientierungshilfe des Rates der Evangelischen Kirche in Deutschland zu Verständnis und Praxis der Taufe hervorgeht, gleichen sich die Herausforderungen. So sieht das Dokument zwar weiterhin eine hohe Taufbereitschaft, allerdings wird gleichzeitig die Bedeutung der Taufe als Eingliederung in den christlichen Glauben und in die kirchliche Gemeinschaft immer undeutlicher wahrgenommen.[5]

Selbstverständlich beschränkt sich die pastorale Erfahrung nicht allein auf die genannten Grenzfälle. Denn erfreulicherweise gibt es eben auch jene Feiern, bei denen Eltern, die mit der Kirche verbunden sind, um die Taufe ihres Kindes bitten und sich bewusst sind, welche Verpflichtung sie im Blick auf ihr Kind und im Blick auf die kirchliche Gemeinschaft eingehen. So bereiten sie oft mit großem Engagement den Taufgottesdienst vor, an dem dann zumeist Gemeindemitglieder teilnehmen und die liturgischen Dienste zum Tragen kommen. Entsprechend variiert die gottesdienstliche Praxis der Kindertaufe selbst zwischen der Feier des Sakramentes innerhalb der sonntäglichen Gemeindemesse und der ohne äußerlich wahrnehmbare Beteiligung gefeierten Taufe im engeren Familienkreis in einer halben Stunde am Samstag- oder Sonntagnachmittag.

Diese und viele weitere Fragen und Beobachtungen stellen sich ein, wenn heute die Feier der Kinder- und spezieller noch der Säuglingstaufe in den Blick kommt. Einen aktuellen Impuls gibt dazu die Ende 2007 erschienene und Anfang dieses Jahres ausgelieferte Neuausgabe des liturgischen Buches für die Feier der Kindertaufe in den Bistümern des deutschen Sprachgebietes.[6] Damit liegt nach langen Jahren endlich die revidierte Fassung des erstmals 1971 publizierten

---

[5] Die Taufe. Eine Orientierungshilfe zu Verständnis und Praxis der Taufe in der evangelischen Kirche. Vorgelegt vom Rat der EKD, Gütersloh 2008; vgl. Taufe: Eine evangelische Orientierungshilfe, in: HerKorr 62 (2008) 277f.
[6] Die Feier der Kindertaufe in den Bistümern des deutschen Sprachgebietes. Zweite authentische Ausgabe gemäß der Editio typica altera 1973, Freiburg u. a. 2007.

nachkonziliaren Kindertaufritus für unsere Diözesen vor.[7] Mit der Veröffentlichung dieses Liturgiebuches verbinden die Bischöfe den Wunsch, „dass der Kindertaufe in Pastoral und Liturgie neue Aufmerksamkeit geschenkt wird. Das Buch soll zum Anlass werden, sowohl die sakramentenpastoralen Initiativen der einzelnen Pfarrgemeinden zu überdenken als auch die bisherige Feierpraxis nach Möglichkeit zu verbessern."[8] So liegt es nahe, die 7. Trierer Sommerakademie der Liturgie und Pastoral der Kindertaufe zu widmen.

Damit dies mit Kompetenz, dem Blick auf die größeren Zusammenhänge, zugleich aber auch mit seelsorglicher Bodenhaftung geschieht, dürfen wir in dieser Woche Gesprächpartnerinnen und -partner aus der wissenschaftlichen Theologie wie auch der pastoralen Arbeit begrüßen, die uns helfen, das breite Spektrum unseres Themas wahrzunehmen und für das kirchliche Leben und die gemeindliche Praxis zu bedenken.

Den Ausgangspunkt unserer Überlegungen und unserer Diskussion bildet die Neuausgabe des Rituale-Teils „Die Feier der Kindertaufe", das vielen von Ihnen bereits bekannt ist und das manche von Ihnen auch schon in der liturgischen Praxis nutzen. Dr. Eduard Nagel, Referent am Deutschen Liturgischen Institut und Hauptschriftleiter der Zeitschriften „Gottesdienst" und „praxis gottesdienst" wird uns über die wichtigsten Phasen der Revisionsarbeit und über die markanten Neuerungen und Unterschiede gegenüber der bisherigen Ordnung informieren, damit wir diese Sommerakademie mit dem gleichen Kenntnisstand beginnen können. Von da ausgehend werden wir weitere Schritte der Reflexion und Vertiefung gehen.

So blickt die Kindertaufe zwar durchaus auf eine lange kirchliche Praxis zurück, allerdings hat sie selbst dabei manche Veränderungen erfahren, wie sie auch ihrerseits das Gesicht der sakramentalen Initiation in die Kirche tiefgreifend verändert hat. Deshalb mag es hilfreich sein, einige zentrale Etappen der Geschichte der Kindertaufliturgie in Erinnerung zu rufen, um zu verstehen, auf welchem Boden unsere heutige Praxis aufruht und welche Fragen sie heute stellt. Schon die Geschichte zeigt, dass es seit den ersten christlichen

---

[7] Über den langwierigen Prozess der Revision und über das nun vorliegende Buch gibt Rechenschaft Winfried HAUNERLAND, Die Feier der Kindertaufe. Zur zweiten authentischen Ausgabe für die Bistümer des deutschen Sprachgebietes, in: LJ 58 (2008) 67–94; vgl. auch Winfried Haunerland und Eduard Nagel (Hg.), Den Glauben weitergeben. Werkbuch zur Kindertaufe, Trier 2008; darüber hinaus ist zu verweisen auf die liturgiewissenschaftlichen Zeitschriften, die der erneuerten Kindertaufordnung jeweils ein Themenheft gewidmet haben: Liturgisches Jahrbuch 68 (2008) 65–148; Heiliger Dienst 62 (2008) 57–124.

[8] Die Feier der Kindertaufe. Pastorale Einführung, hg. vom Sekretariat der Deutschen Bischofskonferenz (Arbeitshilfen 220), Bonn 2008, 5.

Jahrhunderten immer wieder Auseinandersetzungen um die Frage gegeben hat, ob die Kirche Kinder taufen darf und soll. Heute steht diese Frage in einem größeren Horizont der Theologie und Praxis in der Ökumene. Dem werden wir nachgehen, wenn wir mit Frau Professor Dr. Dorothea Sattler, Professorin für Ökumenische Theologie in Münster, und Herrn Professor Dr. Hanns Kerner, evangelischer Pfarrer und Leiter des Gottesdienst-Instituts der Evangelisch-Lutherischen Kirche in Bayern, nach Perspektiven in der ökumenischen Theologie suchen und Einblick in die gegenwärtige Kindertaufpraxis der evangelischen Kirche gewinnen.

Die Feier der Sakramente steht immer in einem umfangreichen Spannungsfeld zwischen pastoralen Wünschen und Forderungen wie rechtlichen Schutzmaßnahmen und Ordnungen. Dies gilt in besonderem Maße für die Feier der Kindertaufe. Zwischen „Ausverkauf und Rigorismus", zwischen der grundsätzlichen Verpflichtung der Eltern, ihr Kind in den ersten Wochen nach der Geburt taufen zu lassen, und der Suche nach Formen katechumenaler Vorbereitung der Eltern und Paten spannt sich das diffizile kirchliche Handlungsfeld bei der Kindertaufe. Hier etwas klarer durchsehen zu können, stehen uns Frau Professor Dr. Reinhild Ahlers, Kirchenrechtlerin aus Münster, und Herr Professor Dr. Konrad Baumgartner, emeritierter Professor für Pastoraltheologie in Regensburg, zum Gespräch zur Verfügung und werden uns aufmerksam machen auf Verständnis und Praxis der Kindertaufe aus ihrer je eigenen Fachperspektive.

Wenn wir über die Liturgie und Pastoral der Kindertaufe nachdenken, kann es durchaus anregend sein, in das westeuropäische Umfeld zu schauen und zu fragen, welche pastoralen Perspektiven hinsichtlich der Kindertaufe die Kirche hier entwickelt. Von Trier aus liegt es dabei nicht nur räumlich nahe, nach Frankreich zu schauen. Denn aufgrund des hier bestehenden speziellen Verhältnisses von Kirche, Staat und Gesellschaft finden die Impulse zur Liturgie und Pastoral der Sakramente auch bei uns in Deutschland zu recht immer besondere Aufmerksamkeit. Deshalb wird uns P. Jean-Claude Reichert von der Nationalstelle für Katechese und Katechumenat der französischen Kirche in Paris Einblick gewähren in die gegenwärtigen Tendenzen und Diskussionen zur Pastoral der Kindertaufe in der französischen Kirche.

Sicher nicht zuletzt im Zuge der inzwischen gewachsenen Beachtung des Erwachsenenkatechumenats in unseren Diözesen, aber auch als eine Frucht der nachkonziliaren Neugewichtung der Kindertaufe hat der liturgische Ort für die Feier der Taufe größere Aufmerksamkeit gewonnen. Denn seine würdige Gestaltung, seine Anlage als Brunnen lebendigen Wassers mit der Möglichkeit, durch

Untertauchen zu taufen, aber auch seine bleibende Bedeutung als visuell-permanentes Taufgedächtnis sind keineswegs marginale Aspekte für Feier und Pastoral der Taufe, vielmehr dokumentieren sie die besondere Wertschätzung des Taufsakraments im Kirchenraum und im gottesdienstlichen Leben der Gemeinde. Beispiele gelungener Gestaltung von Tauforten erschließt uns darum die Theologin und Kunsthistorikerin Anja Lempges aus Frankfurt/Mainz. Sie wird uns auf der für den Mittwochnachmittag traditionell vorgesehenen Exkursion begleiten, wenn wir uns einige Taufanlagen in Trier und Umgebung näher anschauen.

Mit dem Taufort sind auch weitere konkrete Aspekte der Taufliturgie angesprochen. Ihnen werden wir uns am Donnerstag zuwenden, wenn wir mit Dr. Stephan George, Liturgiewissenschaftler und Pfarrer in Leipzig, nach der erfahrbaren ekklesiologischen Dimension der Kindertaufe zwischen Familienfeier und kirchlicher Liturgie fragen und er von seinen Erfahrungen mit der Taufe als einem Gemeindegottesdienst berichtet. Mit ihm steht uns auch ein kompetenter Gesprächspartner zu Verfügung, der von den pastoralen Herausforderungen der Kindertaufe in einer Großstadt in den (inzwischen ja längst nicht mehr ganz so) neuen Bundesländern erzählen kann. Der Nachmittag vertieft einzelne Aspekte der Praxis und dient dem Erfahrungsaustausch über die musikalische Gestaltung der Tauffeier, die Verkündigung und mystagogische Erschließung der reichen Taufsymbolik und über den zunehmenden „Sonderfall" der Trauung anlässlich der Kindertaufe. Neben Professor Baumgartner und Dr. George werden uns dabei Professor Matthias Kreuels, Referent für Kirchenmusik des Deutschen Liturgischen Instituts und Professor Dr. Klaus Peter Dannecker, Liturgiewissenschaftler der Theologischen Fakultät Trier und Leiter der Wissenschaftlichen Abteilung des Deutschen Liturgischen Instituts, begleiten.

Weil die Kindertaufe zwar weitgehend zum faktischen Normalfall geworden ist, theologisch aber doch als Grenzfall der Initiation bezeichnet werden muss, kann die Kirche, will sie tragfähige Zukunftsperspektiven für das grundlegende Sakrament der Taufe entwickeln, nicht isoliert Liturgie und Pastoral der Kindertaufe betrachten. Vielmehr wird auch die Praxis der Kindertaufe einzubetten sein in einen größeren Kontext, der insgesamt zur Förderung der Taufspiritualität in unseren Gemeinden beiträgt. Deshalb weitet am Donnerstagvormittag Prof. Dr. Martin Stuflesser, Liturgiewissenschaftler in Würzburg, unseren Blick noch einmal, indem er auf Formen des Taufgedächtnisses heute aufmerksam macht und damit anregt, nach Wegen zu suchen, das Taufbewusstsein zu fördern und zu vertiefen.

Selbstverständlich können die hier kurz angedeuteten Themen

und Felder nicht alle Gesichtspunkte der Theologie und Praxis, der Liturgie und Pastoral der Kindertaufe berücksichtigen. Dennoch will die 7. Trierer Sommerakademie – im Sinne des Wunsches der Bischöfe – im bekannten Wechsel von Information und Gespräch, von Anregung und Erfahrungsaustausch einen Beitrag zu einer angemessenen Feier der Kindertaufe leisten und Hilfen zu einer tragfähigen Praxis geben.

Den Glauben weitergeben

Die revidierte „Feier der Kindertaufe"

Eduard Nagel

„Es kreißt ein Berg, und geboren wird eine Maus."

Dieser Satz ist mir im Zusammenhang mit dem Werdegang der Zweiten authentischen Ausgabe des liturgischen Buches „Die Feier der Kindertaufe" manchmal eingefallen. Immerhin hatte die Internationale Arbeitsgemeinschaft der Liturgischen Kommissionen im deutschen Sprachgebiet bereits 1993 eine Arbeitsgruppe zur Revision der Feier der Kindertaufe eingerichtet und hatte deren fertigen Revisionsentwurf 1997 den Bischofskonferenzen vorgelegen.

Freilich waren deren Vorgaben noch ganz anders gewesen als die in den folgenden Jahren. Damals ging es darum, aufgrund der Erfahrungen mit dem bisherigen Buch und mit Blick auf die aktuelle pastorale Situation ein optimales liturgisches Buch zu schaffen. Seit dem Erscheinen der Instruktion „Liturgiam authenticam" am 28. März 2001 ist es das erklärte Ziel, sich möglichst detailgetreu der lateinischen Vorlage anzunähern. Dieser neue Kurs hatte sich schon vor Erscheinen der Instruktion angedeutet und so wurde die Vorlage von 1997 zum Objekt der betreffenden Auseinandersetzungen. Eine Folge davon war, dass von der Fertigstellung des damaligen Entwurfs bis zum Erscheinen der gedruckten Neuausgabe im Februar dieses Jahres noch einmal mehr als 10 Jahre vergingen.

Angesichts dieses langen Weges und der damit zweifellos verbundenen vielen Arbeit habe ich es als Anstandspflicht angesehen, meine eingangs erwähnten – vielleicht sündhaften – Gedanken einer Gewissenserforschung zu unterwerfen. Daraus ist dieser Vortrag entstanden.

1. „Erneuerung" – ein Wort mit unterschiedlichen Bedeutungen

In den letzten Jahren sind die großen Linien der nachkonziliaren Entwicklungen auf liturgischem Gebiet zunehmend ein Thema geworden. Als Stichwort genügt die Wiederzulassung der Ritusgestalt von 1962, nicht nur für die Messfeier, sondern auch für andere Sakramente. Darauf einzugehen ist hier nicht der Ort – wohl aber sind die Entwicklungen in der Stimmung und die Dokumente zur Liturgie, die in den letzten Jahren erschienen sind, der Kontext, in dem die Neuausgabe der Feier der Kindertaufe ihre Gestalt gefunden hat und von dem her sie zu sehen ist.

Ein Schlaglicht dazu: das Wort „Erneuerung". Drei Jahrzehnte stand dieses Wort für die konkrete Umsetzung dessen, was von den Vätern des Zweiten Vatikanischen Konzils in der Liturgiekonstitution „Sacrosanctum Concilium" beschlossen worden war und das zunächst in den lateinischen authentischen Ausgaben, den Editiones typicae, seinen Niederschlag gefunden hatte. Aus ihnen entwickelten sich dann in einem kontinuierlichen Prozess die volkssprachlichen liturgischen Bücher. Dabei waren die einzelnen Schritte und ihre Reihenfolge nicht einheitlich: ausgehend von einer reinen Übersetzung, die als „Studienausgabe" erschien, über eine authentische, gegenüber dem lateinischen Ursprungstext bearbeitete volkssprachliche Ausgabe bis hin zu einer überarbeiteten, zweiten Fassung derselben. Einzelne Bücher – „Die Feier der Buße" und „Die Kommunionspendung und Eucharistiefeier außerhalb der Messfeier" – sind bis heute reine Übersetzungen und tragen immer noch den – an sich abgeschafften – Titel „Studienausgabe".

Anders etwa die Feier der Trauung, für die zunächst nur für Österreich 1969 eine Studienausgabe erschien, während eine auf dem Hintergrund der Tradition des deutschen Sprachgebiets erarbeitete authentische Ausgabe für dieses Gebiet erst 1975 veröffentlicht wurde. Sie wurde 1992 von einer zweiten Ausgabe abgelöst.

Wieder anders die Feier der Krankensakramente, deren erste Ausgabe zwar eine reine Übersetzung war, aber, zusätzlich ausgestattet mit einem eigenen Einführungswort der Bischöfe, 1975 von Anfang an als authentische Ausgabe herausgegeben wurde. Davon folgte 1994 eine zweite Ausgabe, diesmal mit einer Pastoralen Einführung der Bischöfe des Sprachgebietes, mit Ergänzungen und Erweiterungen wie etwa einem eigenen Wortgottesdienst mit Krankensegen, mit reicheren Auswahlmöglichkeiten und weiteren Anpassungen.

Alle Stadien voll durchlaufen hat nun die Feier der Kindertaufe, um die es uns hier geht. Von ihr erschien 1970 eine Studienausgabe. Ihr Charakter als reine Übersetzung hat sich dabei sogar im Titel niedergeschlagen: Anders als bei den späteren Büchern, deren Titel mit „Die Feier ..." beginnen, hielt man sich hier noch an das lateinische Original „Ordo baptismi parvulorum" – „Ordnung der Kindertaufe nach dem neuen Rituale Romanum". Bereits 1971 folgte die endgültige, adaptierte Ausgabe, die bereits den Titel „Die Feier der Kindertaufe" trug. Davon erschien nun 2007 die „Zweite authentische Ausgabe auf der Grundlage der Editio typica altera 1973", wie es auf der Titelseite heißt.

Die Beschäftigung mit diesem Buch kann etwas von dem deutlich machen, was heute, 14 Jahre nach der Zweiten Ausgabe der Krankensakramente, das Wort „Erneuerung" bedeutet, das von den Bischöfen des deutschen Sprachgebietes im zweiten Absatz ihrer Pastoralen Einführung für dieses Buch verwendet wird.

2. Was ist anders? – Was ist neu? – Ein Blick ins Inhaltsverzeichnis

Wer wissen will, was sich von einer Ausgabe eines liturgischen Buches zur anderen so geändert hat, dass von einer „Zweiten authentischen Ausgabe" die Rede ist, schlägt nach dem Titelblatt wohl als erstes das Inhaltverzeichnis auf.

2.1 „Vorbemerkungen" – Praenotanda

Da springt ein erster Unterschied ins Gesicht: „Vorbemerkungen" stand da im alten Buch, und diese Vorbemerkungen waren ein Text der Bischöfe des deutschen Sprachgebietes. Aus der Untergliederung ging dann hervor, dass eine erste Seite ganz allgemein von den Sakramenten der Eingliederung handelte und dann die Bedeutung der Taufe, die Struktur der Riten, Aufgaben und Dienste und weitere Details der Kindertaufe erläutert wurden. Im neuen Buch folgen auf die ins Deutsche übersetzten Dekrete von 1969 und 1973 – 1970 war das Dekret von 1969 noch unübersetzt lateinisch abgedruckt – die Praenotanda generalia in deutscher Übersetzung und dann, ebenfalls in deutscher Übersetzung, die Praenotanda. Wohl nur Insider kannten bisher diese beiden Dokumente. Die Praenotanda generalia gab es bisher in deutscher Sprache nur in der Übersetzung des Ordo initiationis christianae adultorum, der 1975 als Studienausgabe unter dem Titel „Die Feier der Eingliederung Erwachsener in die Kirche" erschienen ist. Die Praenotanda sind die erste offizielle Übersetzung dieses Teils der lateinischen Ausgabe des Kindertaufritus, des Ordo baptismi parvulorum. Diesen beiden Dokumenten noch eine eigene Pastorale Einführung der deutschen Bischöfe hinzuzufügen, entsprach nicht den Vorstellungen Roms. Die Bischöfe wollten jedoch ihrerseits nicht ganz auf eine solche Einführung und damit auf all das verzichten, was in ihren früheren „Vorbemerkungen" gestanden hatte. So entschieden die deutschen Bischöfe, ihre, neu formulierte, Pastorale Einführung, die auch den Vorstellungen der österreichischen und der deutschsprachigen Schweizer Bischöfe entspricht, in einem eigenen Heft herauszugeben.[1]

2.2 Eine andere Einteilung

Ein Zweites fällt beim Blick auf das Inhaltsverzeichnis auf. Während in der ersten Ausgabe die beiden ersten Kapitel nach den Vorbemerkungen überschrieben waren: „Die Feier der Taufe für mehrere Kinder" und „Feier der Taufe eines einzelnen Kindes", wird jetzt unterschieden: „Die Feier der Kindertaufe außerhalb der Feier der heiligen Messe" und „Die Feier der Kindertaufe innerhalb der Feier der heiligen Messe". Mit dieser Einteilung wird der Tatsache Rechnung getragen, dass in vielen Gemeinden wenigstens in größeren Abständen die Taufe von Kindern im sonntäglichen Gemeindegottesdienst üblich ist. In die gleiche Richtung weist ein zweiter Unterschied gegenüber früher: Auf die unterschiedliche Situation, wenn ein Kind oder mehrere Kinder getauft werden, nimmt das neue Rituale Rücksicht, indem an der jeweiligen Stelle beide Formulierungen hintereinander aufgeführt werden – als Normalfall für mehrere Kinder, für ein Kind als zweite Möglichkeit. Mit der Integration der Feier der Taufe eines einzigen Kindes in das Formular für die Taufe mehrerer kommt deutlicher als früher zum Ausdruck, dass die Taufe als Aufnahme in die Kirche im Normalfall ein gemeinschaftliches Ereignis ist und eben nicht nur ein Familienfest.

2.3 Eine neue Form: Die Kindertaufe in zwei Stufen

Der auffälligste Unterschied, den das Inhaltsverzeichnis verrät, ist als „Anhang – Teil 1" bezeichnet: „Die Feier der Kindertaufe in zwei Stufen". Anders als noch vor fast 40 Jahren ist heute die Taufe eines Kindes getaufter Eltern kurz nach der Geburt keine Selbstverständlichkeit mehr. Nicht selten sind es die Eltern der Eltern, die wenigstens diskret ihren Kindern den Wunsch vermitteln, dass das Kind doch getauft werden möge. Für die Eltern selbst ist dann die Taufe eine willkommene Gelegenheit, mit ihrer Verwandtschaft und ihren Freunden die Geburt des Kindes zu feiern.

Es ist aber noch etwas anderes wichtig: Junge Eltern sind in der Regel überwältigt von dem Wunder, das jedes Kind ist, und von da-

---

[1] Die Feier der Kindertaufe. Pastorale Einführung, hg. v. Sekretariat der Deutschen Bischofskonferenz (Arbeitshilfen 220), Bonn 2008.

her offen für Transzendenz, für das Religiöse. Angesichts der Unwägbarkeiten des Lebens sind sie dankbar für einen Segen, der ihr Kind unter Gottes Schutz stellt. Auf dem Hintergrund dieser eher diffusen Gemütslage und Offenheit für Religion sind in den letzten Jahrzehnten manche Seelsorger dazu übergegangen, jungen Eltern zunächst einfach und mehr oder weniger unverbindlich eine Segnung ihres Kindes anzubieten, anstatt durch die Taufe gleich eine Entscheidung für das ganze Leben zu verlangen.

In der Arbeitsgruppe, die seit 1993 im Auftrag der Bischöfe an einer Revision der Feier der Kindertaufe am Werk war, gab es denn auch Vorschläge für eine solche Feier. Diesen mochten sich jedoch die Bischöfe nicht anschließen, da ihnen die Unverbindlichkeit zu vage war und die Gefahr zu groß, dass sich Eltern dann mit dieser Feier begnügen und die zunächst vielleicht noch geplante Taufe auf unbestimmte Zeit verschoben und schließlich in Vergessenheit geraten würde.

Das Anliegen selbst aber griffen sie auf und verliehen ihm jenen Ernst, der dem Christwerden als Lebensentscheidung gerecht wird. Nicht eine unverbindliche Kindersegnung wollten sie, sondern eine Feier der Eingliederung in zwei Stufen. Die erste ist ein liturgischer Auftakt zu einer Art Elternkatechumenat zur Vorbereitung der Taufe ihrer Kinder. Liturgisch steht dabei die Bezeichnung der Kinder mit dem Kreuzzeichen, das Gebet für sie, die Salbung mit Katechumenenöl im Vordergrund, aber die Verkündigung richtet sich an Eltern, Paten und Gemeinde in ihrer gemeinsamen Verantwortung für das Kind, und das Gebet unterstützt Eltern und Paten in ihrer Aufgabe. Die folgende Zeit bis zur zweiten Feier, der Taufe, soll dazu dienen, dass sich die Eltern ihres eigenen Glaubens vergewissern und ihn vertiefen, damit ihr Glaubensbekenntnis bei der Tauffeier ihrer Kinder von Überzeugung getragen ist.

Es wird sich zeigen, ob Priester und Gemeinden die Herausforderung annehmen, die in diesem innovativen Konzept steckt. Die Erfahrung mit dem Erwachsenenkatechumenat in den letzten 30 Jahren zeigte, dass dort, wo Gemeinden ihre Verantwortung für ihren „Zuwachs" entdecken und wahrnehmen, davon Freude und eine vitale Kraft ausgehen. Von daher ist die Hoffnung berechtigt, dass ein ähnliches Interesse der Gemeinde an ihrem „Nachwuchs" eine ähnliche Dynamik entwickeln könnte.

3. Neue inhaltliche Akzente

3.1 Eine Verschiebung in der Struktur

Wer sich nach dem Vergleich der Inhaltsverzeichnisse der ersten und der zweiten Ausgabe einen Überblick über die einzelnen Kapitel und ihre Inhalte verschafft, stößt auf einen Unterschied im Ablauf der Feier. Es mag zunächst als Kleinigkeit erscheinen, hat aber doch einen tieferen Sinn, wenn das Kreuzzeichen, das den Kindern auf die Stirn gezeichnet wird, nunmehr schon am Anfang der Feier steht und nicht mehr, wie früher, erst auf die Verkündigung folgt. Nach der Verkündigung stand es, weil man sich seinerzeit bei der Bearbeitung des Ritus auf die Alte Kirche besonnen hatte, in der bei der Erwachseneninitiation die Bezeichnung mit dem Kreuz erst nach einer einführenden Katechese erfolgt war. Dagegen steht die Überlegung, dass die Verkündigung bei der Kindertaufe sich auf die Taufe selbst bezieht und darum unmittelbar zu ihr hinführt. Darum ist – und das entspricht auch den grundlegenden Gedanken, die der Feier in zwei Stufen zugrunde liegt – diese Bezeichnung eher als ein Eingangsritus zu verstehen, wie es übrigens das lateinische Buch immer getan hat.

3.2 Begriff von Kirche und Gemeinde

Wichtiger als diese strukturelle Verschiebung des Kreuzzeichens ist die sehr bewusst geänderte Formulierung des Begleittextes. In der Ausgabe von 1971 hieß es an dieser Stelle: „N.N., mit großer Freude nimmt euch die christliche Gemeinde (oder: unsere Pfarrgemeinde) auf. In ihrem Namen bezeichne ich euch mit dem Zeichen des Kreuzes." Wenngleich dieser Satz in der Praxis in der Regel sicher so verstanden wurde, wie er gemeint war – nämlich als ein „Willkommen!", ein Gruß, der bereits andeutet, unter welchem Vorzeichen die folgende Handlung steht – so war dem Wortlaut nach doch auch das Missverständnis möglich, dass durch dieses Kreuzeichen bereits das vollzogen werde, was erst die Taufe vermittelt, nämlich die Aufnahme in die Heilsgemeinschaft der Kirche. So lag es nahe, das Begleitwort zu ändern, so dass es nun lautet: „N. und N., mit großer Freude empfängt euch die Gemeinschaft der Glaubenden. Im Namen der Kirche bezeichne ich euch mit dem Zeichen des Kreuzes." Die lateinische Vorlage spricht hier von der „communitas christiana". Dafür wurde nun bewusst nicht mehr der Ausdruck „Gemeinde" verwendet, weil sich mit diesem Begriff in den letzten Jahrzehnten ganze ekklesiologische Konzepte verbunden haben, die im Zusammenhang mit der Taufe zu Missverständnissen führen können. In der neuen Formulierung kommt einerseits die versammelte Gemeinschaft der Glaubenden zum Ausdruck, die die Täuflinge empfängt; die Bezeichnung mit dem Kreuz aber erfolgt nicht nur in deren Namen, sondern im Namen der weltweiten Kirche.

3.3 Neubewertung des Alten Testaments

Eine weitere, nicht unbedeutende Entwicklung von der alten zur neuen Ausgabe fällt erst beim Vergleichen der Rubriken auf. Wo im Wortgottesdienst der Feier von der Auswahl der Lesungen die Rede ist, sind zwei Sätze entfallen, die im Buch von 1971, abweichend von der lateinischen Vorlage gestanden hatten: „Jemand aus der Taufgemeinde oder der Zelebrant selbst trägt eine Perikope aus dem Neuen Testament vor. Eine Lesung aus dem Alten Testament soll nur in Verbindung mit einer neutestamentlichen Lesung ausgewählt werden." Es ist leicht nachvollziehbar, dass die Bearbeiter der deutschen Ausgabe von 1971 eine Lesung aus dem Neuen Testament zur Pflicht machten, da ja das Christusereignis die entscheidende Voraussetzung der Taufe ist. Nun ist in den letzten Jahrzehnten das Verständnis für die Würde der gesamten Heiligen Schrift und für den engen Zusammenhang der beiden Testamente gewachsen. Gerade die Taufliturgie selbst beruft sich im Lobpreis und der Anrufung Gottes über dem Wasser auf die starken Bilder des Alten Testaments – vom Geist, der bei der Schöpfung über den Wassern schwebt, über die Sintflut bis zum Durchzug durch das Rote Meer nach dem Auszug aus Ägypten. So fiel jetzt der Verzicht auf die deutsche Eigenrubrik leicht, ja, er war sogar notwendig.

3.4 Eine neue Situation

Besonders spannend sind naturgemäß die vielen im Einzelnen eher kleinen Details, die verändert wurden, aus denen sich aber in der Summe möglicherweise Trends ablesen lassen, bis hin zu sprachlichen Nuancen. Denn es ist zu erwarten, dass in diesen „Kleinigkeiten" deutlich wird, wie sich die eingangs erwähnte Instruktion „Liturgiam authenticam" von 2001 ganz konkret auswirkt. Ihre Grundaussage ist: Liturgische Bücher sollen keine freie Übertragungen der lateinischen Ausgabe bieten, sondern möglichst exakte Übersetzungen sein bis hinein in den Satzbau. Nun ist der Ritualeband „Die Feier der Kindertaufe" das erste liturgische Buch, das nach der Veröffentlichung dieser Instruktion in deutscher Sprache erscheint. Wie wurden nun die römischen Vorgaben umgesetzt? Bei der Frage ist freilich zu bedenken: Eine römische Instruktion schwebt nicht im luftleeren Raum. In ihr schlagen sich allgemeine Entwicklungen nieder. Neue Akzentsetzungen in der Theologie und im kirchlichen Leben spielen dabei ebenso eine Rolle wie Sprach- und Stilgewohnheiten, die sich in 35 Jahren ganz allgemein geändert haben. Die oben zitierte Änderung des Begleitwortes zur Bezeichnung der Täuflinge mit dem Kreuzzeichen ist dazu ein gutes Beispiel. Es zeigt, dass Korrekturen nicht nur aufgrund neuer römischer Vorgaben sinnvoll oder sogar notwendig sind, sondern aufgrund allgemeiner Entwicklungen nahe liegen. Es sprengt den Rahmen dieser kurzen Einführung in das Buch, auf viele Details einzugehen. Ein paar Stellen können jedoch wenigstens einen kleinen Eindruck vermitteln.

3.5 Neubewertung von Elementen

In der alten Ausgabe waren folgende Elemente des Wortgottesdienstes mit eigenen Überschriften versehen: Einladung – Lesungen – Homilie – Bezeichnung mit dem Kreuzzeichen – Fürbitten – Salbung mit Katechumenenöl. Unter dem Titel „Fürbitten" waren dann, durch Nummern voneinander abgesetzt, drei Elemente, nämlich die Anrufung von Heiligen, ein Hinweis auf die Auswahl an Fürbittformularen im Anhang und das Exorzismusgebet zusammengefasst. Die Neuausgabe unterscheidet: Prozession zum Ort des Wortgottesdienstes – Schriftlesung(en) – Homilie – Anrufung der Heiligen und Fürbitten – Modell für Fürbitten – Gebet um Schutz vor dem Bösen (Exorzismus-Gebet) – Salbung mit Katechumenenöl oder Handauflegung.

Schon der erste Titel „Prozession zum Ort des Wortgottesdienstes" anstelle von „Einladung" ist bemerkenswert. Und die dazu gehörende Rubrik verdeutlicht den Unterschied noch. Früher hieß es: „Der Zelebrant lädt zum Wortgottesdienst ein. Dieser kann, während die Gemeinde sich zu ihren Plätzen begibt, mit einem passenden Gesang eröffnet werden." Jetzt lautet die Rubrik: „Die Versammelten ziehen gemeinsam zum Ort des Wortgottesdienstes; dies kann mit einem passenden Gesang begleitet werden." Aus dem praktisch notwendigen „Sich-zu-ihren-Plätzen-Begeben" ist eine Prozession, also eine liturgische Aktion, geworden.

Das alte Rituale hatte eine weitere Rubrik: „Wenn ein geeigneter Raum vorhanden ist, können die Kinder bis um Abschluss des Wortgottesdienstes dorthin gebracht werden." Dieser Hinweis ist jetzt ersatzlos gestrichen. Zweifellos war er gut gemeint und menschenfreundlich gedacht – gegen ein schreiendes Kind ist nicht leicht anzupredigen – doch ist es wirklich richtig, jene Menschen, an denen in dieser Feier etwas Lebensentscheidendes geschehen soll, aus verständlichen Gründen der Annehmlichkeit von einem zentralen Teil des Geschehens auszuschließen? Auch wenn die Kinder die Verkündigung noch nicht verstehen – es geht darin um Gottes Wort, das sie betrifft.

Und noch ein Unterschied: Der Satz, dass der Zelebrant zum Wortgottesdienst „einlädt", fehlt jetzt; dafür gibt es einen konkreten Formulierungsvorschlag nach der Prozession, der allerdings auch abgeändert werden kann: „Gott schenkt den Glauben, ohne den es keine Taufe gibt. Deshalb hören wir jetzt sein Wort, damit der Glaube in uns wächst." Auf dem Hintergrund der Erfahrungen mit frei formulierten allzu langen Einladungen, Erklärungen und Kommentaren ist dies ein knappes Wort, das unmittelbar zum Wesentlichen führt.

Auffallend ist dann der Unterschied in dem Bereich, der bisher lediglich mit „Fürbitten" überschrieben war. „Anrufung der Heiligen und Fürbitten" heißt es da jetzt, und das keineswegs umsonst: Werden doch die Kinder durch die Taufe aufgenommen in die große Gemeinschaft der Kirche, die, in herkömmlicher Terminologie ausgedrückt, nicht nur die „pilgernde Kirche", sondern auch die „triumphierende Kirche" umfasst. Gerade darum unterscheiden sich die Fürbitten bei der Taufe von anderen Fürbitten – hier liegt es nahe, jene, die uns im Glauben vorbildhaft vorangegangen sind, einzubeziehen. Vielleicht war es das allgemeine Desinteresse an Heiligen Anfang der 70er Jahre des 20. Jahrhunderts gewesen, das dazu geführt hatte, diesen Aspekt als eher nebensächlich zu vernachlässigen und ihn darum nicht eigens zu nennen?

Auf Vermutungen angewiesen ist man heute, warum 1971 zu den eigentlichen Fürbitten zwar eine Einleitung angeboten wurde, aber an Ort und Stelle keine Anliegen genannt wurden. Nahe liegt, dass damit die eigene Kreativität gefördert werden sollte, sind die Fürbitten doch jenes Element, das den Gläubigen in besonderer Weise zukommt und in dem aktuelle Anliegen ihren eigenen Ort haben. Wird ein Formular vorgegeben, so wird, das zeigt die Erfahrung, in den meisten Fällen darauf zurückgegriffen. So war der damalige Verzicht auf ein Formular an dieser Stelle sicher gut gemeint; doch weiß man inzwischen, dass viele sich mit der Aufgabe der Formulierung ohne Vorlage überfordert fühlen oder zu Ergebnissen kommen, die dem Wesen des Elements Fürbitte kaum entsprechen.

Den Eindruck, dass der Zeitgeist bei der Erarbeitung des deutschen Ritusbuches Spuren hinterlassen hat, verstärkt sich, wenn damals auch noch das Exorzismus-Gebet unter die Überschrift „Fürbitten" subsumiert wurde. So wahr es auch ist, dass es sich dabei um ein fürbittendes Gebet handelt, so wenig entspricht diese Unterordnung seiner traditionellen Stellung in der Taufliturgie. Es ist wohl keine böswillige Unterstellung anzunehmen, dass man sich 1971 um das als irgendwie nicht mehr zeitgemäß empfundene Wort „Exorzismus" herumgedrückt hat. Dagegen werden jetzt Ross und Reiter klar genannt, sei es gelegen oder ungelegen.

Auch die Rubriken zur Salbung und der Begleittext weisen Unterschiede auf. In der alten Ausgabe stehen unmittelbar nach der Überschrift die Worte zur Salbung: „Es stärke euch die Kraft Christi, des Erlösers. Zum Zeichen dafür salben wir euch mit dem Öl des Heiles in Christus, unserem Herrn, der lebt und herrscht in alle Ewigkeit." Als Rubrik folgte der Hinweis auf die Salbung auf der Brust und dann: „Die Salbung kann unterlassen werden. In diesem Fall legt der Zelebrant jedem Kind schweigend die Hand auf." In der neuen Ausgabe wird der Zelebrant schon vorweg auf die Alternative hingewiesen: „Wenn der Zelebrant die Kinder mit Katechumenenöl salbt, spricht er: ..." und danach: „Wenn die Salbung nicht vorgenommen wird, spricht der Zelebrant: ..." Der Benutzer des Buches ist sicher dankbar, dass er rechtzeitig auf die Alternative hingewiesen wird und nicht erst hinterher erfährt, dass er die Salbung auch hätte unterlassen können.

Ganz deutlich ist der Unterschied im Begleitwort. Hieß es früher, wenn die Salbung unterblieb, einfach in der Rubrik: „In diesem Fall legt der Zelebrant jedem Kind schweigend die Hand auf", so hat jetzt jede der beiden Formen ein eigenes Begleitwort. Im Falle der Salbung lautet es: „Durch diese Salbung stärke und schütze euch die Kraft Christi, des Erlösers, der lebt und herrscht in alle Ewigkeit", und wenn die Salbung nicht vorgenommen wird: „Es stärke und schütze euch ...", und dann als Rubrik: „Danach legt der Zelebrant jedem Kind schweigend die Hände auf." Die alte Formel entsprach der lateinischen Vorlage, aber aus den Rubriken ging nicht hervor, dass auch der Handauflegung ein Begleitwort voranging, obwohl das kürzere Begleitwort im Lateinischen vorgesehen war. Besonders auffallend ist – nach dem Erscheinen der Instruktion „Liturgiam authenticam" –, dass die neue Formel zur Salbung vom lateinischen Wortlaut abweicht, während die alte eine genaue Übersetzung gewesen war.

Erwähnenswert ist auch: Während in der alten Ausgabe unter der Überschrift „Lobpreis und Anrufung Gottes über dem Wasser" vier „Formulare der Taufwasserweihe" aufgeführt wurden, kommt jetzt dieser Titel nicht mehr vor. Offensichtlich wollte man das Wort „Weihe" für das Wasser als etwas Materielles vermeiden, um denkbaren magischen Vorstellungen vorzubeugen. Gleichzeitig wurde dieses Gebet insofern aufgewertet, als es jetzt mit Noten versehen und damit zum Singen eingerichtet wurde und diese Fassung sogar als erste dasteht. Nimmt man diese beiden Unterschiede zusammen, so liegt als Schluss nahe: Man wollte das Gebet als solches, also als „Lobpreis und Anrufung Gottes", als „Hoch-Gebet" der Taufhandlung, deutlicher herausstellen als seine Wirkung in Bezug auf den Gegenstand „Wasser".

Und schließlich noch zwei weitere Unterschiede im Bereich der Überschriften: Die Riten von der Salbung mit Chrisam bis zum „Effata", die auf die Taufe selbst folgen, haben jetzt, anders als früher und so wie immer schon in der lateinischen Ausgabe, eine zusammenfassende Überschrift: „Ausdeutende Riten". Und im Abschnitt „Abschluss" findet sich jetzt – über die lateinische Vorgabe hinaus – eine eigene Überschrift „Prozession zum Altarraum".

4. Der Gesamteindruck

Was ergibt sich als Gesamteindruck? Gehen wir den Weg von den zuletzt genannten Unterschieden zurück bis zu den ersten.

Neue Überschriften und neue Akzente in der Struktur des Buches sind uns zuletzt und zuvor schon mehrfach, ja schon am Anfang beim Blick auf das Inhaltsverzeichnis aufgefallen. Sie sind eine Reaktion auf Erfahrungen und Entwicklungen in 35 Jahren und entspringen auch dem Willen, gewisse Dinge verstärkt zu fördern. Dass jetzt von Prozessionen die Rede ist, wo es früher nur um einen Ortswechsel ging, zeugt davon, dass der Sinn für das Rituelle, das wesentlich zu einer Liturgie gehört, gewachsen ist. In der Liturgie kann alles zum Zeichen werden: Der Ortswechsel ist kein banales Geschehen. Indem er die Mitfeiernden äußerlich zu einem neuen Akt im großen Spiel hinführt, bereitet er sie innerlich darauf vor.

Dieser verstärkten Ritualisierung entspricht es auch, wenn der neben der eigentlichen Taufformel wichtigste Text, der überschrieben ist mit „Lobpreis und Anrufung Gottes über dem Wasser", nunmehr zur Kantillation eingerichtet ist. Dass damit gerade ein doxologisches, ein Gott preisendes Element, hervorgehoben wird, ist sicher ein sehr positiver Akzent in einer Feier, in der es inhaltlich und emotional sehr stark um Menschen geht.

Spannend ist, wie sich die Instruktion „Liturgiam authenticam" konkret ausgewirkt hat. Wer den neuen mit dem alten Text vergleicht, mehr als dies hier möglich war, wird feststellen, dass manche Änderung einfach der allgemeinen Sprachentwicklung seit den frühen 70er Jahren des 20. Jahrhunderts entspricht. Er wird allerdings auch feststellen, dass Ausdrücke, die in der traditionellen Katechese vertraut waren, aber dann vor 30, 40 Jahren eher selten verwendet wurden, jetzt wieder verstärkt vorkommen. Dahinter steht – nicht nur und sicher nicht in erster Linie bezogen auf die Liturgie – die Erkenntnis, dass mit dem Verlust von Worten auch deren Inhalt mehr und mehr in Vergessenheit gerät. Oder anders gesagt: In einer Zeit, in der fast jeder Lebensbereich und Beruf seine eigene Fachsprache hat – bis hin zur völligen Unverständlichkeit für Außenstehende – bedarf auch die Theologie, besser noch: das Glaubensleben, einer eigenen Sprache. So allgemein-verständlich die Rede über den Glauben und der verbale Ausdruck des Glaubens sein muss, um für alle Menschen mitvollziehbar zu sein, so klar ist inzwischen eben auch, dass die Vermittlung von Inhalten, von denen nur der Glaube spricht, auch auf einen eigenen Wortschatz angewiesen ist. Und darin kommen „Heilige" ebenso vor wie „Exorzismus", auch wenn über das, was damit konkret gemeint ist, durchaus diskutiert werden kann. In der deutlichen Sprache kann man durchaus ein Zeichen neuen Selbstbewusstseins sehen.

Bemerkenswert ist auch, dass – anders als nach „Liturgiam authenticam" zu erwarten wäre – an einer Stelle sogar ein bisher exakt übersetzter Text, nämlich das Gebet bei der Salbung mit Katechumenenöl oder der Handauflegung, jetzt aufgelöst und umformuliert wurde, so dass es jetzt von der lateinischen Vorlage abweicht. Gleiches gilt von den Rubriken an dieser Stelle. Offensichtlich hat sich hier die Kongregation die Einsicht zu Eigen gemacht, dass der alte lateinische Text nicht präzise genug und darum eine Änderung um der Sache bzw. eines ungestörten Vollzugs willen notwendig und sinnvoll war.

Sprachliche Korrekturen dienen auch dem Zweck, Missverständnisse aufzuklären, die seinerzeit nicht vorhersehbar waren, aber inzwischen aufgetreten sind. Die Änderung des Begleitwortes zur Bezeichnung mit dem Kreuz gehört hierher.

Nicht nur diese Beispiele zerstreuen die anfängliche Sorge, dass die Instruktion „Liturgiam authenticam" generell zu einer geistlosen Gleichschaltung aller volkssprachlichen liturgischen Bücher führen würde und weiterer Fortschritt kaum noch zu erreichen sei. Schon der Aufbau des Buches ist dafür ein Beweis: Während die alte Ausgabe grundsätzlich den Aufbau der lateinischen Ausgabe: Feier der Taufe mehrerer Kinder – Feier der Taufe eines einzelnen Kindes übernommen hatte, ist die neue Einteilung: Feier der Kindertaufe außerhalb der Feier der heiligen Messe – Feier der Kindertaufe innerhalb der heiligen Messe, mit Texten für jeweils mehrere Kinder oder nur ein Kind, anders strukturiert. Hinter dieser Änderung wird ein klares Konzept sichtbar, das auf die Privatisierung von Glaube und Religion in unserer Gesellschaft reagiert: Taufe ist kein rein privates und familiäres Ereignis, sondern eines, das in der kirchlichen Öffentlichkeit, wenigstens der Pfarrgemeinde, ihren Ort hat.

Den stärksten Ausdruck finden das Reagieren-Wollen auf eine neue Situation und das neue Selbstbewusstsein darin, dass in dem Buch eine Form angeboten wird, für die es gar keine lateinische Vorlage gibt, die Feier in zwei Stufen.

Damit ist das deutsche Sprachgebiet einmal mehr in einer Vorreiterrolle, was Eigenliturgie angeht. Tatsächlich gibt es diesbezüglich eine gute Tradition. Als 1975 das Messbuch erschien, fanden sich darin eine große Anzahl von Eigenrubriken, die über das hinausgingen, was das lateinische Missale enthielt. Manche dieser Rubriken wurden in der Folgezeit in anderen Sprachgebieten übernommen. 1978 erschien das deutsche Benediktionale, für das es kein Vorbild gab und dem erst 1984 eine lateinische Fassung folgte, für die das deutsche Buch deutlich erkennbar als Grundlage gedient hatte. Eine Sonderausgabe ganz eigener Art war das Buch „Gottesdienst mit Gehörlosen" mit angepassten Sakramentenfeiern und sogar einem eigenen Hochgebet für Messfeiern mit Gehörlosen. Schließlich ist an das Schweizer Hochgebet zu erinnern, das einen wahrhaften Siegeszug in rund 30 Länder angetreten hat, bis es – in lateinischer Fassung – weltweit verfügbar wurde und nunmehr in der dritten authentischen Ausgabe des Missale Romanum steht. Und jetzt also diese Feier der Kindertaufe in zwei Stufen – eine bemerkenswerte Inkulturation in einer Zeit, in der viele den Eindruck haben, es werde alles nur römischer.

Um das Gleichgewicht zwischen zentraler Vorgabe und konkreter Umsetzung in einem Sprachgebiet geht es ganz besonders auch bei den einleitenden Dokumenten. Die Aufnahme der römischen Dokumente in das Buch anstelle der bisherigen Pastoralen Einführung der Bischöfe des deutschen Sprachgebietes zeigt den römischen Willen, der weltweiten Einheit der Kirche verstärkt Ausdruck zu geben. Leicht wird das als Zentralismus abqualifiziert, aber ist das fair? Tatsächlich spüren wir heute praktisch in allen Lebensbereichen Folgen einer Globalisierung. Vieles davon ist ambivalent oder wird sogar als Bedrohung empfunden. Demgegenüber stellt die Kirche tatsächlich eine Gemeinschaft dar, die die Einzelnen nicht nur mit Gott, sondern auch untereinander verbindet. Und das keineswegs nur oberflächlich. Denn Ausdruck dieser Gemeinschaft sind nicht nur Weltjugendtage und Gottesdienste auf dem Petersplatz in Rom, sondern solche Events sind nur möglich, weil es Strukturen und Inhalte gibt, die von allen mehr oder weniger gekannt und anerkannt werden. Darum ist es durchaus zu begrüßen, dass in dem Buch die beiden Dokumente abgedruckt sind, in denen die Kirche, wenige Jahre nach dem Zweiten Vatikanischen Konzil und in der damaligen Aufbruchsstimmung, die Prinzipien und Kriterien der Erneuerung der Kindertaufe und der gesamten Eingliederung in die Kirche festgelegt hat. Tatsächlich war es ein Manko, dass diese Dokumente bisher fast nur Spezialisten bekannt waren. Wenn diese nun allgemein zugänglich und leicht erreichbar sind, so heißt das, dass der bisher eher verstellte Blick auf das weltkirchlich Gemeinsame nun frei ist. Dass das durchaus nicht auf Kosten der Ortskirche gehen muss, zeigt sich darin, dass die Bischöfe eine eigene Pastorale Einführung herausgegeben haben. Und weil diese getrennt vom Buch selbst erscheint, bedurfte sie keiner römischen Überprüfung und Gutheißung und darum ist sie auch jederzeit – und nicht nur im Zusammenhang mit einer neuerlichen Revision des Buches, die vielleicht wieder erst nach Jahrzehnten erfolgt – veränderbar, wann immer die Situation es erfordert. Dieses neue Zusammenspiel von Buch und Einführung sorgt für eine neue Ausgewogenheit zwischen der Weltkirche, die naturgemäß langsamer reagiert, und der Ortskirche, in der unter Umständen Veränderungen sehr viel schneller notwendig sind. Gerade darum wäre die kurze Vorstellung der wichtigsten Änderungen am liturgischen Buch selbst unvollständig, wenn nicht auch noch in den Blick genommen würde, was sich inhaltlich in der jetzt vom Buch abgekoppelten Pastoralen Einführung der Bischöfe gegenüber ihrer ersten Fassung geändert hat.

5. Die neue Pastorale Einführung der Bischöfe

Angesichts dessen, dass jetzt anstelle der einen Pastoralen Einführung der Bischöfe zwei römische Dokumente am Anfang des Buches stehen, ist klar, dass die als Heft veröffentlichte neue Pastorale Einführung nicht einfach aus der alten Ausgabe übernommen wurde[2]. Auch liegt es nahe, dass gerade dieses auf die Gegebenheiten im deutschen Sprachgebiet abgestimmte Dokument die Erfahrungen und Entwicklungen der letzten 35 Jahre berücksichtigt.

Nach einer Art Vorwort folgen einige allgemeine Sätze zum Wesen der Taufe. Sie sind kürzer als früher, weil für diesen Teil auf die Dokumente im Buch selbst verwiesen werden kann. Schon unter der Überschrift „Vom Sinn der Kindertaufe" wird auf zwei sehr wichtige Dokumente verwiesen, die in der Zwischenzeit erschienen sind: auf

---

[2] Vgl. oben Anm. 1.

den Codex Iuris Canonici und auf den Katechismus der Katholischen Kirche. Danach sind die Eltern „verpflichtet, dafür zu sorgen, dass ihre Kinder innerhalb der ersten Wochen getauft werden" (KKK 1261). Dabei sprechen die Bischöfe die heutigen Realitäten an, wenn sie sagen: „Vielen Eltern, die guten Willens ihre Kinder zur Taufe anmelden, fällt es schwer, ihr Leben aus dem Glauben zu gestalten und ihren Glauben in der versammelten Gemeinde zum Ausdruck zu bringen. Umso mehr ist die Pfarrgemeinde gefordert, sich um die getauften Kinder und deren Familien zu kümmern"[3].

Konsequent dazu ist das dann folgende zweite Kapitel überschrieben mit „Pastorale Folgerungen". Und während das Interesse der Pastoralen Einführung bezüglich Eltern und Paten im alten Buch noch überwiegend ihrer Anteilnahme und Rolle bei der Feier der Taufe selbst galt, geht es jetzt – und dieses Kapitel macht mehr als ein Drittel der gesamten Einführung aus – um eine Pastoral, die um die Feier herum notwendig ist, damit die Kindertaufe sinnvoll und verantwortbar vollzogen werden kann. So lauten jetzt die Zwischenüberschriften dieses Kapitels: Die Verantwortung der Diözese und der Pfarrgemeinde – Die Verantwortung und Vorbereitung der Eltern, darunter: Taufgespräch mit dem Seelsorger, Taufgespräche mit anderen Eltern, Taufe in zwei Stufen mit längerer Elternkatechese – Möglicher Taufaufschub – Die Verantwortung für die Nichtgetauften – Die Bedeutung des Patenamtes – Die weitere Begleitung der Getauften und ihrer Familien.[4]

Dann folgen Anweisungen zur Feier der Kindertaufe[5]: Zu den handelnden Personen, dass die Taufe eine Feier der ganzen Gemeinde ist, und Hinweise zu den verschiedenen Diensten – dann relativ ausführliche Hinweise zur Feier in zwei Stufen – es folgt noch ein Kapitel zu Orten, Zeiten und Zeichen der Feier. Darin wird auf die Möglichkeit der Taufe durch Untertauchen aufmerksam gemacht; es wird geklärt, dass fließendes Wasser ein deutlicheres Zeichen des Lebens ist und der Lobpreis und die Anrufung Gottes auch über fließendem Wasser gesprochen werden kann. Es werden praktische Fragen beantwortet von der Gestaltung eines neuen Taufbrunnens bis zum Hinweis, dass die Weihwasserbecken der Kirche mit Taufwasser gefüllt werden können, und von der Empfehlung, dass das Taufgewand dem Kind erst nach der Taufe angezogen werden soll, bis hin zur Anregung, Tauftage zu veranstalten, und bis zu Hinweisen bezüglich des Fotografierens.

---

[3] Kindertaufe. Pastorale Einführung (s. Anm. 1), 8, Nr. 6.
[4] Vgl. ebd. 9–17, Nr. 7–28.
[5] Vgl. ebd. 18–26, Nr. 29–53.

6. Ein Schritt echter Erneuerung

Der Überblick hat gezeigt: Das neue Buch folgt in Vielem mehr als das bisherige der lateinischen Vorlage. Es enthält aber auch Eigengut: Bewährtes aus der bisherigen deutschen Ausgabe und auch Neues.

Es hat lange gedauert von der Einsetzung einer Arbeitsgruppe zur Vorbereitung einer Revision über die Approbation durch die Bischöfe des deutschen Sprachgebietes bis zur römischen Zustimmung. In dieser Zeit hat das betreffende Verfahren in Rom nicht nur seinen Namen gewechselt, sondern auch neue Regeln erhalten: Aus einer Konfirmierung, also einer Bestätigung des Approbationsbeschlusses der Bischöfe, ist inzwischen eine Rekognoszierung geworden, also eine Überprüfung bis ins letzte Detail. Da liegt die Vermutung nahe, dass vor allem das Eigengut – das bewährte alte und das neue – nicht ohne Auseinandersetzungen zu bewahren bzw. neu einzuführen war. Dass sich dieser Prozess gelohnt hat, zeigt sich an den genannten Unterschieden. Das Ergebnis kann sich jedenfalls sehen lassen.

„Es kreißt ein Berg, und geboren wird eine Maus" – dieses Urteil, das am Anfang meiner Überlegungen stand, hat sich als Vor-Urteil erwiesen. Die Neuausgabe der Feier der Kindertaufe ist ein Stück echte Erneuerung.

Wie die Kirche Kinder taufte ...

Streiflichter aus der Geschichte als Anfragen für die Gegenwart

Jürgen Bärsch

„Die Taufe ist Feier der ganzen Gemeinde [...]. Daher ist der Taufgottesdienst keine private Familienfeier, sondern öffentlicher Gottesdienst, zu dem die ganze Gemeinde entsprechend einzuladen ist."[1] Was die Bischöfe in ihrer Pastoralen Einführung zur Feier der Kindertaufe (2008) hervorheben, wird sicher nicht immer und allerorts eingelöst und kann durchaus noch optimiert werden. Aber dennoch darf man sagen, dass heute das Bemühen um eine festliche, die Gemeinde einbeziehende und auf die tätige Teilnahme aller zielende Gestaltung der Feier deutlich zugenommen hat, wenn nicht eine gewisse Selbstverständlichkeit ist. Man denke etwa an die Taufe in der Osternacht oder in der sonntäglichen Gemeindemesse, wo nicht nur die kirchliche Dimension des Taufsakramentes besonders erfahrbar, sondern zumeist auch eine dem theologischen Anspruch der Feier gemäße Gestalt erlebbar wird.

Ein solches Bemühen um eine festliche und der Sache gemäße Feier der Taufliturgie war in der Geschichte der Kirche keineswegs selbstverständlich. Im Jahre 1921 beschwerte sich der Vater eines Taufkindes beim Kölner Erzbischof über die unwürdige Taufpraxis in seiner Kölner Pfarrei St. Aposteln: „Um 3 Uhr Sonntagnachmittags waren wir zur Taufe vorgemerkt. Als wir erschienen, war kein Geistlicher zur Stelle, sondern ein rauchender Küster, welcher bei unserem Anblick schnell den Tabak ins Freie beförderte und den Herrn Kaplan Offergeld herbeiholen liess. Das von der katholischen Kirche eingesetzte hlg. Sakrament der Taufe wurde nun in einem Vorraum der sogen. Sakristei gespendet. Jede nur etwas feierliche Umgebung wurde hierbei seitens der Kirche auf das Peinlichste vermieden. Nur die besonders sichtbaren, in ihrer Größe und Aufschrift sehr monoton wirkenden zwei Spendenteller (für den Geistlichen und den Küster) fielen unserem von Berlin herbeigeeilten Taufpaten [...] in einer Weise auf, welche ihn veranlassten, Vergleiche mit der evangelischen Kirche (welcher er angehört) zu stellen, die nicht zu

---

[1] Die Feier der Kindertaufe. Pastorale Einführung, hg. vom Sekretariat der Deutschen Bischofskonferenz (Arbeitshilfen 220), Bonn 2008, 18, Nr. 29; vgl. auch Die Feier der Kindertaufe in den Bistümern des deutschen Sprachgebietes. Zweite authentische Ausgabe auf Grundlage der Editio typica altera 1973, Freiburg u. a. 2007, 11 f. (Die Eingliederung in die Kirche. Praenotanda generalia Nr. 7).

unseren Gunsten ausfielen. Ich, als katholischer Christ, frage nur, warum wird das doch sicher zu diesem Zwecke in jeder Kirche aufgestellte Taufbecken nicht benutzt oder warum lässt sich die Sakristei zu solchen feierlichen Handlungen nicht etwas würdevoller gestalten als in einem bescheidenen, allerlei Zwecken dienenden Vorraume – wie in der St. Apostelnkirche, welche doch überaus reich an Altären usw. ist. Im Interesse aller Katholiken bitte ich um Abstellung der angeführten Mängel, welche den Eindruck einer Nebensächlichkeit hervorrufen, die in schroffem Gegensatz zu den sonstigen feierlichen Ceremonien der katholischen Kirche steht."[2] Abgesehen von den konfessionellen Abgrenzungen, ja Rivalitäten, die durch den Brief hindurchscheinen, und unter Auslassung der Tatsache, dass die hier beklagten Mängel keineswegs generell für die Taufpraxis jener Zeit galten, wirft der Brief doch ein bezeichnendes Licht auf das Verständnis und die Realität der Kindertaufe vor nicht einmal 90 Jahren. Und zugleich lässt er erahnen, wie sehr auch die Kindertaufe von den unterschiedlichen historischen Gegebenheiten in Kirche und Gesellschaft, in Theologie und Liturgie, in Glaube und Kultur beeinflusst war und weiterhin bleibt.

Es mag darum hilfreich sein, einige Streiflichter aus der bewegten Geschichte der Kindertaufe in Erinnerung zu rufen und danach zu fragen, was sie uns als Anfrage für die heutige Praxis mit auf den Weg geben. Dabei setzt schon der gewählte Begriff „Streiflichter" im Untertitel voraus, dass es hier nicht einmal im Ansatz um eine detaillierte, gar vollständige Geschichte der Kindertaufliturgie gehen kann.[3] Vielmehr möchte ich exemplarisch einige Phasen in der Ent-

---

[2] Christoph SCHANK, „Kölsch-katholisch". Das katholische Milieu in Köln (1871–1933) in: Kölner Veröffentlichungen zur Religionsgeschichte 34, Hist. Archiv des Erzbistums Köln GVA St. Aposteln 9, Schreiben an den Erzbischof 23.10.1921, Köln – Weimar – Wien 2004, 147f.
[3] Aus der Fülle der Literatur zur Geschichte der (Kinder-)Taufliturgie sei hingewiesen auf: Alois STENZEL, Die Taufe. Eine genetische Erklärung der Taufliturgie (FGTh 7/8), Innsbruck 1958; Georg KRETSCHMAR, Die Geschichte des Taufgottesdienstes in der alten Kirche, in: Karl Ferdinand Müller, Walter Blankenburg (Hg.), Leiturgia. Handbuch des evangelischen Gottesdienstes 5, Kassel 1970, 1–348; Bruno JORDAHN, Der Taufgottesdienst im Mittelalter bis zur Gegenwart, in: ebd., 349–640; Bruno KLEINHEYER, Sakramentliche Feiern I. Die Feiern der Eingliederung in die Kirche (GdK 7,1), Regensburg 1989; August JILEK, Eintauchen, Handauflegen, Brotbrechen. Eine Einführung in die Feiern von Taufe, Firmung und Erstkommunion (Liturgische Bibliothek 3), Regensburg 1996, v.a. 1–148; Reinhard MESSNER, Einführung in die Liturgiewissenschaft (UTB 2173), Paderborn u.a. 2001, 59–149; Christian Lange, Clemens Leonhard, Ralph Olbrich (Hg.), Die Taufe. Einführung in Geschichte und Praxis, Darmstadt 2008; sowie die knapp informierenden Artikel von Dorothea SATTLER, Kindertaufe, in: LThK 5 (³1996) 1448f.; Martin WALLRAFF, Christian GRETHLEIN, Taufe. III. Kirchengeschichtlich, in: RGG 8 (⁴2005) 59–69; Reinhard MESSNER, Taufe. VI. Liturgiegeschichtlich, in: RGG 8 (⁴2005) 80–85.

wicklung dieser Sakramentenliturgie herausgreifen, um die markanten Wandlungen hervorzuheben, mit denen wiederum bestimmte Optionen und Entscheidungen in Theologie und Pastoral verbunden waren, die zu einem nicht geringen Teil bis heute nachwirken. Zunächst schauen wir dabei auf die spätantike Taufpraxis, auf deren Hintergrund dann in einem zweiten Schritt die Veränderungen in der mittelalterlichen Kindertaufliturgie besonders sichtbar werden. In einem dritten Schritt sind die Entwicklungen in der Zeit der Reformation und der Konfessionalisierung zu schildern, bevor abschließend knapp Reformbemühungen um Liturgie und Pastoral der Kindertaufe bis zum Vorabend des Zweiten Vatikanischen Konzils zur Sprache kommen. Nach dem alten Wort, wonach das Leben zwar nach vorne gelebt werden muss, aber nur im Blick auf die Vergangenheit verstanden werden kann, mag der Überblick uns in Erinnerung rufen, auf welchem historischen Fundament wir bei dieser Sommerakademie die Liturgie der Kindertaufe bedenken.

1. Kinder und die spätantike Praxis der christlichen Initiation

Es ist nicht auszuschließen, dass bereits in frühchristlichen Gemeinden bei der Initiation einer Hausgemeinschaft gelegentlich auch Kinder mitgetauft wurden (hier werden oft die sogenannten *oikos*-Formeln in 1 Kor 1,16; Apg 16,15 u. a. angeführt). Vermutlich sah man darin zunächst auch kein Problem, wusste man sich doch in der Aufmerksamkeit für die Kinder der Haltung Jesu verpflichtet, der Kinder gesegnet (vgl. Mk 10,13–16 parr) und sie den Erwachsenen als Vorbild für das gläubige Vertrauen auf Gott und sein Reich empfohlen hatte (vgl. Mk 9,33–37 parr). Eine solche Wertschätzung der Kinder war übrigens in der religiösen und gesellschaftlichen Umwelt der Antike keineswegs selbstverständlich. Wo Abtreibung, nachgeburtliche Vernachlässigung, ja sogar Verkauf und Mord durchaus üblich waren, musste neben dem Vorbild Jesu auch die theologische Rede vom „Kind Gottes" Beachtung finden und konnte die Taufe von Kindern stützen.[4] Da zudem nach Paulus die Glaubensverkündigung der Taufe folgen (vgl. Röm 6,3–11) und die Taufe den Glauben stärken konnte (vgl. 2 Kor 4,6), darf für die Frühzeit der Kirche die Taufe von Unmündigen vermutet werden. Für das 2. und 3. Jahr-

---

[4] Vgl. Hubertus LUTTERBACH, Gotteskindschaft. Kultur- und Sozialgeschichte eines christlichen Ideals, Freiburg-Basel-Wien 2003, 165–191; Arnold ANGENENDT, Toleranz und Gewalt. Das Christentum zwischen Bibel und Schwert, Münster 2007, 178–183.

hundert lassen dann auch erste Zeugnisse diese Praxis deutlicher erkennen.[5]

Gleichwohl verlangte die Taufe als Zielpunkt eines gläubigen Umkehrprozesses, in den Gott den Einzelnen hineinrief, die kompromisslose Entscheidung: gegen die heidnischen Götter und die widergöttliche Lebensweise und zugunsten des christlichen Gottes. Dafür aber war Bewusstheit die notwendige Voraussetzung, die Säuglingen und kleinen Kindern natürlich abging. Entsprechend befürwortete etwa Tertullian († um 220) einen Aufschub der Taufe von Unmündigen, bis sie zu einem Alter gelangt sind, in dem sie durch Unterricht belehrt werden können.[6]

Weil also für den Regelfall, die Eingliederung von Erwachsenen, die Belehrung und die Einübung in das Glaubensleben der Initiation vorausgehen musste, entwickelte sich das Institut des Katechumenats.[7] Wie die Traditio Apostolica (TrAp), die bekannte Kirchenordnung aus dem Anfang des 3. Jahrhunderts, zeigt, durchliefen die Taufbewerber nach ihrer Annahme eine rund dreijährige, von Gemeindemitgliedern begleitete Vorbereitungszeit, in der sie nicht nur die Heilige Schrift kennenlernten, sondern sich vor allem auch in die christliche Lebensführung einübten.[8] Hatten sie hier größere Fortschritte gemacht, intensivierte sich ihre Vorbereitung noch einmal in den Wochen vor der Osternachtfeier, in der die Initiation stattfinden sollte.[9] Verbunden mit dem Katechumenat und den Vierzig Tagen vor Ostern waren auch die sogenannten Exorzismen. Diese Gebete um die Befreiung vom Bösen lassen erkennen, wie man die

---

[5] Hinweise bieten JUSTIN, 1. Apologie 15,6 und das Martyrium Polycarpi 9,3. Ende des 2. Jhs. beschreibt Irenäus, ein aus Kleinasien stammender Bischof von Lyon, das Werk Jesu so: „Er ist [...] gekommen, um alle durch sich zu retten; alle heißt, die durch ihn zu Gott wiedergeboren werden, Säuglinge, kleine Kinder, Knaben, junge Männer und reife Männer." IRENÄUS VON LYON, Gegen die Häresien II 22,4, in: Irenäus von Lyon, Epideixis. Darlegung der apostolischen Verkündigung. Adversus Haereses. Gegen die Häresien, übers. und eingel. von Norbert Brox, Bd. 2 (Fontes Christiani 8/2), Freiburg u. a. 1995, 185. – Zur Sache vgl. jetzt auch Alfons FÜRST, Die Liturgie der alten Kirche. Geschichte und Theologie, Münster 2008, 167–169.
[6] Vgl. TERTULLIAN, Über die Taufe 18,3–6, hier nach: André BENOÎT, Charles MUNIER, Die Taufe in der Alten Kirche (1.–3. Jahrhundert) (Traditio Christiana 9), Bern u. a.1994, 135 f., Nr. 105.
[7] Zu Katechumenat, unmittelbarer Vorbereitungszeit und Feier der Initiationssakramente vgl. die Darstellung bei KLEINHEYER (s. Anm. 3), 35–56; Jörg ULRICH, Taufpraxis und Tauffrömmigkeit im frühen Christentum, in: Bettina Seyderhelm (Hg.), Tausend Jahre Taufen in Mitteldeutschland. Eine Ausstellung der Evangelischen Kirche der Kirchenprovinz Sachsen und des Kirchenkreises Magdeburg. Katalog, Regensburg 2006, 28–34 und FÜRST, Liturgie der alten Kirche (s. Anm. 5), 123–169.
[8] Vgl. Traditio Apostolica 15–20, in: Didache. Zwölf-Apostel-Lehre. Traditio Apostolica. Apostolische Überlieferung, übers. und eingel. von Georg Schöllgen und Wilhelm Geerlings (Fontes Christiani 1), Freiburg u. a. 1991, 244–257.
[9] Vgl. TrAp 20 (FC 1, 252–257).

Taufe verstand, nämlich als einen Herrschaftswechsel: Der Täufling löste sich mit seiner ganzen Existenz aus dem Herrschaftsbereich des Widergöttlichen und übereignete sich dem Herrschaftsbereich Gottes. Weil ein Mensch dies nicht aus eigenem Willen zu vollbringen vermag, sollten ihm die Exorzismen (Gebet, Handauflegung, Salbung) helfen, mit Gottes Kraft die Übereignung an Christus zu vollziehen.[10]

In der Osternacht schließlich, so berichtet die TrAp, legten die Täuflinge mit ihrer Kleidung alles ab, was zu ihrem bisherigen Leben gehörte, widersagten ausdrücklich dem Satan, stiegen dann nackt in das Taufbecken, wo sie der Bischof fragte: „Glaubst du an Gott, den allmächtigen Vater?" Auf ihre Antwort „Ich glaube" wurden sie zum erstenmal untergetaucht; so geschah es auch bei den zwei weiteren Fragen gemäß dem Apostolischen Glaubensbekenntnis.[11] Das entscheidende Wort ihrer Taufe sprachen also die Täuflinge selbst, indem sie den Glauben der Kirche für sich persönlich bekannten. Nach dem Wasserbad wurden sie gesalbt, und der Bischof vollendete die Taufe mit der Handauflegung, dem Gebet und der Salbung des Hauptes, also jenes Teilelement, das sich später als Firmung selbständig entwickeln sollte. Den Höhepunkt fand die Initiation der Neugetauften in der Ostereucharistie mit der Gemeinde, bei der sie erstmals den Leib und das Blut des Herrn empfingen und so vollständig in Christus und seine Kirche eingegliedert waren.[12]

Es versteht sich, dass Katechumenat und Initiation den mündigen Menschen voraussetzte, der in seiner religiös pluralen Umwelt auf Christen aufmerksam wurde und Interesse am christlichen Glauben fand, der sich entschied, Christ zu werden und der sich schließlich in einem begleiteten Prozess in den Glauben als eine die ganze Existenz umfassende Lebenshaltung einübte. Dies war für Kinder, gar Säuglinge nicht möglich. Aber da, wo Eltern oder andere erwachsene Familienmitglieder getauft wurden, konnten offenbar auch Kinder die Taufe empfangen. Denn die Taufordnung der TrAp bestimmt eine Reihenfolge, wonach zunächst Kinder, dann Männer, schließlich Frauen getauft werden sollten. Da, wie erwähnt, das wichtigste Wort der Täufling sprach, mussten für die unmündigen Kinder die Eltern oder ein anderes Familienmitglied dem Bösen absagen und den Glauben bekennen. Damit aber war zweifellos garantiert, was heute für die Säuglingstaufe längst nicht immer gilt: Das Kind wurde auf

---

[10] Vgl. TrAp 20 (FC 1, 254); Tertullian, Vom Kranz des Soldaten 3,2 (TrChr 9, 145, Nr. 116); vgl. auch FÜRST, Liturgie der alten Kirche (s. Anm. 5), 195f.
[11] Vgl. TrAp 21 (FC 1, 256–263).
[12] Vgl. TrAp 21 (FC 1, 262–271).

den Glauben der Eltern getauft und man konnte darauf vertrauen, dass die Unterweisung in den Glauben nach der Taufe erfolgte.

Allerdings geriet mit der kaiserlichen Anerkennung des Christentums im 4. Jh. dieses Initiationsmodell an seine Grenzen. Aus der Märtyrer- und Bekenntniskirche wurde eine gesellschaftlich-politische Größe im Imperium Romanum.[13] Damit veränderten sich aber die Motive für die Taufe: Mitglied der Kirche zu werden, war nun nicht mehr allein von der Entscheidung zum Glauben an den Christengott bestimmt. Viele verharrten im Stand der Katechumenen und schoben die Taufe auf, möglichst bis zum Lebensende.[14] So gehörte man wohl zur Kirche, musste aber nicht die mit der Taufe verbundenen Konsequenzen für den Lebenswandel tragen. Damit wurde der Katechumenat als Glaubensschule obsolet und die Exorzismen verloren ihren Sitz im Leben. Zeitgleich begann eine Ritualisierung der Katechese einzusetzen. Bedeutete „catechizare" ursprünglich Unterweisung, wird man im Frühmittelalter damit die „Spendung der katechetischen Riten" bezeichnen. Hatte also der Katechumenat seine eigentliche Funktion verloren, erschien es bald als Regelfall, auch ohne bewusste Entscheidung und ohne Einübung in den Glauben zu taufen; und das waren dann zumeist Kinder und Säuglinge.

Diese Praxis erhielt schließlich noch einen zusätzlichen Impuls durch die Theologie. In seiner Auseinandersetzung mit dem Pelagianismus entwickelte Augustinus († 430) seine Gnaden- und Sündenlehre. Augustinus geht davon aus, dass Sünde nicht nur die Tatvergehen meint, sondern ein Zustand ist, der von Adam generell auf den Menschen übergegangen ist (*peccatum originale*, „Erbsünde"). Weil also alle Menschen geburtlich von der Gottesferne bestimmt sind, bedarf jedes Lebensalter der göttlichen Vergebung durch die Taufe.[15] Gerade die von ihm vorgefundene Praxis der Kindertaufe ist für Augustinus ein Argument, um seine theologische Auffassung zu begründen.[16] Damit wird nunmehr die gnadenhafte Dimension der Ini-

---

[13] Vgl. KLEINHEYER, Sakramentliche Feiern I., (s. Anm. 3), 57–77; Andreas HEINZ, Die Bedeutung Konstantins (306–337) für die Liturgie der Kirche, in: Michael Fiedrowicz, Gerhard Krieger und Winfried Weber (Hg.), Konstantin der Große. Der Kaiser und die Christen – Die Christen und der Kaiser, Trier ²2007, 139–182; vgl. auch den Sammelband zur Trierer Sommerakademie 2007.
[14] Vgl. KLEINHEYER, Sakramentliche Feiern I., (s. Anm. 3), 64 f.
[15] Vgl. etwa Augustinus, Enchiridion 13. 43–47, in: Aurelius AUGUSTINUS, Enchiridion de fide spe et caritate. Handbüchlein über Glaube, Hoffnung und Liebe. Text und Übersetzung mit Einl. und Kommentar hg. von Joseph Barbel (Testimonia 1), Düsseldorf 1960, 38–41. 90–97.
[16] Augustinus, De peccatorum meritis et remissione et de baptismo parvulorum I 18,55 und I 34,63, in: AUGUSTINUS. Schriften gegen die Pelagianer 1, übers. von Rochus Ha-

tiationsliturgie verstärkt unter dem Aspekt der Heilssicherung und der Rettung vor der ewigen Verdammnis gesehen, wodurch die Kindertaufe nicht mehr ein Randphänomen der regulären christlichen Initiation bildet, sondern als dringend geboten erscheint.[17] Es verwundet schließlich nicht, dass so die Säuglingstaufe am Ausgang der Antike in der nun fast völlig christianisierten Gesellschaft im Osten wie im Westen zum Regelfall geworden ist.

2. Die Veränderungen in der Initiationsliturgie des Mittelalters

In mehrfacher Hinsicht wandelt sich die Initiationspraxis in der frühmittelalterlichen Zeit. Zunächst wird noch der bischöflich geleitete altkirchliche Initiationsritus mit seinen katechumenalen Elementen und seiner komplexen Feiergestalt in der Ostervigil mittels römischer Liturgiebücher (Sacramentarium Gelasianum, Ordo Romanus XI) von den karolingischen Herrschern für ihr Reich getreu übernommen,[18] aber er trifft hier auf völlig veränderte Gegebenheiten: Getauft werden zwar auch Erwachsene, aber allein im Sonderfall der Mission,[19] im Normalfall sind es aber längst nur mehr Säuglinge, und zwar unter dem Eindruck der augustinischen Erbsündenlehre *quam primum*, also möglichst schnell nach der Geburt.[20] Für beide Fälle ist die umfassende römische Initiationsliturgie un-

---

bitzky, Würzburg 1971, 134–139. 150–153. – Vgl. dazu die immer noch lesenswerte Darstellung bei Frits VAN DER MEER, Augustinus der Seelsorger. Leben und Wirken eines Kirchenvaters, Köln ³1953, 326–330. 367–370.

[17] Mit der Verurteilung der pelagianischen Auffassungen förderte die Synode von Karthago 418, im Anschluss an Augustins Lehre, die Praxis der Säuglingstaufe. Vgl. DH 223.

[18] Hier sind die den Taufgottesdienst in der ersten Hälfte des 7. Jahrhunderts kodifizierenden Quellen zu nennen, das Sacramentarium Gelasianum Vetus (GeV; vgl. Liber sacramentorum Romanae aecclesiae ordinis anni circuli, ed. Leo C. MOHLBERG [RED.F 4], Roma 1960, 193–199. 255–228. 254–257. 283–328. 419–424. 444–452) und der Ordo Romanus XI (OR XI); vgl. Michel ANDRIEU, Les Ordines Romani du haut moyen âge 2 [SSL 23], Louvain 1948, 417–447. – Vgl. dazu KLEINHEYER, Sakramentliche Feiern I., (s. Anm. 3), 102–121 und Stephan WAHLE, Gestaltung und Deutung der christlichen Initiation im mittelalterlichen lateinischen Westen, in: Die Taufe (s. Anm. 3), 29–48, hier 29–38.

[19] Freilich ist diese Form der Erwachseneninitiation in keiner Weise mit dem überlieferten spätantiken Modell des Katechumenats zu vergleichen. Auf welche realen Schwierigkeiten die Initiationspraxis in der Missionssituation nördlich der Alpen traf, hat Arnold ANGENENDT anschaulich beschrieben: Liudger. Missionar – Abt – Bischof im frühen Mittelalter, Münster 2005, 102–104.

[20] Vgl. Pierre-Marie GY, Du baptême pascal des petits enfants au baptême « quamprimum », in: Michel Sot (Hg.), Haut moyen-âge. Culture, éducation et société. Études offertes à Pierre Riché, Paris 1990, 353–365.

brauchbar. Also behilft man sich mit dem Kurzritus der Krankentaufe, der die überlieferten Symbolhandlungen in konzentriert-ritualisierter Form enthält.[21] Aber obwohl die Taufe nun von den Priestern in den Landkirchen den Neugeborenen gespendet wird, hält man an der Form des Erwachsenentaufritus fest. Denn gemäß mittelalterlicher Auffassung versteht man die überkomme Ordnung als einen sakrosankten, unabänderlichen Ritus, dessen Wirksamkeit nur bei korrekter Befolgung garantiert ist.[22] Wegen der faktischen Säuglingstaufe wird damit die Taufe mehr und mehr zu einem heiligen Geburtsritual, das aber kaum noch das ehedem so zentrale neutestamentliche Motiv der Umkehr und der bewussten Entscheidung zur Geltung zu bringen vermag. Dies verschärft sich umso mehr, je mehr die mittelalterliche Gesellschaft eine christlich-christentümliche geworden ist, in die man ungefragt hineingeboren und ebenso ungefragt hineingetauft wird.

Die Konsequenzen sind vielfältig. Schon im Ritus selbst fallen die Veränderungen auf. So nehmen etwa die Exorzismen, einst geistlich-liturgische Begleitung für den katechumenalen Umkehrprozess und Ausdruck des Herrschaftswechsels, trotz Ausfall der bewussten Entscheidung weiterhin einen bemerkenswert dominierenden Raum ein. Der Grund liegt in der mittelalterlichen Religiosität, die die Nichtgetauften vom Teufel beherrscht sieht und deshalb alles tut, um gerade das besonders gefährdete neugeborene Kind aus der Hand der Dämonen zu befreien und von der Erbsünde zu reinigen.[23] Dahinter steht die simple Vorstellung vom Menschen als einem Haus. Erst muss die verderbte Einwohnung der teuflischen Mächte mittels der exorzistischen Reinigung beseitigt werden, damit in das nun leere Haus Christus einziehen kann. So werden die Tauferklärungen Alkuins († 804) einsichtig: Wie das Innere des von bösen Geistern Besessenen zur Spelunke wird, so wird die Seele, die von guten Geistern bewohnt wird, zum Kloster.[24] Ähnlich schreibt Honorius Augustodunensis († 1150/60): „Der Leib des Menschen wird in der Taufe als Tempel dem Heiligen Geist ... geweiht [...] So bewohnt diesen Tem-

---

[21] So etwa überliefert im Pontificale Romano-Germanicum, Mitte 10. Jh.: Incipit ordo ad baptizandum infantes. PRG 107 (Vogel-Elze 155–164).
[22] Der sogenannte „Verhängnischarakter" des Ritus', ein bekanntes religionsgeschichtliches Motiv, bestimmt weithin das frühmittelalterliche Verständnis der christlichen Liturgie. Vgl. Arnold ANGENENDT, Geschichte der Religiosität im Mittelalter, Darmstadt ³2005, 378–387.
[23] Vgl. Arnold ANGENENDT, Der Taufritus im frühen Mittelalter, in: SdS 33,1 (1987) 275–336, hier 303–309; ders., Geschichte (s. Anm. 22), 394–398. 466–469.
[24] Vgl. ALKUIN, Epistulae 134 (MGH.Ep 4), 202; zur Sache vgl. ANGENENDT, Geschichte (s. Anm. 22), 468.

pel entweder der Heilige Geist oder ein unreiner Geist."[25] Wie stark die exorzistische Dimension die ganze Tauflurgie inzwischen beherrschte, zeigt sich daran, dass bereits das gelasianische Sakramentar das Glaubensbekenntnis als eine Schutzwehr gegen die Angriffe des Bösen bezeichnet[26] und Beda Venerabilis († 735) schließlich sogar von einem geistlichen Gegengift *(antidotum spirituale)* gegen den Teufel spricht.[27] So ist die Übergabe von Glaubensbekenntnis und Vaterunser, einst zur Belehrung vorgenommen, nunmehr zu einem Schutzritus gegen den Teufel umgedeutet. Das mag das Klima illustrieren, das die Vorstellungswelt der Säuglingstaufe beherrschte.

Ein weiterer Zug ist ebenso unverkennbar: Das einst wichtigste Wort der Tauflurgie, das Bekenntnis des Täuflings, „credo – ich glaube", musste unter den Bedingungen der nun regulären Säuglingstaufe deutliche Einbußen erleiden. Zwar hatten es die Paten stellvertretend zu sprechen; aber seine zwingende Bedeutung ging verloren, wie in gleichem Maße jetzt die vom Priester vollzogene Taufformel beim Wasserritus dominierend wurde. Dabei wandelte sich die einst interrogative Form, noch im Gelasianum bezeugt,[28] zu einer indikativischen Spendeformel: „baptizo te in nomine patris et filii et spiritus sancti."[29] Damit aber verschiebt sich das Gewicht vom Täufling zum klerikalen Taufspender. War einst der Glaube des Täuflings konstitutiv, so jetzt das Wort des Spenders. In der hier sichtbaren Klerikalisierung der Sakramentenliturgie sah denn auch Joseph Ratzinger ein Obrigkeitsdenken am Werk, das letztlich zu einem unverbundenen Gegenüber von rein aktivem Spenden und bloß passivem Empfangen führen musste,[30] ein zumindest im allgemeinen Sprachgebrauch ja auch heute noch gängiges Modell für die Sakramentenfeier.

War einst die Initiation ein einheitliches Feiergeschehen von Taufbad, besiegelnder Salbung und Eucharistie, so streben diese Elemente jetzt auseinander. Mit der Übernahme der römischen Liturgie im

---

[25] HONORIUS AUGUSTODUNENSIS, Elucidarium II, 93 (ed. Yves Lefèvre, L'Elucidarium et les Lucidaires, Paris 1954, 439).
[26] Vgl. GeV 317 (Mohlberg 51).
[27] Vgl. BEDA VENERABILIS, Epistola ad Ecgbertum Episopum, ed. Charles Plummer, Venerabilis Bedae opera historica 1, ND Oxford 1961, 405–423, hier 409.
[28] Vgl. GeV 44, Nr. 449–450 (ed. Mohlberg, 74): „Inde benedicto fonte baptizas unumquemque in ordine suo sub has interrogationes: Credis in deum patrem omnipotentem? – Credo [...] Deinde per singulas uices mergis eum terbio in aqua. Postea cum ascenderti a fonte infans signato ad presbitero in cerebro de chrismate his verbis: Deus omnipotens pater [...]."
[29] So im Ritus der Krankentaufe im Sacramentarium Gregorianum Nr. 982, Jean DESHUSSES, Le Sacramentaire Grégorien 1 [SpicFri 16], Fribourg 1979, 336.
[30] Vgl. Joseph RATZINGER, Taufe und Formulierung des Glaubens, in: Ephemerides Theologicae Lovanienses 49 (1973) 76–86.

Karolingerreich band man sich zugleich an die nur in der römischen Initiationspraxis bekannte Form einer zweiten postbaptismalen Salbung.[31] Hier erfolgte nach dem Taufbad und der Salbung durch den Presbyter eine zweite Salbung, die, verbunden mit Handauflegung und Gebet, aber allein dem Bischof zustand.[32] Diese Besonderheit der römischen Initiation führte nun wegen der andersartigen, ländlich geprägten Siedlungsstruktur im fränkischen Norden und wegen der inzwischen allgemein akzeptierten Forderung der Säuglingstaufe sofort nach der Geburt de facto zur Abspaltung des bischöflichen Teils von den Teilen der sakramentalen Eingliederung, die der Priester vollzog. Nicht bei jeder Taufe konnte der Bischof anwesend sein, um die Taufe zu besiegeln. Mit der unangepassten Übernahme der römischen Sondertradition zerfiel die Einheit der dreistufigen Initiation in zwei Teile: Während die Presbyter in den Pfarrkirchen Säuglinge und Kleinkinder tauften und ihnen die Taufkommunion spendeten, wurden die dem Bischof vorbehaltenen postbaptismalen Riten zu einer späteren Zeit nachgeholt, nicht selten allerdings blieben sie aber auch ganz aus. Damit trat die Firmung als eigenständiges, aus der dreigliedrigen Initiationsliturgie herausgelöstes Sakrament in Erscheinung.[33]

Bis ins 13. Jahrhundert blieb es dabei, den neugetauften Säuglingen die Eucharistie zumeist in der Gestalt des Weines zu reichen und sie – soweit möglich – in einer Feier einzugliedern.[34] Zwar gibt es auch für die folgenden Jahrhunderte noch vereinzelt Nachrichten, die diese Praxis bestätigen,[35] aber die allgemeine Zurückhaltung gegenüber dem Eucharistieempfang im hohen Mittelalter (Nüchternheit, Ehrfurcht, Diskussion um die Heilsnotwendigkeit der Eucharistie)[36] begünstigte den Verzicht auf die Taufkommunion der

---

[31] Vgl. Arnold ANGENENDT, Bonifatius und das Sacramentum initiationis. Zugleich ein Beitrag zur Geschichte der Firmung, in: ders., Thomas Flammer und Daniel Meyer (Hg.), Liturgie im Mittelalter. Ausgewählte Aufsätze zum 70. Geburtstag, (Ästhetik – Theologie – Liturgik 35), Münster ²2005, 35–87 [Erstveröff. 1977].

[32] Vgl. KLEINHEYER, Sakramentliche Feiern I., (s. Anm. 3), 52–54. 193–204.

[33] Vgl. die knappe Darstellung bei Jürgen BÄRSCH, Der Bischof und die Firmliturgie, in: Winfried Haunerland u.a. (Hg.), Manifestatio Ecclesiae. Studien zu Pontifikale und bischöflicher Liturgie. FS Reiner Kaczynski, (StPLi 17), Regensburg 2004, 492–496; zur Firmpraxis im Mittelalter vgl. ebd., 496–499.

[34] Vgl. Pierre-Marie GY, Die Taufkommunion der kleinen Kinder in der lateinischen Kirche, in: Hansjörg Auf der Maur und Bruno Kleinheyer (Hg.), Zeichen des Glaubens. Studien zu Taufe und Firmung. FS Balthasar Fischer, Zürich – Einsiedeln – Köln 1972, 485–491.

[35] Vgl. Peter BROWE, Die Kinderkommunion im Mittelalter, in: ders., Die Eucharistie im Mittelalter. Liturgiehistorische Forschungen in kulturwissenschaftlicher Absicht. Mit einer Einführung hg. von Hubertus Lutterbach und Thomas Flammer (Vergessene Theologen 1), Münster 2003, 89–114, hier 89–96 [Erstveröff. 1930].

[36] Vgl. GY, Taufkommunion (s. Anm. 34), 487–491.

Säuglinge.[37] Ersatzformen wie das Reichen des Absolutionsweines oder das Hintragen des neugetauften Säuglings zum Altar konnten dagegen nur noch rudimentär die ursprüngliche Einheit von Taufe und Ersteucharistie wach halten.[38] Damit zerfiel allerdings restlos die Einheit der drei Eingliederungssakramente, die nun als Einzelfeiern zu unterschiedlichen Lebensaltern vollzogen und als individuelle Akte des Gnadenempfangs wahrgenommen wurden.

Schließlich erhielt durch die Säuglingstaufe auch das Patenamt eine neue und eigenständige Bedeutung. Kannte der altkirchliche Katechumenat bereits die Funktion des Bürgen, der einen Taufschüler der Gemeinde empfahl,[39] für ihre Kinder taten das die Eltern, so setzte sich seit dem 6. Jahrhundert das Amt der Paten durch, die nun als „geistliche Eltern" gesehen wurden und neben die leiblichen Eltern traten. Ihnen kam es zu, im Taufritus das Credo und das Vaterunser wiederzugeben, für den Säugling zu sprechen und vielleicht auch ihn aus dem Taufbrunnen zu heben. Zudem hatten sie für die Erziehung im Glauben zu sorgen, da ja im Falle der Säuglingstaufe die bewusste Entscheidung und das wenigstens minimal zu fordernde Glaubenswissen nachgeholt werden musste.[40] Hierin liegt übrigens ein wesentlicher kultureller Impuls für die christliche Erziehung und die Schulbildung von Kinder in der mittelalterlichen Gesellschaft.[41]

Der Gedanke des Patenamtes als „geistliche Elternschaft" hat aber nicht nur zu einer strengen Trennung zwischen „leiblichen" und „geistlichen" Eltern geführt, wobei der geistlichen Elternschaft sehr

---

[37] Obwohl das IV. Laterankonzil lediglich die Sicherung des wenigstens einmal jährlichen Kommunionempfangs an Ostern im Auge hatte und dazu nur die verpflichtete, die die anni discretionis erreicht hatten (vgl. cap. 21; DH 812), hatte es faktisch die Säuglinge und Kleinkinder von der Kommunion entbunden. In dem gewandelten theologischen Klima hatte diese Entscheidung zur Folge, dass die Taufkommunion fortan mehr und mehr unterblieb. Vgl. KLEINHEYER, Sakramentliche Feiern I., (s. Anm. 3), 242f.
[38] Vgl. ebd., 243–245 sowie Klaus Peter DANNECKER, Taufe, Firmung und Erstkommunion in der ehemaligen Diözese Konstanz. Eine liturgiegeschichtliche Untersuchung der Initiationssakramente (LQF 92), Münster 2005, 314. 421–430.
[39] Diese Vorform des Pateninstitut hatte etwa in der Traditio Apostolica noch keine feste Bezeichnung. Die Bürgen werden umschrieben: *qui adduxerunt eos* („die sie herbeigeführt haben"); vgl. Traditio Apostolica 15. 20.
[40] Die Forderung, die erwachsenen Getauften sollten wenigstens die Grundtexte kennen, wurzelt auch in der Sorge um die Paten, die ihrerseits das Glaubenswissen weiterzugeben hatten. Entsprechend bedurfte es in einer weithin illiteraten Gesellschaft Schautafeln, an denen durch Bilder das Glaubensbekenntnis oder die Zehn Gebote visualisiert werden konnten. Vgl. Hartmut BOOCKMANN, Über Schrifttafeln in spätmittelalterlichen deutschen Kirchen, in: Deutsches Archiv 40 (1984) 210–224; vgl. ders., Die Stadt im späten Mittelalter, München ³1994, 188f. (Abb. 295, 296). 214f. (Abb. 333, 334).
[41] Vgl. ANGENENDT, Toleranz (s. Anm. 4), 181–183.

viel höhere Wertigkeit zukam und zugleich ein Ehehindernis begründete, sondern auch zu neuen Formen der Verwandtschaftsbildung beigetragen.[42] Denn neben der Heirat nutzte man – vor allem im Adel – auch das Patenamt, um künstliche Verbindungen zwischen Familien herzustellen, weshalb ein Täufling durchaus bis zu 12 Paten haben konnte.[43]

3. Taufliturgie und -pastoral in nachtridentinischer Zeit

Da die Reformatoren die kirchliche Tradition der Taufe grundsätzlich bejahten,[44] war dieses Sakrament weniger kontrovers belastet. Gleichwohl hob das Trienter Konzil (1545–1563) nachdrücklich auf die Heilsnotwendigkeit der Taufe angesichts der Ursünde ab[45] und betonte die Rechtmäßigkeit der Kindertaufe.[46] Daraus zieht das im Zuge der nachtridentinischen Liturgiereform erschienene Rituale Romanum 1614 die Konsequenz und bietet nun einen *Ordo baptismi parvulorum*, der zwar eine deutliche Kürzung des Erwachsenentaufritus darstellt, aber nach wie vor unberücksichtigt lässt, dass ein Säugling in ganz anderer Weise Täufling ist als der Erwachsene; immer noch wird die Fiktion aufrecht erhalten, das kleine Kind könne – wie ein Erwachsener – für sich selbst antworten.[47]

Diese Beobachtung gilt auch für die bis in das 19. Jahrhundert von

---

[42] Vgl. ANGENENDT, Geschichte (s. Anm. 22), 473–475; ders., Taufe und Politik im frühen Mittelalter, in: FMSt 7 (1973) 143–168.
[43] Vgl. Peter DINZELBACHER, Handbuch der Religionsgeschichte im deutschen Raum 2. Hoch- und Spätmittelalter, Paderborn 2000, 267.
[44] Luther greift etwa in seinem Taufbüchlein 1523 auf die weitverbreitete Agenda communis (Ermland 1512/20) zurück, verfasst allerdings den ganzen Ritus in der Muttersprache, kürzt stark die exorzistischen Stücke und führt mit dem sogenannten Sintflutgebet ein gewichtiges Gebetselement ein. Im Taufbüchlein von 1526 kürzt Luther den Ritus allerdings noch einmal erheblich. Vgl. JORDAHN, Taufgottesdienst (s. Anm. 3), 355–425 und Manfred PROBST, Die westlichen Riten der Kindertaufe im Zeitalter der Reformation, in: LJ 35 (1985) 85–111; ein Überblick zu Taufverständnis und -liturgie in den reformatorischen Kirchen findet sich bei KLEINHEYER (s. Anm. 3), 136–149.
[45] Decretum super peccato originali 3–5 (5. Sitzung, 17.6.1546); Canones de sacramento baptismi, can. 5 (7. Sitzung, 3.3.1547); vgl. Josef Wohlmuth (Hg.), Dekrete der ökumenischen Konzilien 3. Konzilien der Neuzeit, Paderborn u. a. 2002, 666 f. 686.
[46] Canones de sacramento baptismi, can. 12–14 (7. Sitzung, 3.3.1547); vgl. DÖK 3 (wie Anm. 45), 686.
[47] Hier ist zu erinnern an die „Pseudodialoge" mit dem Säugling bei den Fragen nach dem Taufbegehren, nach Absage und Bekenntnis und dem Taufwillen, aber auch die Vielzahl der ursprünglich im Katechumenat angesiedelten Riten, wollen nicht recht zur Situation der Säuglingstaufe passen. Zur Tauforndung des RitRom 1614 vgl. KLEINHEYER, Sakramentliche Feiern I., (s. Anm. 3), 154–161; Nadine BAUMANN, Die Riten der Initiationssakramente in der Katholischen Kirche vom Tridentinum bis zum II. Vaticanum, in: Die Taufe (s. Anm. 3), 67–84, hier 69–75.

den Bischöfen für ihre Sprengel herausgegebenen Diözesanritualien des deutschen Sprachgebietes, an denen sich faktisch die Praxis der Kindertaufe orientierte.[48] Und dabei spielten unterschiedliche lokale Traditionen und Eigenheiten eine Rolle wie etwa die Frage nach dem Namen des Kindes, die auf die Taufe als Geburtsritual und Namensgebung rekurrierte oder die Übergabe des Evangeliums, wobei zumeist das „Kinderevangelium" Mk 10,13–16 gelesen wurde. Glaubensbekenntnis und Vaterunser wurden oftmals ergänzt um das Ave Maria, womit klar ist, dass nun im Hintergrund nicht mehr die ehemalige traditio und redditio heiliger Formeln steht, sondern an die Repetition von Grundgebeten gedacht ist, die die Paten den Kindern später beibringen sollen; nicht selten wurden diese Elemente sogar als Fürbitte für den Täufling missverstanden. Ein besonders auffälliger Unterschied zum Rituale Romanum war der z.T. freilich bescheidene Umfang an volkssprachlichen Stücken. Neben Absage und Glaubensbekenntnis sind hier vor allem die Modelltexte für die Taufansprache zu nennen, die sich schon in Ritualien des 16. Jahrhunderts finden,[49] sich dann aber vor allem im Rahmen der katholischen Konfessionalisierung mit ihrem stärker didaktischen Zug all-

---

[48] Vgl. neben KLEINHEYER, Sakramentliche Feiern I., (s. Anm. 3), 161–165 Hermann Josef SPITAL, Der Taufritus in den deutschen Ritualien von den ersten Drucken bis zur Einführung des Rituale Romanum (LQF 47), Münster 1968; Manfred PROBST, Der Ritus der Kindertaufe. Die Reformversuche der katholischen Aufklärung des deutschen Sprachbereiches. Mit einer Bibliographie der gedruckten Ritualien des deutschen Sprachbereiches von 1700 bis 1960 (TThSt 39), Trier 1981; DANNECKER, Taufe (s. Anm. 38), 96–320. Hinzuweisen ist darüber hinaus auf die Darstellung der Taufordnungen in den Einzelstudien zur Geschichte der Diözesanritualien: Alois LAMOTT, Das Speyerer Diözesanrituale von 1512 bis 1932. Seine Geschichte und seine Ordines zur Sakramentenliturgie (QMRhKG 5), Speyer 1961, 121–164; Bernhard MATTES, Die Spendung der Sakramente nach den Freisinger Ritualien. Eine Untersuchung der handschriftlichen und gedruckten Quellen (MThS.S 34), München 1967, 113–180; Hermann REIFENBERG, Sakramente, Sakramentalien und Ritualien im Bistum Mainz seit dem Spätmittelalter. Unter besonderer Berücksichtigung der Diözesen Würzburg und Bamberg 1 (LQF 53), Münster 1971, 167–257; 2 (LQF 54), Münster 1972, 12–67; Hans BISSIG, Das Churer Rituale 1503–1927. Geschichte der Agende – Feier der Sakramente (SF NF 56), Freiburg/Schw. 1979, 200–258; Thomas VOLLMER, Agenda Coloniensis. Geschichte und sakramentliche Feiern der gedruckten Kölner Ritualien (SPLi 10), Regensburg 1994, 191–243; Benedikt KRANEMANN, Sakramentliche Liturgie im Bistum Münster. Eine Untersuchung handschriftlicher und gedruckter Ritualien und der liturgischen Formulare vom 16. bis zum 20. Jahrhundert (LQF 83), Münster 1998, 81–124.

[49] Frühe Beispiele sind die Ritualien von Mainz 1551, Trier 1574, Münster 1592 und Konstanz 1597; vgl. Hermann REIFENBERG, Volkssprachliche Verkündigung bei der Taufe in den gedruckten Mainzer Diözesanritualien, in: LJ 13 (1963) 222–237; ders., Sakramente 1 (s. Anm. 48), 227–236; Franz Rudolf REICHERT, Amt und Aufgabe der Taufpaten nach den ersten gedruckten Trierer Ritualien, in: Zeichen des Glaubens (s. Anm. 34), 395–414, hier 402–406; KRANEMANN, Sakramentliche Liturgie (s. Anm. 48), 92–97.114–118, hier 94f.; DANNECKER, Taufe (s. Anm. 38), 244–247.

gemein durchsetzten.[50] Sie wollen zunächst allen Anwesenden Wirkung, Gebrauch und Nützlichkeit der Taufe wie den Sinn der Zeremonien erklären, bevorzugt aber richten sie sich an die Paten. Diese werden eindringlich über ihre Patenpflichten belehrt: So haben sie im Taufritus für den Säugling die Taufe zu erbitten und den Glauben zu bekennen, im künftigen Leben aber das Kind an die Glaubenswahrheiten zu erinnern, die Eltern auf die Erziehung im Glauben hinzuweisen, und ihm gegebenenfalls die Eltern zu ersetzen, falls diese frühzeitig sterben. Zudem wird nachdrücklich das Ehehindernis der geistlichen Verwandtschaft angesprochen.[51] Letztere war übrigens ein wesentlicher Grund, weshalb man energisch die Zahl der Paten auf höchstens zwei Personen zu begrenzen suchte und zugleich darauf achtete, dass diese auch katholisch waren.[52] Vor allem in der bürgerlichen Kultur des 18./19. Jahrhunderts institutionalisierte sich so das Taufpatenamt mit seinem eigenen Brauchumfeld, indem es üblich wird, den Kindern den Heiligen-Vornamen ihres Taufpaten zu geben, und die Paten durch Geschenke ihre geistliche Verbindung mit ihrem Patenkind demonstrierten.[53]

---

[50] Das Konzil von Trient forderte ausdrücklich die volkssprachliche Glaubensunterweisung des Volkes über Sinn und Gehalt der Sakramente vor ihrem Empfang (Decretum de reformatione can. 7 [24. Sitzung, 11.11.1563], in: DÖK 3 [wie Anm. 45] 764). Im Hintergrund stehen die nachtridentinischen Motive der Erziehung zur Frömmigkeit, aber auch der Kontrolle und Steuerung. Vgl. dazu Klaus GANZER, Das Konzil von Trient und die Volksfrömmigkeit, in: Hansgeorg Molitor und Heribert Smolinsky (Hg.),Volksfrömmigkeit in der Frühen Neuzeit, (Katholisches Leben und Kirchenreform im Zeitalter der Glaubensspaltung 54), Münster 1994, 17–26, hier 22.
[51] Vgl. exemplarisch die Christliche Ermahnung an die Gevattern und Anwesenden bey der heiligen Taufe, in: Rituale Romano-Eichstettense seu liber rituum ecclesiasticorum Dioeceseos Eichstettensis [...] Eichstadii 1798, 26–30. 36.
[52] Vgl. Manfred BECKER-HUBERTI, Die tridentinische Reform im Bistum Münster unter Fürstbischof Christoph Bernhard v. Galen 1650 bis 1678. Ein Beitrag zur Geschichte der katholischen Reform (Westfalia Sacra 6), Münster 1978, 224 f.; Werner FREITAG, Pfarrer, Kirche und ländliche Gemeinschaft. Das Dekanat Vechta 1400–1803 (Studien zur Regionalgeschichte 11), Bielefeld 1998, 272.
[53] Neben Geldgeschenken und den im evangelischen Raum beheimateten Brauch der Tauf- oder Patenbriefe hatten die Taufpaten auch für das Taufkleid, später auch für die Kleidung für die Erstkommunion zu sorgen. In Bayern war es bis in das 20. Jahrhundert Brauch, dass die Pate dem Täufling ein Sterbekreuz als lebensbegleitendes Memento baptismi bzw. mori schenkte, dass über seinem Bett hing und ihm nach seinem Tod in die gefalteten Hände gelegt wurde (hier liegt eine gewisse Nähe zum gesegneten Taufkreuz in den östlichen Kirchen vor; vgl. John HENNIG, Die Heiligung der Welt im Judentum und Christentum, in: ALw 10/2 [1968] 355–374, hier 357); Walter HARTINGER, Religion und Brauch, Darmstadt 1992, 133–138; Paul MÜNCH, Lebensformen in der frühen Neuzeit, Berlin 1998, 211 f.; Ulf DRÄGER, Patengeld und Taufmedaillen. Zeugnisse der Volkskultur und bildenden Kunst, in: Tausend Jahre Taufen (s. Anm. 7) 222–230; Antje HELING-GREWOLLS, Patenbriefe, in: ebd., 231–234; Christoph KÜRZEDER, Als die Dinge heilig waren. Gelebte Frömmigkeit im Zeitalter des Barock, Regensburg 2005, 39.

Auch wenn die Mutter bei der Taufe abwesend war und erst nach vierzig Tagen, im Anschluss an die sogenannte Aussegnung, wieder am kirchlichen und gesellschaftlichen Leben teilnahm,[54] hinderte dies den Vater nicht daran, zu einem Taufschmaus einzuladen. Denn in der Sakramentsauffassung der breiten Bevölkerung galt die Taufe zwar als ein das Heil sichernder Ritus, wurde aber vor allem als Anlass zu Fest und Feier gesehen. Zwar versuchten kirchliche und staatliche Obrigkeit die nicht selten exzessiven Feierlichkeiten zu beschränken, aber wie aus den vielfach überlieferten Klagen hervorgeht, fand sich die Taufgesellschaft oft schon vorher zu Brandtwein und Bier im Wirtshaus ein, um zu feiern, was noch gar nicht geschehen war.[55]

Weil die Notwendigkeit der raschen Taufe nach der Geburt allgemein plausibel war, im allgemeinen wurde innerhalb einer Frist von acht, später fünf Tagen getauft, lag die Anzahl der ungetauft gestorbenen Kinder wohl recht niedrig. Für das Archidiakonat St. Mauritz in Münster sind zwischen 1600 und 1800 etwa nur 18 Fälle bekannt geworden, für die gleiche Zeit im Archidiakonat St. Martini sogar nur 10.[56] Allerdings ist dabei zu berücksichtigen, dass manche Kinder durch die schon im Mittelalter bekannte Praxis des „Kinderzeichnens" erst nach ihrem Tod getauft wurden,[57] damit

---

[54] Diese Segnung der Mutter nach der Geburt gehört zu den problematischen Riten der christlichen Liturgiegeschichte, da sie in der Rezeption unter den Einfluss des religionsgeschichtlichen Motivs der kultischen Unreinheit geriet und damit die Benediktion desavouierte. Vgl. Bruno KLEINHEYER, Riten um Ehe und Familie, in: ders., Emmanuel von Severus, Reiner Kaczynski, Sakramentliche Feiern II (Gottesdienst der Kirche 8), Regensburg 1984, 67–156, hier 152–156; Rudolf SCHWARZENBERGER, Der Muttersegen nach der Geburt, in: Heinrich Rennings und Andreas Heinz (Hg.), Heute segnen. Werkbuch zum Benediktionale. FS Balthasar Fischer, Freiburg-Basel-Wien 1987, 279–284; Franz KOHLSCHEIN, Die Vorstellung von der kultischen Unreinheit der Frau. Das weiterwirkende Motiv für eine zwiespältige Situation?, in: Teresa Berger und Albert Gerhards (Hg.), Liturgie und Frauenfrage. Ein Beitrag zur Frauenforschung aus liturgiewissenschaftlicher Sicht (Pietas Liturgica 7), St. Ottilien 1990, 269–288.

[55] Vgl. Andreas HOLZEM, Religion und Lebensformen. Katholische Konfessionalisierung im Sendgericht des Fürstbistums Münster 1570–1800 (Forschungen zur Regionalgeschichte 33), Paderborn 2000, 426 f.; FREITAG, Pfarrer (s. Anm. 52), 275–277; Peter Thaddäus LANG, „Ein grobes, unbändiges Volk". Visitationsberichte und Volksfrömmigkeit, in: Volksfrömmigkeit in der Frühen Neuzeit (s. Anm. 50), 49–63, hier 55. 57 f.; vor allem für die evangelische Situation vgl. Kathrin ELLWARDT, Taufe zwischen Familienfest und Policey-Ordnung. Die Taufpraxis von der frühen Neuzeit bis ins 19. Jahrhundert im Spiegel obrigkeitlicher Vorschriften, in: Tausend Jahre Taufen (s. Anm. 7), 94–105

[56] Vgl. HOLZEM, Religion und Lebensformen (s. Anm. 55), 425.

[57] Dazu brachte man ein ungetauft gestorbenes Kind zur Kirche, bevorzugt zu bestimmten Gnadenbildern, legte es nieder und hoffte auf ein irgendwie deutbares Anzeichen, dass das Kind noch einmal zum Leben erweckt werde, denn dann konnte man es umgehend taufen und ihm so das jenseitige Heil sichern. Diese Praxis ist noch bis ins 19. Jahrhundert zu beobachten gewesen. Vgl. Arthur E. IMHOF, Die verlorenen

sie der Heilsgnade nicht verlustig gingen und zudem in geweihter Erde kirchlich bestattet werden konnten.[58] Eine wichtige Rolle spielten hier auch die Hebammen. Denn sie waren nicht nur in der Geburtshilfe versiert, sondern wussten auch durch den Gebrauch von Amuletten und anderen geistlichen Hilfsmitteln, die Geburt als Einbruchstelle für die guten und bösen Mächte positiv zu beeinflussen. Darum versuchte die nachtridentinische Pastoral auf diese Frauen durch ein vom Pfarrer durchgeführtes Examen Einfluss zu nehmen, um Praktiken an der Grenze zwischen Volksmedizin und Magie zurückzudrängen und die richtig gespendete Nottaufe, etwa mittels einer Taufspritze, sicher zu stellen.[59] Zutreffend resümiert denn auch der Kirchenhistoriker Andreas Holzem: „Die Konfessionskirche nahm es sehr Ernst damit, dass die in ihrer Verfügung stehenden Gnadenmittel, von denen im Diesseits so viel und für das Jenseits schlechthin alles abhing, auch in Anspruch genommen wurden."[60]

Gegen Ende des 18. und zu Beginn des 19. Jahrhunderts nahmen allgemeine Mentalitätsveränderungen wie die Wahrnehmung der Kinder als zu erziehende, individuelle Persönlichkeiten und die „Erfindung der bürgerlichen Familie"[61] Einfluss auf das Verständnis der

---

Welten. Alltagsbewältigung durch unsere Vorfahren und weshalb wir uns heute so schwer damit tun, München 1984, 159–174; Großes Lexikon der Bestattungs- und Friedhofskultur 1. Volkskunde – Kulturgeschichte, bearb. von Reiner Sörrier, Braunschweig 2002, 301 (Lit.); Peter HERSCHE, Muße und Verschwendung. Europäische Gesellschaft und Kultur im Barockzeitalter, Freiburg-Basel-Wien 2006, 886–890 (Lit.); Ute KÜPPERS-BRAUN, Taufwunder oder: Vom doppelten Tod der ungetauften (totgeborenen) Kinder, in: Rainer Walz, Ute Küppers-Braun und Jutta Nowosadtko (Hg.), Anfechtungen der Vernunft. Wunder und Wunderglaube in der Neuzeit, Essen 2006, 59–74.

[58] Bekanntlich wurde ungetauft gestorbenen Kindern, ähnlich öffentlichen Sündern und Selbstmördern, das kirchliche Begräbnis verweigert. Vgl. CIC 1917 can. 1239 § 1; vgl. dazu Klaus MÖRSDORF, Kirchenrecht auf Grund des Codex Iuris Canonici 2. Sachenrecht, München u. a. 1958, 341; Lexikon der Bestattungs- und Friedhofskultur (s. Anm. 57), 70. 213. 300f.

[59] Seit dem 13. Jahrhundert wird das Bemühen, Hebammen die Praxis der Nottaufe beizubringen, erkennbar (Synoden von Mainz 1233, Trier 1277; Regensburger Hebammenordnung 1452). Aber erst in nachtridentinischer Zeit nahm der kirchlich kontrollierende Einfluss auf das Hebammenwesen deutlich zu. Allerdings war das Vertrauen in die Hebammentaufen wohl doch gering, da man vielfach überlebende notgetaufte Kinder in der Kirche bedingungsweise nachtaufte. Vgl. DINZELBACHER, Handbuch der Religionsgeschichte 2 (s. Anm. 43), 266; FREITAG, Pfarrer (s. Anm. 52), 257f.; HOLZEM, Religion und Lebensformen (s. Anm. 55), 427–433. – Dabei gehörte bis ins 19. Jahrhundert ein Taufklistier zur Instrumentenausstattung einer Geburtshelferin. Vgl. Anton MÖSSNER, Die Ausführung der Nottaufe mittels einer zinnernen Taufspritze, in: Volkskunst 13 (1990) Heft 2, 30–35.

[60] Andreas HOLZEM, Der Konfessionsstaat 1555–1802 (Geschichte des Bistums Münster 4), Münster 1998, 339.

[61] So Rebekka HABERMAS, Bürgerliche Kleinfamilie – Liebesheirat, in: Richard von Dülmen (Hg.), Entdeckung des Ich. Die Geschichte der Individualisierung vom Mittel-

Kindertaufe. Zudem sahen viele Seelsorger, wie überkommene Glaubenstraditionen immer weniger trugen und die Feier der Sakramente oft allein zwischen kirchlicher Verpflichtung und gesellschaftlicher Erwartung changierte. Weil auch die Kindertaufe unter der lateinischen Sprachbarriere und den für die Umstehenden unverständlichen Riten litt, so der Eindruck vieler Zeitgenossen, vermochte sie nicht mehr die Gläubigen mit Herz und Verstand zu erreichen. Was zunächst wohl eher im protestantischen Raum zu beobachten ist,[62] greift auch auf die katholische Praxis über: Es entstehen private, „aufgeklärte" Ritualien[63] mit Formularen für die Kindertaufe, die sich durchgängig der deutschen Sprache bedienen,[64] vielfach Erläuterungen zu den einzelnen Riten einschieben und die von der Aufklärung als besonders problematisch empfundenen Exorzismen in Richtung einer Ethisierung umformen. Zudem gibt es erste Versuche auf fiktive Dialoge zu verzichten, um so der Situation des unmündigen Kindes und der Bedeutung der Paten gerecht zu werden.[65] Allerdings, so positiv der Wille und die Ansätze zur Reform der Kinder-

---

alter bis zur Gegenwart, Darmstadt 2001, 287–309, hier 288. – Zu den hier angesprochenen Wandlungen vgl. anstatt anderer die Übersichtsbeiträge von Martina KESSEL, Individuum/Familie/Gesellschaft. Neuzeit, in: Peter Dinzelbacher (Hg.), Europäische Mentalitätsgeschichte. Hauptthemen in Einzeldarstellungen, (Kröners TB 469), Stuttgart ²1998, 38–52; Beatrix BASTL, Lebensalter. Neuzeit, in: ebd., 222–229.
[62] Vgl. die komprimierte Darstellung bei Peter CORNEHL, Zur Geschichte der evangelischen Taufe, in: Tausend Jahre Taufen (s. Anm. 7), 80–93, hier 86–88.
[63] Vgl. Franz Kohlschein (Hg.), Aufklärungskatholizismus und Liturgie. Reformentwürfe für die Feier von Taufe, Firmung, Buße, Trauung und Krankensalbung (Pietas Liturgica. Studia 6), St. Ottilien 1989, hier speziell zur Kindertaufe der Beitrag von Manfred PROBST, Das „Deutsche Ritual" von Ludwig Busch (153–180); allgemein zu den Motiven „aufgeklärter" Liturgiereform vgl. Benedikt KRANEMANN, Zwischen Tradition und Zeitgeist. Programm und Durchführung der Liturgiereform in der deutschen katholischen Aufklärung, in: Jaarboek voor Liturgie-onderzoek 20 (2004) 25–47.
[64] Wie drängend den Zeitgenossen die Frage der Volkssprache bei der Feier der Sakramente erschien, zeigt die Bemerkung des Bamberger Dogmatikers Friedrich BRENNER, der in seinem Aufsatz „über die Einführung der Muttersprache bey der Liturgie" (Theologische Zeitschrift 1 [1809] Heft 4 und 5) wirbt: „Ich habe selbst schon die Erfahrung gemacht, dass die Anwesenden ganz ergriffen und bis zu Thränen gerührt worden sind, wenn sie bey der Taufhandlung das wenige Deutsche hören, wogegen sie kalt und todt blieben, wenn das tödende Latein abgelesen wurde." Hier zit. nach Barbara GOY, Aufklärung und Volksfrömmigkeit in den Bistümern Würzburg und Bamberg (Quellen und Forschungen zur Geschichte des Bistums und Hochstifts Würzburg 21), Würzburg 1969, 177.
[65] Vgl. die Studie von Manfred PROBST, Der Ritus der Kindertaufe. Reformversuche der katholischen Aufklärung des deutschen Sprachbereichs (Trierer Theologische Studien 39), Trier 1981; viele Hinweise auch bei DANNECKER, Taufe (s. Anm. 38). Zu den unterschiedlichen Reaktionen auf die Entwicklungen in der ersten Hälfte des 19. Jahrhunderts vgl. Jürgen BÄRSCH, Das liturgische Wirken Wilhelm Löhes im Horizont des katholischen Gottesdienstes. Dargestellt am Beispiel der Taufliturgie in Löhes Agende und in diözesanen und privaten Ritualien des 19. Jahrhunderts, in: Löhe-Festschrift (im Druck).

taufliturgie in der Aufklärungszeit zu werten sind, sie haben ihrerseits Motive verstärkt, die die Kindertaufe zunehmend als privatbürgerliches Familienfest erscheinen lassen, bei dem vorrangig der Dank für das Geschenk des Lebens und die Aufnahme des neugeborenen Kindes in die kirchliche und bürgerliche Gesellschaft im Mittelpunkt stehen.

Es sollte erst der sogenannten Liturgischen Bewegung des 19./20. Jahrhunderts vorbehalten bleiben, auch im Bereich der Kindertaufe wegweisende und tragende Reformschritte zu gehen. Unter dem Eindruck der nationalsozialistischen Propaganda bedurfte es der Pflege eines lebendigen Taufbewusstseins, weshalb das Desiderat einer zeitgemäßen Ordnung für die Tauffeier in dieser Zeit besonders drängend erschien. Im Bistum Trier wie im 1931 errichteten Bistum Aachen erschienen 1939 fast zeitgleich neue Ordines für die Kindertaufe,[66] denen zwar die römische Approbation fehlte, die aber auf die pastorale Notlage zu reagieren suchten und der Muttersprache jetzt einen breiten Raum gaben.[67] Das in Trier parallel herausgegebene, für die Hand der Mitfeiernden gedachte „Taufbüchlein" lässt seine pastorale Absicht deutlich erkennen, will es doch der Taufgemeinde helfen, „mit größerem Verständnis an der Feier der heiligen Taufe Anteil" zu nehmen. Zudem sieht es eine „Einleitungsfeier" für den Fall vor, dass die Taufe als Gemeindegottesdienst gefeiert wird.[68] Breiter wirksam werden konnten die hier erfolgten Anstöße allerdings erst nach dem Zweiten Weltkrieg, als nach zähen Verhandlungen innerhalb des deutschen Episkopats 1950 die gesamtdeutsche Collectio Rituum von Rom genehmigt wurde und damit den ortskirchlichen Vorstößen späte Anerkennung zuteil werden ließ.[69] Es spricht für dieses gesamtdeutsche Rituale, dass es Pate auch

---

[66] Vgl. Ordo baptismi parvulorum et benedictio mulierum post partum in usum dioecesis Trevirensis, Trier 1939 (Andreas HEINZ, Die gedruckten liturgischen Bücher der Trierischen Kirche. Ein beschreibendes Verzeichnis mit einer Einführung in die Geschichte der Liturgie im Trierer Land [Veröffentlichungen des Bistumsarchivs Trier 32], Trier 1997, 217); Ordo baptismi parvulorum [...] in usum Dioecesis Aquisgranensis, Aachen 1939. – Die hier vorgelegten Kindertaufordines sind auch von einigen anderen Diözesen übernommen worden.

[67] Vgl. Andreas HEINZ, Liturgiereform ohne Rom. Ein unbekanntes Kapitel aus der Vorgeschichte des deutschen Einheitsrituales von 1950, in: ders., Liturgie und Frömmigkeit. Beiträge zur Gottesdienst- und Frömmigkeitsgeschichte des (Erz-)Bistums Trier und Luxemburgs zwischen Tridentinum und Vatikanum II (Geschichte und Kultur des Trierer Landes 9), Trier 2008, 327–372, hier 335–340.367f. [Erstveröff. 1991].

[68] Unter „Einleitungsfeier" verstand man eine eröffnende Statio, an der die Gemeinde durch Gesang und Psalmenrezitation beteiligt sein sollte. Vgl. ebd., 337–340.

[69] Collectio Rituum ad instar Appendicis Ritualis Romani pro omnibus Germaniae Dioecesibus a Sancta Sede approbata, Regensburg 1950. – Zur Sache vgl. Albert STOHR, Das neue deutsche Rituale, in: Mainzer Universitätsreden 15 (1950) 11–34; Balthasar FISCHER, Grundsätzliches zum neuen Rituale, in: Trierer Theologische Zeit-

bei der nachkonziliaren Erneuerung des *Ordo baptismi parvulorum* (1969, Editio typica altera 1973) gestanden und damit entscheidend zur Fortentwicklung der heutigen Ordnung für die Feier der Kindertaufe beigetragen hat.[70]

4. Aus der Geschichte lernen? – Anfragen für die Gegenwart

Wir haben gesehen, dass die christliche Initiation von Kindern und Erwachsenen immer von einem Geflecht höchst unterschiedlicher Faktoren bestimmt war und auch heute bestimmt ist. Aus der Geschichte lernen, heißt demnach zunächst, diese Faktoren bewusst wahrzunehmen und ihre Auswirkungen auf Liturgie und Pastoral der Kindertaufe zu bedenken.

Historisch-genetisch gesehen lässt sich festhalten, dass nicht die Kindertaufe, sondern die Eingliederung von Erwachsenen das Grundmodell christlicher Initiation war. Die Kinder- und Säuglingstaufe ist insofern als ein sekundärer Seitentrieb zu betrachten, der sich faktisch zu einem eigenen Baum auswuchs, während der ursprüngliche Stamm weitgehend austrocknete und erst in den Jahrzehnten nach dem II. Vatikanum wieder neu auszutreiben beginnt.[71]

Aber auch theologisch lässt sich die Vollgestalt der Initiation wesentlich wohl nur aus der Eingliederung von Erwachsenen bestimmen. Die Kirche hat mit ihrem langen Festhalten an einem für Erwachsene vorgesehenen Taufordo auch liturgisch diese Perspektive durchaus betont. Es ist Gottes Anruf, der einen Menschen anrührt und ihn zur Umkehr führt, damit dieser mit seinem „credo" in Taufe und Leben antwortet. Dieses dialogische Geschehen des Glaubens setzt aber den mündigen, gottoffenen Menschen voraus. Bei der Säuglingstaufe muss dieser der Initiation vorausgehende Prozess nachgeholt werden, was kein Problem war, solange das Kind in

---

schrift 60 (1951) 102–105; Johannes WAGNER, Rituale und Seelsorge heute, in: Katechetische Blätter 76 (1951) 420–426; speziell zur Kindertaufordnung vgl. KLEINHEYER, Sakramentliche Feiern I (s. Anm. 3), 165–167.

[70] Vgl. KLEINHEYER, Sakramentliche Feiern I (s. Anm. 3), 171–182; Balthasar FISCHER, Die neuen römischen Riten der Erwachsenen- und Kindertaufe, in: Albert Gerhards und Andreas Heinz (Hg.), ders., Redemptionis mysterium. Studien zur Osterfeier und zur christlichen Initiation, Paderborn u. a. 1992, 201–209 (Erstveröff. 1971); Balthasar FISCHER, Die Intentionen bei der Reform des Erwachsenen- und Kindertaufritus, in: ebd., 210–219 (Erstveröff. 1971).

[71] Vgl. Erwachsenentaufe als pastorale Chance. Impuls zur Gestaltung des Katechumenats. März 2001, hg. vom Sekretariat der Deutschen Bischofskonferenz (Arbeitshilfen 160), Bonn 2001; Alexander SABERSCHINSKY, Katechumenat – eine pastorale Chance. Die Erneuerung des Katechumenats in Deutschland, in: Liturgisches Jahrbuch 56 (2006) 28–53.

einem Klima lebendigen Glaubens aufwuchs. Wenn allerdings die Erwachseneninitiation die theologische Norm vorgibt, dann bleibt dies nicht ohne Konsequenzen für die kirchliche Praxis. Vielleicht kann die Kindertaufe nur einen neuen, theologisch begründeten und in der Praxis zufriedenstellenden Impuls erfahren, wenn wir in der Kirche auf breiter Ebene zu einer überzeugenden Taufspiritualität finden.[72]

Dass die Teilhabe am Heil Gottes freie Gabe ist und nicht von menschlicher Leistung abhängt, hat die Säuglingstaufe besonders erlebbar gemacht, da sie aber spätestens seit dem Frühmittelalter wesentlich unter den Druck der Heilsangst geriet, konnte sie ihr „liturgietheologisches Proprium" nur bedingt ins Spiel bringen. Bis in die Gegenwart hinein hat das Motiv der individuellen Heilssicherheit wesentlich Liturgie und Pastoral beeinflusst, wie noch die jüngste Diskussion um den „Limbus puerorum" zeigt.[73] Insofern dürfen also auch religiöse, mentalitäts- und sozialgeschichtliche Wandlungen für Sinn und Praxis der Kinderinitiation nicht unterschätzt werden. Demnach wäre für die gegenwärtige Situation der Kirche zu analysieren, welche Prägungen heute Einfluss nehmen auf Verständnis und Praxis der Kindertaufe. Man denke nur daran, dass die überlieferten Strukturen des klassischen Familienbildes mehr und mehr in Frage gestellt werden und etwa die Taufe von Kindern Alleinerziehender keineswegs mehr ein Randphänomen ist.

Schließlich haben auch gesellschaftlich-politische Entwicklungen einen nicht unerheblichen Einfluss auf die theologische und kirchliche Plausibilität der Kindertaufe genommen. Dass die erfreuliche Zunahme von Kirchenmitgliedern keineswegs der allein gültige Maßstab ist, musste die Kirche bereits nach der Öffnung zur Volkskirche im 4./5. Jahrhundert lernen. In einer Zeit, in der Kirche und Gesellschaft dann weitgehend deckungsgleich waren, konnte ein Kind selbst dann getauft werden, wenn die Eltern die Glaubenserziehung nicht sicher stellen konnten, denn hier trat die Kirche in ihrer gesellschaftlichen Präsenz (Nachbarschaft, Kindergarten, Schule) subsidiär zur Seite. Wenn man so will: Ein getauftes Kind hatte, etwas salopp formuliert, gar keine „Chance", dem Christentum zu „entgehen". In einer nachchristlichen Gesellschaft ist dieser sichern-

---

[72] Vgl. dazu die Beiträge von Dorothea SATTLER und Martin STUFLESSER in diesem Band.
[73] Am 19. Januar 2007 stimmte Papst Benedikt XVI. der Veröffentlichung eines Dokuments der Internationalen Theologenkommission über „Die Hoffnung auf Rettung für die ungetauft gestorbenen Kinder" zu, das die klassische Konzeption des Limbus weitgehend in Frage stellt. Vgl. dazu Wolfgang BEINERT, Vom Fegfeuer und anderen dunklen Jenseitsorten, in: Stimmen der Zeit 133 (2008) 310–322, hier 311–313.

de, selbstverständliche Rahmen zumeist nicht mehr gegeben. Darum kann die „flächendeckende" Praxis der Säuglingstaufe auch nicht mehr befriedigen. Man wird also fragen, wie angesichts der heutigen Gegebenheiten, die ihrerseits wiederum höchst ungleichzeitig sind, Perspektiven für eine differenzierte Initiationspastoral entwickelt werden können.[74]

Die Geschichte wiederholt sich nicht. Sie kann deshalb auch keine Muster oder gar Rezepte bereithalten, wie wir heute mit den massiv geänderten Situationen umgehen sollen. Der Blick in die Liturgiegeschichte kann uns aber helfen, die heutigen Herausforderungen einzuordnen und zu verstehen, und er kann uns helfen, die „Stellschrauben" zu erkennen, die aus Geschichte, Theologie und kirchlicher Praxis der Kindertaufe erwachsen sind.

---

[74] Vgl. die knappen Hinweise bei Martin STUFLESSER, Stephan WINTER, Wiedergeboren aus Wasser und Geist. Die Feiern des Christwerdens (Grundkurs Liturgie 2), Regensburg 2004, 89–91.

Gewiss werden, getauft zu sein

Ökumenische Perspektiven vor dem Hintergrund
der Kindertaufpraxis

Dorothea Sattler

I. Hinführung und Übersicht

Der Thematik „Taufe" wird in ökumenischer Hinsicht gegenwärtig in Zeitschriften und Buchbeiträgen hohe Aufmerksamkeit geschenkt.[1] Die Themenhefte und Sammelbände dokumentieren dabei nicht selten die Ergebnisse ökumenischer Symposien. Es besteht neuer Gesprächsbedarf über eine wohl vertraute gottesdienstliche Feier und deren theologischen Wurzeln. Ist es unerwartet, dass in einer Zeit, in der in ökumenischer Hinsicht alles bereits gesagt zu sein scheint und kaum neue Erkenntnisse gewonnen werden können, die Taufe wieder in den Blickpunkt des Interesses rückt? Dabei gehört dieses Thema gewiss nicht zu den vergessenen in der Ökumenischen Bewegung seit Beginn des 20. Jahrhunderts.[2] Gleichwohl ist ein neu-

---

[1] Vgl. die Wiedergabe der Beiträge eines Symposions zum Thema „Taufe, Gemeindemitgliedschaft und Ökumene" der Gesellschaft für Freikirchliche Theologie und Publizistik 2006 in Duisburg: Erich GELDBACH, Können wir in der Taufe einander das Wasser reichen? Einige ökumenische Anmerkungen in irenischer Absicht, in: Zeitschrift für Theologie und Gemeinde 12 (2007) 152–165; Kim STRÜBIND, Ist die Taufe ein „Gehorsamsschritt"? Das Dilemma der baptistischen Tauflehre und Taufpraxis, in: ebd., 166–191; Ralf MIGGELBRINK, Das katholische Taufverständnis im Horizont ökumenischer Annäherung, in: ebd., 192–201; Hartmut HÖVELMANN, Die Taufe – Gnadenmittel oder Gnadenangebot?, in: ebd., 202–212; Eckart SCHWAB, Die Taufe in der unierten Evangelischen Kirche im Rheinland, in: ebd., 213–224; Wolfram KERNER, Gläubigentaufe und Säuglingstaufe. Eine systematisch-theologische Besinnung auf dem Weg zu einer wechselseitigen Taufanerkennung, in: ebd., 225–240; Andrea STRÜBIND, Warum die Wege sich trennten. Der Streit um das Taufverständnis in der Frühzeit des deutschen Baptismus und die Entstehung der Freien Evangelischen Gemeinden, in: ebd., 241–271. Im November 2007 wurden zwei Referate über die Taufe auf der Studientagung der Ökumene-Referenten der deutschen Diözesen gehalten: Vgl. Peter NEUNER, Ekklesiologische Implikationen der Taufe, in: Catholica 62 (2008) 18–38; Martin HEIN, Ekklesiologische Implikationen der Taufe. Die „wechselseitige Taufanerkennung" von Magdeburg und ihre Konsequenzen für das Verständnis von Kirche, in: ebd., 39–46; vgl. grundlegend auch: Johannes SCHELHAS, Perspektiven gegenwärtiger Tauftheologie, in: ebd., 99–125. Vgl. auch: Michael Kappes, Eberhard Spiecker (Hg.), Christliche Kirchen feiern die Taufe. Eine vergleichende Darstellung, Kevelaer 2003.

[2] Vgl. etwa die Zusammenfassung der Stellungnahmen zu den Lima-Konvergenzerklärungen zu den Themen Taufe, Eucharistie und Amt, die nach einem jahrzehntelangen multilateralen ökumenischen Gesprächsprozess 1982 zum Abschluss gekommen wa-

er Kairos gegeben; eine Zeit ist angebrochen, in der es gilt, auf neue Weise über die Taufe nachzudenken: Die christlichen Konfessionsgemeinschaften stehen nicht nur in Europa gemeinsam vor der Situation, dass die gelebte Kirchenferne viele Eltern zögern lässt, für ihre Kinder um die Taufe zu bitten.[3] Intensiv ist an vielen Orten das Bemühen, Erwachsene zur Umkehr zum christlichen Glauben zu rufen. Nicht wenige dieser Initiativen sind ökumenisch ausgerichtet.[4] Das missionarische Wirken der Kirchen findet neue Aufmerksamkeit – und mit ihm die Taufe als Zeichen der Umkehr zum Evangelium. Neu bewusst geworden ist auch, dass es eine enge Verbindung zwischen der Feier der Taufe und der Diakonie im tätig gelebten Christentum gibt. Bei aller Nüchternheit, die in der Ökumenischen Bewegung derzeit angesichts der offenen Frage nach deren Zielperspektive geboten erscheint, weckt ein Ereignis wie die Feier der wechselseitigen Anerkennung der Taufe zwischen vielen der Mitgliedskirchen der „Arbeitsgemeinschaft Christlicher Kirchen in Deutschland (ACK)" am 29. April 2007 im Magdeburger Dom[5] neue Hoffnung in der Ökumene.

Im Fortgang der Darstellung spreche ich eingangs an, welche Motivationen bei den ökumenischen Bemühungen um die eine Taufe leitend sind (Abschnitt II). In der Ökumene ist es wichtig geworden, sich zunächst der erreichten Konvergenzen zu vergewissern (Abschnitt III). Unter den darauf folgend zu erläuternden ökumenischen Differenzen ist auch die Frage nach der theologischen Legitimation der Kindertaufe zu bedenken (Abschnitt IV). Schließlich zeige ich

---

ren: Die Diskussion über Taufe, Eucharistie und Amt 1982–1990. Stellungnahmen, Auswirkungen, Weiterarbeit, Frankfurt/Paderborn 1990, bes. 45–60. Die Konvergenzerklärung selbst findet sich in: Harding Meyer u. a. (Hg.), Dokumente wachsender Übereinstimmung. Sämtliche Berichte und Konsenstexte interkonfessioneller Gespräche auf Weltebene, Bd. 1: 1931–1982, Frankfurt/Paderborn 1983, 545–585.
[3] Vgl. als beispielhaften Einblick in die Situation in Frankreich: Lioba ZODROW, Stefan WIESEL, „Taufbewusstsein" – Grundlage selbstbewussten Christseins. Impulse aus der französischen Sakramenten- und Liturgiepastoral, in: Theologisch-praktische Quartalschrift 156 (2008) 58–68.
[4] Vgl. beispielsweise die ökumenische Initiative „neu anfangen": www.neu-anfangen.kgi.org
[5] Elf Mitgliedkirchen der ACK haben die wechselseitige Anerkennung der Taufe mitgetragen, darunter Altorientalische Kirchen, die Orthodoxe Kirche in Deutschland, die Römisch-Katholische Kirche für den Bereich der Deutschen Bischofskonferenz, die Evangelische Kirche in Deutschland, altreformierte, altlutherische, methodistische und anglikanische Kirchen in Deutschland, die Herrnhuter Brüdergemeine sowie die Alt-Katholische Kirche in Deutschland. Zu den konfessionellen Traditionen, die die Unterzeichnung der Vereinbarung nicht mitgetragen haben, gehören die Mennoniten und die Baptisten. In einem während des gottesdienstlichen Feier gesprochenen Grußwort brachten diese Kirchen ihre Anerkennung des Erreichten zum Ausdruck und sagten die fortbestehende Bereitschaft zu einem theologischen Gespräch über die Glaubenstaufe und die Kindertaufe zu.

aus meiner Sicht mögliche ökumenische Perspektiven auf (Abschnitt V). Den neuen Kindertaufritus behalte ich dabei beständig im Blick und komme an einzelnen Stellen explizit auf ihn zu sprechen.[6]

II. Ökumenische Kontexte der Taufthematik (nicht nur) heute

1. Die Taufe und der Ernst des christlichen Bekenntnisses

Schwere Gedanken wähle ich gleich zu Beginn. Sie sind dem Geschehen der Taufe angemessen: „Wisst ihr denn nicht, dass wir alle, die wir auf Christus Jesus getauft wurden, auf seinen Tod getauft worden sind?" (Röm 6,3) – so fragt Paulus. Der Apostel fährt fort: „Wir wurden mit ihm (mit Christus Jesus) begraben durch die Taufe auf den Tod; und wie Christus durch die Herrlichkeit des Vaters von den Toten auferweckt wurde, so sollen auch wir als neue Menschen leben" (Röm 6,4).[7] Alles scheint mit diesen wenigen Versen gesagt zu sein. Ein Holzschnitt des Künstlers Kurt Linden aus dem Jahr 1956[8] bringt das Gesagte bildhaft zum Ausdruck:

Jesus Christus ist freiwillig – mit dem Gestus der Ergebenheit – hinabgestiegen in die Wasser des Todes. Doch die über ihm zusammenschlagenden Wellen haben ihn nicht für immer getötet. Das Licht des lebendigen Gottes – die Sonne links oben im Bild – leuchtete ihm in seinem Todesdunkel. Die Wasser des Todes konnten ihn nicht halten. Der Schöpfergeist – in Gestalt einer Taube – schwebt erneut über dem Wasser und lässt ihn wieder lebendig werden. Der Mensch – der todgeweihte Adam – findet in Christus Jesus zu seiner ursprünglichen Beziehung zurück: zum Leben mit dem lebendigen Gott. Verkündigung des Leben schaffenden, trinitarischen Gottes ist die Taufe; der Holzschnitt deutet es im linken oberen Drittel an. Die Glaubensbekenntnisse, die ursprünglich ja Taufbekenntnisse waren, lassen dieses Wissen in ihrer trinitarischen Struktur noch erkennen: Sie sind ein Bekenntnis zu Gott, dem ursprungslosen Ursprung (Vater), ein Bekenntnis zu Gottes Selbstkunde in Menschengestalt (Sohn), ein Bekenntnis zur den Tod überwindenden Lebendigkeit Gottes (Geist). Was könnte Christinnen und Christen je noch trennen, wenn sie gemeinsam dieses Bekenntnis ablegen –

---

[6] Für diese Veröffentlichung habe ich den Stil der Vortragsrede nicht vollständig verändert.
[7] Vgl. zu dieser Perikope: Volker STOLLE, Taufe und Buße. Luthers Interpretation von Röm 6,3–11, in: Kerygma und Dogma 53 (2007) 2–34.
[8] Das Original ist in meinem Privatbesitz.

gewiss nicht nur mit Worten, sondern mit dem gesamten Leben – so, wie Paulus es einfordert: Als neue Menschen sollen wir Getaufte leben – erfahrbar, tagtäglich.

Wie lässt sich der Ernst des christlichen Bekenntnisses zum österlichen Glauben mit der Praxis der Kindertaufe verbinden? Setzt das bereits Gesagte nicht hohe Reflexionskräfte voraus – und Bereitschaft zu erwachsenem Handeln auf der Grundlage eines bewussten christlichen Glaubens? Ja, dürfen Unmündige überhaupt unter den Anspruch gestellt werden, der mit der Taufe verbunden ist: die Bereitschaft, sich lebenslänglich mit der gesamten Person – mit Wort und Tat – zu Christus Jesus zu bekennen?

Wer die Kindertaufe als Ideal des kirchlichen sakramentalen Handelns bevorzugt, betrachtet die Taufe primär als göttliche Gabe, als

Gnadengabe, die in der Gemeinschaft der Glaubenden auf einem langen Glaubensweg möglicherweise als solche zu Bewusstsein kommt. Wer kritische Einwände gegen die Kindertaufe erhebt, spricht sich für eine Kirche aus, in der bewusst christlich lebende Menschen mit hoher Selbstentschiedenheit Zeugnis ablegen für den in Christus Jesus in Zeit und Geschichte erfahrbaren Gott. Aber gibt es nicht berechtigterweise diese Frage: Wer von uns wäre ganz sicher, hier zu sein und als Getaufte und Getaufter nach Christus Jesus zu fragen, wäre er oder sie nicht als Kind getauft worden und in eine Gemeinschaft von Getauften hineingewachsen? Im ökumenischen Kontext darf man sich diese Frage jedoch nicht zu leicht machen: Auch die als erwachsene Menschen getauften Baptisten sind in der Regel in Baptistenfamilien aufgewachsen. Auch sie haben das Glaubenkönnen in einer Gemeinschaft erlernt. So verschieden ist die Situation gar nicht zwischen den genannten täuferischen und den nicht-täuferischen Gemeinschaften. Alle wissen um die drei Koordinaten des in der Taufe gefeierten Glaubens: Gottes Zusage, der eigene Lebensweg, die in Gemeinschaft mitgehenden gläubigen Menschen.

2. Weltweite ökumenische Besinnung auf die eine Taufe

Aus ökumenischer Sicht ist der Zeitpunkt der Veröffentlichung des neuen Kindertaufritus sehr geeignet, um auch aus römisch-katholischer Sicht das Augenmerk auf dieses Sakrament zu lenken, das zusammen mit der Feier der Eucharistie und des Sakramentes der Versöhnung auch aus lutherischer Sicht in höchstem Maße wertzuschätzen ist. Der in Wittenberg in der Stadtkirche zu betrachtende Reformationsaltar[9], den Lukas Cranach der Ältere ein Jahr nach Martin Luthers Tod gemalt hat, zeigt das, was die lutherische Tradition als sakramentale Entfaltung des Geheimnisses von Tod und Auferweckung Christi erkannt hat: Taufe, Abendmahl und Beichte. Dabei werden die Sakramente als zeichenhafte Entfaltungen der Schriftverkündigung verstanden. Frauen und Kinder finden sich oft auf Selbstdarstellungen der reformatorischen Anliegen. Die noch unverständigen, unmündigen Kinder und auch die einfältigen Frauen sitzen unter der Kanzel und hören auf das Evangelium, das ihnen in ihrer Sprache verkündigt wird. Philipp Melanchthon – ein nicht-ordinierter Laie – tauft ein Kind. In der Frage der Kindertaufe argu-

---

[9] Vgl. Albrecht STEINWACHS, Jürgen M. PIETSCH, Der Reformationsaltar von Lukas Cranach d. Ä. in der Stadtkirche St. Marien Lutherstadt Wittenberg, Spröda 1998.

mentieren die lutherische und die reformierte evangelische Tradition wie auch die orthodoxe Christenheit in Gemeinschaft mit der Römisch-Katholischen Kirche, den Methodisten, Anglikanern und Altkatholischen.

In fachkundiger Perspektive ordnen wir die gewachsene Aufmerksamkeit auf die Feier der Taufe in den Gesamtkontext der geistlichen Ökumene ein: Christinnen und Christen vergewissern sich ihrer bereits gegebenen Gemeinsamkeiten. Der Weg zur Mitte des Evangeliums ist der vom 2. Vatikanischen Konzil gewiesene Weg der Ökumene.[10] Viele Kontroversen sind überwunden, manche – vor allem im Kirchen- und Amtsverständnis – erscheinen auf immer unüberwindbar.[11] Worauf dann bauen? Wonach sich ausrichten? Die Besinnung auf die eine Taufe ist die aussichtsreichste der derzeit bestehenden ökumenischen Hoffnungen – möglicherweise gerade auch deshalb, weil nicht nur die römisch-katholischen kirchenrechtlichen Bestimmungen über die „Spender" der Taufe zumindest für den Notfall eine Ausweitung des Personenkreises vorsieht, wie er bei keinem anderen Sakrament gegeben ist.[12] Die kontroversen Ämterfragen hindern somit nicht an einer ökumenischen Konvergenz.

Die These, dass die Taufe derzeit im Blickpunkt des ökumenischen Interesses nicht nur in Deutschland, sondern auch weltweit steht, lässt sich eindrücklich belegen:

(1) Bereits angesprochen habe ich, dass im Zusammenhang der Unterzeichnung der wechselseitigen Anerkennung der Taufe durch 11 Mitgliedskirchen der „Arbeitsgemeinschaft Christlicher Kirchen in Deutschland (ACK)" am 29. April 2007 in Magdeburg die Zahl der deutschsprachigen Veröffentlichungen über die Taufthematik groß war.[13] Ökumenisch engagierte Christinnen und Christen ver-

---

[10] Vgl. 2. Vatikanisches Konzil, Unitatis Redintegratio. Dekret über den Ökumenismus, bes. Nr. 3; 7f.

[11] In der Ökumenischen Bewegung engagierten Theologinnen und Theologen ist sehr bewusst, dass die Frage der Ämter sowie (damit verbunden) der institutionellen Gestalt der Kirche(n) bleibend kontrovers ist. In einem nicht unbedeutenden Bereich, dem Verständnis der Apostolischen Sukzession, sind in jüngerer Zeit Konvergenzen in wissenschaftlichen Studien erarbeitet worden, die nun kirchenamtlich rezipiert werden sollten: Vgl. Dorothea Sattler, Gunther Wenz (Hg.), Das kirchliche Amt in apostolischer Nachfolge, Bd. III: Verständigungen und Differenzen, Freiburg/Göttingen 2008.

[12] Vgl. CIC (1983), Canones 861–863. In Canon 861 § 2 heißt es: „Ist ein ordentlicher Spender nicht anwesend oder verhindert, so spendet die Taufe erlaubt der Katechist oder jemand anderer, der vom Ortsordinarius für diese Aufgabe bestimmt ist, im Notfall sogar jeder von der nötigen Intention geleitete Mensch". Selbst ungetaufte Menschen dürfen taufen, wenn sie damit die „nötige Intention" verbinden: tun wollen, was die Kirche tut.

[13] S. Anm. 5

binden mit diesem Schritt weit reichende Hoffnungen vor allem im Hinblick auf die ungelöste Abendmahlsfrage.[14]

(2) Ähnliches zeigt sich im internationalen Bereich: Nach der Veröffentlichung des Schreibens der Glaubenskongregation mit dem Titel „Antworten auf Fragen zu einigen Aspekten bezüglich der Lehre über die Kirche" vom 29. Juni 2007[15], in dem (wie auch zuvor schon in „Dominus Iesus" vom 6. August 2000[16]) die kirchlichen Gemeinschaften aus der Reformation als „nicht Kirchen im eigentlichen Sinn" bezeichnet werden, – stand zur Debatte, ob der Lutherische Weltbund überhaupt weitere Gespräche mit der Römisch-Katholischen Kirche führen möchte. Die Ineffizienz der Dialoge erschien wieder einmal mehr als offenkundig. Inzwischen ist eine neue Dialogrunde zum Thema „Taufe" vereinbart – wesentlich beeinflusst von Kardinal Walter Kasper, der auf der Vollversammlung des Päpstlichen Rats zur Förderung der Einheit der Christen im Jahr 2001 auch die Initiative zu einem weltweiten Prozess der Taufanerkennung ergriffen hatte, die einzelne römisch-katholische Bischofskonferenzen aufgegriffen haben. 2004 hat die Gemeinsame Arbeitsgruppe des Ökumenischen Rats der Kirchen und des Päpstlichen Rates zur Förderung der Einheit der Christen einen Bericht zum Thema „Ekklesiologische und ökumenische Implikationen einer gemeinsamen Taufe" vorgelegt.[17] 2006 ist ein Dokument der Kommission für Glauben und Kirchenverfassung erschienen, das sich ausschließlich mit der Frage der Anerkennung der Taufe befasst.[18] Verwiesen wird in diesem Dokument unter anderem auf die bisher weithin ungenutzten Möglichkeiten einer ökumenischen Gestaltung des Taufkatechumenats insbesondere bei konfessionsverschiedenen Familien.[19]

---

[14] Vgl. Silvia HELL, Lothar LIES, Taufe und Eucharistiegemeinschaft. Ökumenische Perspektiven und Probleme, Innsbruck 2002.
[15] Vgl. Kongregation für die Glaubenslehre, Antworten auf Fragen zu einigen Aspekten bezüglich der Lehre über die Kirche, in: KNA ÖKI Nr. 29 / 2007 (17. Juli 2007). Dokumentation 13, S. 1–11 (Text und Kommentar), bes. S. 3.
[16] Vgl. Kongregation für die Glaubenslehre, Erklärung DOMINUS IESUS. Über die Einzigkeit und die Heilsuniversalität Jesu Christi und der Kirche (6. August 2000). Verlautbarungen des Apostolischen Stuhls 148, Bonn 2000, bes. Nr. 17;
[17] Vgl. Gemeinsame Arbeitsgruppe der Römisch-Katholischen Kirche und des Ökumenischen Rates der Kirchen. Achter Bericht 1999–2005. Anhang C: Ekklesiologische und ökumenische Implikationen einer gemeinsamen Taufe. Eine Studie der Gemeinsamen Arbeitsgruppe, Genf 2005, 53–84.
[18] Vgl. World Council of Churches. Commission on Faith and Order, One Baptism: Towards Mutual Recognition (June 2006). Text abrufbar unter www.oikoumene.org.
[19] Vgl. ebd., Nr. 83 und Nr. 82 b,. Im Anhang I werden in Frageform konkrete Anregungen für eine ökumenisch sensible Taufpraxis vermittelt, die bereits 1997 formuliert wurden. Eine Frage lautet dabei: „Could a renewed catechumenate (the process of forming in faith) or a training of catechists and sponsors be undertaken together?" in:

(3) Die Evangelische Kirche in Deutschland hat an Pfingsten 2008 eine „Orientierungshilfe zu Verständnis und Praxis der Taufe in der evangelischen Kirche"[20] veröffentlicht, die das Ziel hat, die Taufe verstärkt in das Gemeindegespräch einzuführen. Hintergründig geht es – wie auch in der vorausgehenden, analogen Schrift zum gemeinsamen evangelischen Abendmahlsverständnis[21] – um eine Vergewisserung darüber, dass der lutherische und der reformierte Standpunkt in Fragen der Tauftheologie miteinander vereinbar sind. Diese neue Kleinschrift der EKD über die Taufe versucht durchaus Ähnliches wie der neue römisch-katholische Ordo zur Kindertaufe: Einmütigkeit herzustellen, zu vermitteln zwischen gewachsenen Traditionen. Gemeinsam hält die evangelische Bekenntnisgemeinschaft an der Praxis der Kindertaufe fest. Sie steht dabei vor vergleichbaren pastoralen Herausforderungen wie die Römisch-Katholische Kirche angesichts des oft wenig ersichtlichen Gemeindebezugs der Eltern und Verwandten der zu taufenden Kinder.

(4) Taufgedächtnisgottesdienste gewinnen auf Gemeindebasis und auch im regionalen Raum bei ökumenisch gefeierten Anlässen zunehmend an Bedeutung.[22] Es gibt inzwischen ökumenische Pilgerwege zu Taufstätten in der näheren Umgebung – beispielsweise auf Initiative des Erzbistums Köln und der Evangelischen Kirche im Rheinland.

Das Gedächtnis der Taufe – gewahr werden, getauft zu sein – wird zu einem verbindenden ökumenischen Ereignis, dem Taten folgen: Vereinbarungen zum gemeinsamen Zeugnis und Dienst werden getroffen. Die Leiturgia bereitet in der Koinonia die Wege zu Diakonia und Martyria. Im Mittelpunkt steht dabei das Gedächtnis der einen Taufe.

Thomas F. Fest, Dagmar Heller [Hg.], Becoming a Christian: The Ecumenical Implications of our Common Baptism, FO-Paper 184, Genf 1999, 81–83, hier Nr. 27).

[20] Vgl. Die Taufe. Eine Orientierungshilfe zu Verständnis und Praxis der Taufe in der evangelischen Kirche, Gütersloh 2008; vgl. dazu: Stefan ORTH, Taufe: Eine evangelische Orientierungshilfe, in: Herder Korrespondenz 62 (2008) 277f. Vgl. grundlegend auch: Wolfram KERNER, Gläubigentaufe und Säuglingstaufe. Studien zur Taufe und gegenseitigen Taufanerkennung in der neueren evangelischen Theologie, Norderstedt 2004.

[21] Vgl. Das Abendmahl. Eine Orientierungshilfe zu Verständnis und Praxis des Abendmahls in der evangelischen Kirche, Gütersloh 2003.

[22] Vgl. Taufgedächtnis und Glaubenserneuerung. Anregungen für gemeinsame Gottesdienste von Christinnen und Christen aus unterschiedlichen Tauftraditionen. Texte aus der Ökumenischen Centrale Nr. 8, Frankfurt 2005; vgl. grundlegend: Martin STUFLESSER, Liturgisches Gedächtnis der einen Taufe. Überlegungen im ökumenischen Kontext, Freiburg – Basel – Wien 2004.

3. Ökumenische Aspekte in der neuen Liturgie der Kindertaufe

Wer das liturgische Buch „Die Feier der Kindertaufe"[23] und die darin enthaltenen „Praenotanda generalia"[24] sowie die „Praenotanda"[25] mit ökumenischer Sensibilität liest, wird dabei eine erwartbare Ernüchterung erleben: ein ökumenischer Horizont ist darin nur in Ansätzen ersichtlich; weder die erreichten Konvergenzen noch die verbliebenen Differenzen werden angesprochen. Dies ist wenig verwunderlich, weil es sich um deutsche Übersetzungen der offiziellen lateinischen Texte aus dem Jahr 1969 handelt – einer Zeit, in der sich das durch das 2. Vatikanische Konzil gestärkte ökumenische Bewusstsein noch nicht in römisch-katholischen Dokumenten zur weltweiten Neuordnung der Liturgien niederschlug. Die Schriften bewegen sich daher weithin im inner-römisch-katholischen Kontext. Ein Hinweis auf die ökumenische Bedeutung der Taufe wird unter der Überschrift „Die Würde der Taufe" gegeben: „Sie [Die Taufe: D. S.] ist das sakramentale Band, das alle zusammenhält, die dieses Zeichen empfangen haben. Wegen dieser unauslöschlichen Wirkung, die in der lateinischen Taufliturgie zum Ausdruck kommt, wenn die Neugetauften vor dem versammelten Volke Gottes mit Chrisam gesalbt werden, steht die Taufe bei allen Christen hoch in Ehren. Niemand darf sie wiederholen, wenn sie – auch durch getrennte Brüder – gültig gespendet worden ist."[26] Die in der neuen Ausgabe nicht mehr als Teil des liturgischen Buchs veröffentlichte, 1971 noch als „Vorbemerkungen"[27] gedruckte pastorale Einführung der Bischöfe im deutschsprachigen Raum, ist inzwischen als eigenständige Veröffentlichung in veränderter Gestalt erschienen.[28] Sie geht jedoch lei-

---

[23] Vgl. Die Feier der Kindertaufe in den Bistümern des deutschen Sprachgebietes. Zweite authentische Ausgabe auf der Grundlage der Editio typica altera 1973, Freiburg u. a. 2007; vgl. Stellungnahmen aus evangelischer Perspektive: Wolfgang RATZMANN, Die Taufe als Sakrament der Einheit. Bemerkungen zum erneuerten katholischen Taufbuch aus evangelischer Sicht, in: LJ 58 (2008) 140–148; vgl. Stellungnahmen aus römisch-katholischer Perspektive: Winfried HAUNERLAND, Die Feier der Kindertaufe. Zur zweiten authentischen Ausgabe für die Bistümer des deutschen Sprachgebiets, in: ebd., 67–94; Eva-Maria FABER, „Du schenkst uns irdisches und himmlisches Leben". Systematisch-theologische Beobachtungen zum erneuerten deutschsprachigen Kindertaufrituale, in: ebd., 95–111; Dieter EISSING, „Die Feier der Kindertaufe". Pastoralliturgische Beobachtungen und Überlegungen, in: ebd., 112–139.
[24] Vgl. Die Feier der Kindertaufe (s. Anm. 23), (Die Eingliederung in die Kirche. Praenotanda generalia), 9–17.
[25] Vgl. Die Feier der Kindertaufe (s. Anm. 23), 18–27.
[26] Die Feier der Kindertaufe (s. Anm. 23), 10.
[27] Vgl. Die Feier der Kindertaufe in den katholischen Bistümern des deutschen Sprachgebietes, Freiburg u. a. 1971, 9–25.
[28] Gedruckt in: Die Feier der Kindertaufe. Pastorale Einführung, in: Winfried Haunerland, Eduard Nagel (Hg.), Den Glauben weitergeben. Werkbuch zur Kindertaufe, Trier

der auch nicht auf die inzwischen erreichten ökumenischen Konvergenzen ein. Ökumenische Dokumente werden nicht zitiert. Anschlussfähig an die ökumenischen Gespräche sind die Ausführungen zur Notwendigkeit des prozessualen Charakter der Taufe im Erwachsenen- sowie im Kindesalter.

In den Praenotanda des liturgischen Buchs werden an zwei Stellen nicht-römisch-katholische Glaubende erwähnt: Ein nicht der Römisch-Katholischen Kirche angehöriger Getaufter kann zusammen mit einem römisch-katholischen Taufpaten als Taufzeuge zugelassen werden, wobei die rechtlichen Bestimmungen der Ostkirchen eigens zu beachten sind[29]; bei Lebensgefahr sollen Kinder auch gegen den Willen ihrer nicht-römisch-katholischen Eltern unverzüglich getauft werden.[30] Sehr belastend dürfte sich diese letztgenannte Weisung nicht nur im christlichen, sondern auch im interreligiösen Gespräch auswirken. Sollen auch vom Tode bedrohte oder verwaiste Kinder jüdischer Eltern ohne deren Zustimmung getauft werden und auf diese Weise erneut unselige Zeiten deutscher Geschichte lebendig werden? Aus systematisch-theologischer Sicht erscheint mir völlig unverständlich, wie eine solche Bestimmung in einen stimmigen theologischen Zusammenhang zu bringen sein soll mit der unverkennbar gegebenen gewachsenen Wertschätzung des Glaubens der Eltern oder der Verwandten des Kindes, den zu prüfen Anliegen des Taufgesprächs ist, das auch zu einem Taufaufschub oder zu der Form einer „Feier der Kindertaufe in zwei Stufen"[31] führen kann.

Zusammenfassend lässt sich somit sagen: Es gibt zwar Ansätze im neuen Kindertaufritus, die Taufe „nicht unterschiedslos" zu feiern – so ja bereits die Forderung der Lima-Konvergenzerklärungen im Jahr 1982[32] –, doch ist unverkennbar, dass das anzustrebende Ideal im bloßen Faktum der Taufe der Kinder – ohne eigenes Bekenntnis und notfalls auch gegen den Glauben der Eltern – besteht. Es stellt sich dabei vor allem folgende Frage: Welches Gottesbild wird vermittelt, wenn vom Tod bedrohte Säuglinge notgetauft werden sollen – von jedermann notfalls? Nach meiner Wahrnehmung argumentie-

---

2008, 160–175; Die Feier der Kindertaufe. Pastorale Einführung, hg. vom Sekretariat der Deutschen Bischofskonferenz (Arbeitshilfen 220), Bonn ²2008.
[29] Vgl. Die Feier der Kindertaufe (s. Anm. 23), 12 f.
[30] Vgl. ebd., 20. Wörtlich heißt es dort: „Schwebt das Kind in Lebensgefahr, so soll es unverzüglich getauft werden, wobei dies auch gegen den Willen der Eltern erlaubt geschieht, sogar dann, wenn es sich um ein Kind nichtkatholischer Eltern handelt." Vgl. dazu die hilfreichen, die pastorale Situation in den Blick nehmenden Erläuterungen von: Rüdiger Althaus, Taufe in besonderen Situationen, in: Den Glauben weitergeben (s. Anm. 28), 67–69.
[31] Vgl. Die Feier der Kindertaufe (s. Anm. 23), 141–175.
[32] S. Anm. 2.

ren die neuen Texte in diesem Zusammenhang zumindest mehrdeutig, wenn nicht sogar widersprüchlich. Wir brauchen in der Ökumene eine Verständigung über die Feier der Nottaufe.

III. Erreichte Konvergenzen

In meiner Gedankenfolge bei der Skizze der erreichten ökumenischen Konvergenzen im Themenbereich der Taufe habe ich mich an den Beginn des 4. Kapitels des Epheserbriefs angelehnt. Umrahmt ist die Erinnerung an den einen Herrn, den einen Glauben und die eine Taufe im Epheserbrief durch die Gedanken an den einen Leib, die eine Hoffnung und den einen Gott. Wie für die christliche Ökumene geschrieben erscheinen diese Verse, die neben Joh 17,21 – also der Bitte Jesu um die Einheit der Gemeinschaft, die ihm nachfolgt – zu den meist zitierten in der Ökumenischen Bewegung gehören.

1. Ein Herr: Jesus Christus

Die durch die Ökumenische Bewegung zweifellos gewachsene Aufmerksamkeit für die Bedeutung der einen Taufe hat zu einer christologisch-soteriologischen Vertiefung der ökumenischen Bemühungen geführt. Was heißt das? Wir nehmen bewusster wahr, dass alle Christinnen und Christen sich um ein lebendiges Christuszeugnis bemühen. In der gesuchten Mitte der kirchlichen Bekenntnisse steht Jesus Christus selbst. Die Kirchen müssen sich nicht mehr voneinander zu überzeugen trachten. Vom jeweiligen Standort aus geht der Umkehrweg jeweils auf die eine Mitte zu: Jesus Christus. Dann kann es nicht anders sein, als dass die Christinnen und Christen auch einander näher kommen. Umkehr-Ökumene ist angesagt, nicht Rückkehr-Ökumene – Umkehr-Ökumene im Sinne einer Hinkehr zu dem einen Herrn Jesus Christus.

Auch aus römisch-katholischer Sicht ist dies das Modell ökumenischer Hermeneutik seit dem 2. Vatikanischen Konzil. Die Einheitsvorstellung, die im Hintergrund dieser konziliaren Lehre steht, wurde erstmals 1925 bei der Weltkonferenz für Praktisches Christentum in Stockholm formuliert: Je näher die Christinnen und Christen dem gekreuzigten Christus kommen, desto näher kommen sie auch einander. Die Bereitschaft zur Schuldanerkenntnis und zum Umkehrwillen charakterisiert die geistliche Haltung, mit der auch die Römisch-Katholische Kirche seit dem 2. Vatikanischen Konzil an der Ökumenischen Bewegung teilhat.

2. Ein Glaube: Erlöstes Dasein

In der Feier der Taufe geschieht ein Bekenntnis zu der Glaubensüberzeugung, als Getaufte als Erlöste zu leben. Gemeinsam ist allen Christen dieser Glaube. Vielfältige Anstrengungen in der ökumenischen Theologie haben Konvergenzen insbesondere in der Rechtfertigungsbotschaft erkennen lassen, die weit über den evangelisch – römisch-katholischen Bereich hinaus heute im multilateralen Dialog Beachtung finden. Über die Tauftheologie wird die Ökumenische Bewegung immer wieder herangeführt an ihre geistliche Mitte. Hinweisen möchte ich an dieser Stelle auf das in Lima 1982 bei der Weltkonferenz von „Faith and Order" beschlossene Unternehmen, Studien über den apostolischen Glauben als einen Schwerpunkt der künftigen Arbeiten zu verstehen. Als Ausgangspunkt wurde das Bemühen um eine gemeinsame Auslegung des nizäno-konstantinopolitanischen Glaubensbekenntnisses gewählt. Die Frucht der jahrelangen Arbeit der „Kommission für Glauben und Kirchenverfassung" an einer gemeinsamen Auslegung dieses Bekenntnistextes ist die Studie „Gemeinsam den einen Glauben bekennen"[33]. Sie orientiert sich an den trinitarisch strukturierten Inhalten des Bekenntnisses zu Gott, zu Jesus Christus und zum Heiligen Geist. Alle Unterabschnitte bieten neben biblischen und historischen Auskünften auch jeweils ein Angebot für ein heutiges Verständnis des Taufbekenntnisses. Möglicherweise haben wir es im Blick auf die christlichen Gemeinden bisher versäumt, uns über die Inhalte des gemeinsamen Taufglaubens zu verständigen. Zu sehr könnte die ekklesiale Bedeutung der möglichen wechselseitigen Taufanerkenntnis mit ihrer ökumenischen Relevanz uns in ihren Bann gezogen haben. Sprechen wir zu wenig über den inhaltlichen Gehalt des christlichen Taufglaubens?

Ich versuche auf meine Weise eine Antwort zu geben auf die Frage, was Christinnen und Christen glauben. Was meint insbesondere die Rede von dem in der Taufe begründeten erlösten Dasein? Neuere Beiträge zur Erlösungslehre bemühen sich darum, das Leben, das Sterben und die Auferweckung Jesu sowie die Sendung des Geistes Gottes als ein Gesamtgeschehen der heilsgeschichtlichen Offenbarung Gottes zu begreifen. Es gilt, die Weise des Sterbens Jesu im

---

[33] Vgl. Kommission für Glauben und Kirchenverfassung, Gemeinsam den einen Glauben bekennen. Eine ökumenische Auslegung des apostolischen Glaubens, wie er im Glaubensbekenntnis von Nizäa-Konstantinopel (381) bekannt wird, Frankfurt/Paderborn 1991. Vgl. dazu auch: Deutscher Ökumenischer Studienausschuss (DÖSTA), Wir glauben – wir bekennen – wir erwarten. Eine Einführung in das Gespräch über das Ökumenische Glaubensbekenntnis von 381, Eichstätt 1997.

größeren Zusammenhang der Botschaft Gottes zu verstehen, die Jesus in seinem Leben als wahr bezeugt hat. In der Taufe erhalten wir Anteil am gesamten Leib Christi – an seinem Leben, an seinem Tod und an seiner Auferweckung. Die Weise des Lebens und die Weise des Sterbens Jesu sind tief miteinander verwandt. In Jesu Weise zu leben und zu sterben, haben wir eine vorbildliche Vorstellung von der Weise, wie Gott selbst ist: gemeinschaftstreu und bundeswillig trotz aller Anfechtung. In geschichtlich erfahrbarer Menschengestalt begegnet Gott: In Jesu Weise, in Verbundenheit zu bleiben auch mit denen, die ihn auslöschen wollen, nimmt Gottes Ja der Liebe zu denen, die das Nein der Feindschaft leben, leibhaftige Gestalt an. Gott sagt zu, dass die Geschöpfe bestehen dürfen, auch wenn sie ihm zu widerstehen trachten. Gott ist das Ja zu allem Lebendigen, und Christus Jesus hat dieses Ja gelebt bis hinein in die Negativität des Todes, der als solcher – wie jedes von Menschen einander zugefügte Leiden – nicht Hoffnung begründet, sondern Entsetzen auslöst. Nicht Gott wünschte den Tod seines gehorsamen Gesandten, um in seinem gerechten Zorn auf das Menschengeschlecht milde gestimmt zu werden. Menschen haben Jesus aus eigennützigen Gründen getötet. Gott begreift dieses Geschehen als Möglichkeit, in letzter Deutlichkeit, in höchster Entschiedenheit sein Wohlwollen den Geschöpfen gegenüber offenbar zu machen. Das Christusgeschehen ist Offenbarungsgeschehen: Gottes Offenbarung.

Hoffen lässt die von den Jüngerinnen und Jüngern bezeugte Erfahrung der auch am Karfreitag nicht aufgekündigten Bereitschaft Gottes, in Verbundenheit mit seiner Schöpfung zu sein. Gott wusste, was auf ihn zukommen könnte, als er die Geschöpfe mit Freiheit beschenkte. Er musste damit rechnen, dass die Destruktivität, die Negativität sich auch gegen ihn selbst richten wird. Er hat sein Werk begonnen in der Gewissheit, es auch vollenden zu können. Nur so erscheint es gerechtfertigt, dass Gott überhaupt etwas ins Dasein setzt. Stärker als Sünde und Tod sind die Liebe und das Leben. Darum weiß Gott von allem Anfang an. In dieser Gewissheit lässt er die Schöpfung an seinem Leben teilhaben. Und er lässt die Geschöpfe nicht im Ungewissen darüber, ob sie angesichts der Übermacht der Sünde, angesichts des zerstörerischen Gemeinschaftsbruchs, angesichts der vielfältigen Infragestellung der Daseinsmöglichkeiten der Anderen vor ihm bestehen bleiben. Auf vielen Wegen versucht Gott zu erreichen, dass Israel und die Völker ihn als Barmherzigen erkennen – zuletzt untrüglich in Jesus, in seinem Mensch gewordenen Wort, das ein Wort der Bejahung bleibt noch in der Erfahrung der qualvollen Verneinung seiner Existenz im Erleiden des Getötetwerdens.

Es bleibt aus meiner Sicht daher diese schwere Wahrheit. Zuinnerst verbunden mit dem Bekenntnis zu dem sich in Christus Jesus in seiner Güte und Menschenfreundlichkeit offenbarenden Gott ist die Erfahrung, dass wahre Liebe den Einsatz des gesamten Lebens erfordert: die Bereitschaft zur Selbstpreisgabe aus Liebe aufgrund der unbedingten Zustimmung zu den Daseinsrechten der anderen Geschöpfe. Christinnen und Christen suchen das Leiden nicht. Wir bekennen uns zu einem Gott, der uns Freude bereiteten will und uns lachen sehen möchte aus ganzem Herzen. Aber dieser Gott fordert auch den Einsatz unseres Lebens. Er fordert unsere Leidensbereitschaft ein, wenn allein auf diese Weise noch möglich ist, Zeugnis abzulegen von seiner Willigkeit, auch denen noch zugewandt zu bleiben, die sich ihm widersetzen. Wir teilen das Los Jesu Christi. Wir haben in seinem heiligen Geist Teil an seinem Lebensgeschick, wenn auch wir die Größe unserer Liebe darin erweisen, dass wir bereit sind, unser Leben verzehren zu lassen durch die Mitlebenden. Menschen sind um uns, die nach Anerkennung, nach Aufmerksamkeit, nach Zuwendung, nach Achtung hungern.

Wir sind erlöst von der Ungewissheit, als Sünderinnen und Sünder vor Gott bestehen zu können. Wir feiern dies in der Taufe. Und wir sollen dies leben Augenblick für Augenblick. Ein hoher ethischer Anspruch ist mit der Besinnung auf die eine Taufe verbunden. Können vor diesem Hintergrund Kinder getauft werden – Menschen, die sich gar nicht frei entscheiden können für eine bestimmte ethische Ausrichtung – eben die christliche? Die christliche Option ist eine spezifische im Gesamt der Religionen.

3. Eine Taufe: baptismale Kirchengemeinschaft?

Die Römisch-Katholische Kirche betrachtet die eine Taufe als ein sakramentales Band der Einheit, das ekklesiale Bedeutung hat. Es gibt also eine baptismal begründete Kirchengemeinschaft. Im Blick auf römisch-katholische Lehrdokumente lässt sich von einer „gestuften Kirchengliedschaft" sprechen. Die schon gegebene Verbundenheit mit allen Getauften auch in ekklesialer Hinsicht ist in römisch-katholischen Dokumenten zugleich die Begründung für ein unaufgebbares Bemühen um die volle sichtbare Einheit aller Getauften. Die Gemeinschaft in der Taufe ist Motivation zur Ökumene. Christen sind miteinander alternativlos auf einem nicht selbst gewählten Weg. In der Taufe ist zugleich die volle Kirchengemeinschaft noch nicht erreicht. Dazu gehört aus römisch-katholischer Sicht bekanntlich auch die Übereinstimmung im gesamten Bereich des Bekenntnisses und auch im Gebiet des Institutionellen – mit der Anerkennung der Ämter im apostolischen Sinn – bis hin zum Papstamt.

IV. Verbliebene Differenzen

Wie tief im kontroverstheologischen Bewusstsein die Unterscheidung zwischen der (evangelischen) Kirche des Wortes und der (Römisch-Katholischen) Kirche der Sakramente noch vorhanden ist – mit einer großen Neigung zur groben Vereinfachung – dieser Sachverhalt zeigt sich etwa daran, was in der jüngst veröffentlichten Orientierungshilfe der EKD zum Verständnis der Taufe in oppositioneller Redegestalt noch zu lesen ist. Dort heißt es: „Während für bestimmte römisch-katholische und orthodoxe Traditionen das Taufwasser als Träger einer verändernden Kraft – der Taufgnade – verstanden wird, identifizieren die reformatorischen Kirchen diese Taufgnade mit der Kraft des Glauben weckenden und so das Leben verändernden Wortes."[34] Kursiv hervorgehoben sind die Begriffe „Wasser" und „Wort". Sie scheinen in Opposition zu stehen – Wasser repräsentiert die römisch-katholische und orthodoxe, Wort die evangelisch Tradition. Wären römisch-katholische Theologen bei der Abfassung des Textes zugegen gewesen, hätten sie protestiert. Einmal mehr erweist sich die ökumenische Regel als sinnvoll, möglichst in Anwesenheit von Vertretern der besprochenen theologischen Positionen übereinander zu sprechen.

1. Taufe auch von Unmündigen?

Vor dem Blick auf die erste Differenz möchte ich mit der Erinnerung an eine Konvergenz beginnen: Es gibt in der christlichen Ökumene eine weithin unbestrittene Konvergenz in der Annahme, dass die Taufe von Erwachsenen das dem Neuen Testament angemessene Modell in der Nachfolge Jesu Christi ist: Jesus selbst wurde als erwachsener Mann getauft. Die frühen Christengemeinden haben mit der Bereitschaft zur christlichen Taufe die Frage verbunden, ob die erwachsenen Menschen mit ihrem ganzen Leben als Zeuginnen und Zeugen für Jesus Christus eintreten möchten. Selbstverantwortetes, bewusstes und entschiedenes Dasein im Dienst der Verkündigung des Christusereignisses – Mission im guten Sinne – Zeugnisdienst – diese Vorstellung ist zuinnerst mit dem Taufgeschehen verbunden. Wer sich taufen ließ, musste in den ersten Jahrhunderten christlicher

---

[34] Was geschieht bei der Taufe? Orientierungshilfe der EKD, 2008, S. 37

Existenz um sein irdisches Leben bangen. Verfolgungen waren zu durchleiden. Mit dem eigenen Blut haben Menschen Zeugnis für Jesus Christus abgelegt. Die Bluttaufe der Märtyrerinnen und Märtyrer war mindestens ebenso wertvoll wie die Wassertaufe derer, die noch in Sicherheit leben konnten. Todernst ist dieses Geschehen. Es kann das irdische Leben kosten. Ist diese Entscheidung nicht doch nur Erwachsenen zuzumuten? Gemeinsam sagen wir heute in der Ökumene: Die Erwachsenentaufe ist das biblisch begründete, theologische Leitbild, von dem ausgehend alle weiteren Überlegungen anzustellen sind.

Eine wechselseitige ökumenische Taufanerkenntnis gibt es nur unter den Kirchen, die auch unmündige Säuglinge taufen. Die christlichen Traditionen, die allein für die Erwachsenentaufe eintreten, haben sehr gute Argumente auf ihrer Seite: (1) Diese Praxis entspricht den biblischen Zeugnissen. Die wenigen Hinweise darauf, dass ganze Häuser sich taufen ließen – die sogenannten neutestamentlichen oikos-Formeln (vgl. 1 Kor 1,16; Apg 16,15 u. Ä.) – widersprechen dem nicht. Damals ging es bei dieser Formulierung nicht um die Kindertaufe, ein Lobpreis auf den missionarischen Erfolg der apostolischen Predigt sollte vielmehr verkündigt werden. Man darf diese wenigen Schriftstellen nicht überinterpretieren. (2) Auch wenn sich die Praxis der Kindertaufe nachweislich zeitlich vor der Erbsündenlehre des Augustinus († 430 n. Chr.) im Zuge der Konstantinischen Wende etabliert hat und es seit der Mitte des 4. Jahrhunderts zur Staatsraison gehörte, getauft zu sein, wissen wir heute um die stabilisierende Funktion der theologischen Ausführungen des Augustinus. Seine Idee, die Erbsünde könne sich durch die Begierde im Zeugungsgeschehen übertragen – die ungeborenen Kinder somit „infizieren" – entfaltete eine große Wirkungsgeschichte. Heute gehen wir gemeinsam in der Ökumene neu an diese Frage heran: Wir wissen, dass es unzureichend ist, die Übertragung der Erbsünde als eine Folge sexueller Begierde zu begreifen; wir halten dennoch gemeinsam daran fest, dass es einen generationenübergreifenden Zusammenhang in der Weitergabe des Bösen gibt; familien- therapeutische Arbeiten bezeugen dies: Die nachfolgenden Generationen leben mit den Botschaften, die die Eltern- oder Großelterngeneration ihnen mitgaben – als ihr Erbe: Leichtes und Schweres ist dabei. Gemeinsam betrachten wir heute die Kinder als Teil der Glaubensgemeinschaft – hineingeboren auch sie in eine Welt, die vom Lebensbeginn an unter den Vorzeichen drohender Sterblichkeit und möglicher Unversöhntheit steht. Wer je längere Zeit die Neugeborenenstation eines Krankenhauses erlebt hat, die oder der wird wissen, welche Lebensdramen sich gerade in dieser Frühphase des Daseins von Menschen ereignen können. Ist die Taufe dann aber die angemessene Antwort auf die sich erfahrungsnah stellenden Lebensfragen? Die christlichen Konfessionen antworten unterschiedlich auf diese Frage.

Nun habe ich bisher eher die Argumente der Traditionen stark gemacht, die nur Erwachsene taufen. Gibt es nicht auch gute Gründe für die Kindertaufe? In dieser Frage gibt es inzwischen eine ökumenische Einmütigkeit: Heilsbedeutsam, nicht heilsnotwendig ist die Taufe. Bedeutsam: Es macht einen Unterschied, ob Menschen sich als Sünderinnen und Sünder im Leben und im Sterben von Gott angenommen wissen oder nicht. Dies hat Signifikanz für den Lebensalltag. Wer von dieser Kunde erfüllt ist, wird diese auch verkündigen – also: missionarisch tätig werden. Wir fürchten nicht mehr um das Leben der unschuldig verstorbenen, ungetauften Neugeborenen. Gott wird ihnen das Leben zurückschenken, das sie verloren haben. Sein Gericht wird sie ins Recht setzen – sie nicht zusätzlich belasten.

Gibt es theologische Gründe für die Kindertaufe – andere als die der Heilssorge? Die sich im christlichen Altertum entwickelnde, unter dem Einfluss der Schriften des Augustinus aus theologischen Gründen zunehmend als Regelfall geforderte Praxis der Säuglingstaufe bedarf angesichts des sich vom neutestamentlichen Zeugnis her nahelegenden Verständnisses der Taufe als Feier der Umkehr und des Glaubens eines zur Entschiedenheit fähigen Menschen einer eigenen Begründung. Diese wird im Wesentlichen in drei Gedanken gesehen, die grundlegend für jedes Taufgeschehen gültig sind, gerade bei der Säuglingstaufe aber in besonderer Weise beansprucht werden: Alles Gute ist Gottes Initiative und Gabe, nicht menschliche Anstrengung; zum Glauben findet nur, wer vorgängig die Gemeinschaft der Glaubenden erlebt; sich zum Glauben zu bekennen, bedeutet, sich immer wieder neu auf den Weg zu machen. Der in der Taufe gefeierte Durchgang ins Leben ist Geschenk Gottes, das – soll es erfahrbar und damit „wirksam" werden – angewiesen ist auf sein Erleben in der Gemeinschaft der bereits aus dem Tod erlösten Glaubenden und nicht „augenblicklich", sondern nur in einem personalen Prozess angenommen werden kann. Als Initiative Gottes, die in der Communio der Gemeinde als Wachsen im Glauben erfahren wird, ist die Taufe nicht ein punktuelles Geschehen, sondern auf den gesamten gläubigen Lebensweg hin-geordnet. Die trotz dieser Überlegungen bleibende Notwendigkeit, den Entscheidungscharakter des Bekenntnisses zum christlichen Glauben zu bewahren, kommt in Formen der Tauferneuerung (vor allem in der Feier der Osternacht) und in der Firmung zum Ausdruck, in der – so die theologische Vorstellung – erwachsene Christen selbstverantwortlich ihren Glauben bekennen.

Zusammenfassen lässt sich der Argumentationsgang folgendermaßen: Was für jede Feier der Taufe gilt, wird in der Kindertaufe besonders augenscheinlich: Der Glaube ist Geschenk, er formt sich in einer Gemeinschaft, und er hat immer Prozess-Charakter. Wer die Konvergenzerklärungen der Kommission für Glauben und Kirchenverfassung (Faith and Order) von Lima 1982[35] zu dieser Thematik liest, wird immer wieder diesen drei Gedanken begegnen: Der Glaube ist eine Gabe Gottes, die in Gemeinschaft empfangen wird und beständig an Gewissheit gewinnt. Gabe – Gemeinschaft – Prozess: In diesen Koordinaten bewegt sich die Taufe eines Menschen. Viele Kirchen haben sich vor diesem Hintergrund dazu entschieden, auch Menschen zu taufen, die selbst noch nicht die Verantwortung für ihr Leben im Glauben an Jesus Christus übernehmen können. Immer waren die täuferischen Gemeinschaften, die nur Erwachsene aufnahmen, lebendige Zellen der Reform. Ist es nicht so: Wer sich nicht selbst zum Glauben entscheidet, wird kaum den Stachel in sich spüren, ob die unfreiwillig zugesellte Glaubensgemeinschaft wirklich aus dem Geist des Evangeliums lebt. Die Praxis der Kindertaufe verführt zu einem bürgerlichen Christentum ohne innere Entschiedenheit. Die ökumenischen Gespräche über diese Frage haben diese Problematik offen gelegt. Gewiss ist es auch wichtig, dabei nicht zu vergessen, dass viele der Kirchen, die unmündige Kinder taufen, einen gestuften Prozess der Initiation vorsehen: mit weiteren liturgischen Zeichenhandlungen – Firmung und Konfirmation.

2. Taufe in eine gemeinsame christliche Glaubensgemeinschaft?

Weitere ökumenische Differenzen, die es zu beachten gilt, sind ekklesiologischer Natur. Werden alle Getauften in eine gemeinsame Kirche hinein aufgenommen? Gibt es sie überhaupt – realiter: die eine ökumenische Kirche? Es gibt sie nicht – jedenfalls nicht in sichtbarer, institutionell erfahrbarer Gestalt. Vieles wäre nun zu dieser Thematik zu sagen. Seit vielen Jahrzehnten bemühen sich die ökumenischen Dialoge um die Frage, woran die gemeinsame Kirchlichkeit der Kirchen zu erkennen wäre.

Die Frage spitzt sich zu im Blick auf die Frage des Verhältnisses zwischen der Taufe und der Abendmahls- bzw. Eucharistiegemeinschaft. Dürfen in wechselseitig anerkannter Weise getaufte Menschen aus der eucharistischen Mahlgemeinschaft ausgeschlossen werden? Wir wissen, dass die Konfessionsgemeinschaften auf diese Frage unterschiedliche Antworten geben. Bedrängend ist diese The-

---

[35] S. Anm. 2.

matik in der Ökumene. Gerade angesichts der erreichten Konvergenzen in der Rechtfertigungslehre erschiene es angemessen, den nächsten Schritt nun auch zu tun: zumindest gastweise sich zuzulassen zum eucharistischen Mahl, in dem genau das gefeiert wird, was in der Taufe begonnen hat: die in Jesus Chrisus begründete Gemeinschaft mit Gott – trotz der Sünde – und auch noch im Tod.

Aber: Es gibt nicht einmal eine gemeinsame ökumenische Taufliturgie. Selbst konfessionsverbindenden Paaren und ihren Kindern ist dies noch nicht möglich. Die Eltern müssen sich entscheiden für eine konfessionell bestimmte Tauffeier. Vielleicht ist dies ja realistisch: Solange es noch keine ökumenische Kirche gibt, muss wohl die Feier der Aufnahme in die Gemeinschaft, die Feier der Initiation, konfessionell different sein – oder?

Mir scheint es von sehr hoher Bedeutung zu sein, dass die Orthodoxen Kirchen in Deutschland der Initiative zu einer wechselseitigen Taufanerkenntnis zugestimmt haben. Bei allen Differenzen, die gerade im Kirchen- und Amtsverständnis aus ökumenischer Sicht noch zu beklagen sind, bleibt zunächst dies eine: In der Taufe wird ein Mensch in die Gemeinschaft mit Christus Jesus hineingeboren. Die gläubige Annahme dieser neuen Geburt ist verbunden mit der Hoffnung auf unverlierbares Leben bei Gott – trotz der Verwobenheit in generationenübergreifende Schuldverstrickungen, für die gerade die Neugeborenen niemals selbst zur Rechenschaft gezogen werden können. Die Taufe ist eine unverdiente Gabe, die in Gemeinschaft angeeignet sein will – ein Leben lang. So sehen es die Kirchen, die Kinder taufen – gewiss nicht ohne Bezug auf den Glauben der nahestehenden Menschen. Unverantwortlich ist es, Kinder zu taufen, die niemanden in ihrer Nähe haben, der oder die gläubig ist. Wir wissen, dass dies oft geschieht – auf Hoffnung hin. Wäre nicht eine Kindersegnung dann angemessener? Viele Eltern wünschen eigentlich nur dies: nichts versäumt zu haben, was dem neugeborenen Kind gut tun könnte. Junge Eltern wissen vor und nach der Geburt um die Gefährdungen des Lebens. Gottes Zuspruch suchen sie in diesen Zeiten. Müssen sie aber belastet werden mit der Schwere der Fragen, die eine sich selbst ernst nehmende Tauftheologie formuliert – bis hin zur Frage, in welcher Form getaufte Menschen zum missionarischen Zeugnis bereit sind? Streben Eltern für ihre zur Taufe gebrachten Kinder überhaupt ein Leben in der christlichen Glaubensgemeinschaft an? Diese Frage ist nicht eindeutig zu beantworten, da beide Antwortmöglichkeiten in der Realität zutreffen können. Behutsame Unterscheidungen sind in der Pastoral erforderlich. Ebenso bedeutsam ist aus meiner Sicht auch theologische Aufklärung. Es ist nicht so, dass die Kirchen denken, ungetaufte Kinder seien ohne Gottesgemeinschaft, sie müssten bei einem frühen Tod gar als verloren betrachtet werden. So ist es nicht.

3. Taufe im Wasser und / oder im Geist – durch das Wort?

Im Folgenden möchte ich einen dritten Gedankenkreis, in dem es in der ökumenischen Gemeinschaft unterschiedliche Positionierungen gibt, noch ansprechen: die Frage nach den Wirkmächten in der Taufhandlung. Der reformierte Theologe Karl Barth hat an die biblisch begründete Unterscheidung zwischen der Geisttaufe und der Wassertaufe erinnert. Er setzte sich für die Erwachsenentaufe ein – mit dem Argument, dass in der Taufe zunächst Gottes Geist am Menschen handelt. Dieser Mensch antworte dann in der Wassertaufe auf diese göttliche Berufung. Die reformierte evangelische Tradition – weite Teile von ihr zumindest – sind den Argumenten von Karl Barth nicht gefolgt. Mit den Theologen der Reformationszeit – Martin Luther oder auch Johannes Calvin – halten die lutherischen, die reformierten und die unierten Kirchen an der Kindertaufe fest. Sie erkennen in dieser Praxis einen Erweis der Gnade Gottes, die vorgängig zu jedem menschlichen Werk Menschen erfüllt und verwandelt. Tag für Tag soll der Mensch sich dies vergegenwärtigen.

Die Rede von der Geisttaufe wird in der heutigen ökumenischen Situation vor allem mit den Pfingstkirchen besprochen. Die gewiss in ihren Eigenarten sehr unterschiedlichen pfingstlerisch-charismatischen Gruppierungen verzeichnen – weltweit betrachtet – ein rasantes Wachstum. Sie finden großen Zuspruch – mit ihren Heilungsgebeten etwa, mit ihrer prophetischen Rede, mit den intensiven Lobpreisgesängen. In Deutschland hat das Gespräch mit den Pfingstkirchen auf der Ebene der „Arbeitsgemeinschaft Christlicher Kirchen" gerade erst begonnen.[36] Es soll bald vor allem auch zum Thema Geisttaufe und Unterscheidung der Geister fortgesetzt werden. Aus pfingstlerischer Sicht folgt die Geisttaufe auf die Wassertaufe – nicht notwendig, sondern als eine besondere Berufung, die nur einzelne Menschen erfahren. Dies zeigt sich dann in den Geistesgaben, die Menschen bekommen, in ihren Charismen: der Gabe zu heilen; der Gabe, prophetisch-weissagend zu reden; der Gabe, in Zungen zu sprechen. Die Pfingstler berufen sich auf die Charismenlehre des Paulus (1 Kor 12 und Röm 12) und auf das Pfingstereignis (Apg 2).

---

[36] Vgl. epd-Dokumentation Nr. 7/2007 (13.2.2007), Pfingstkirchen, Charismatische Bewegung und ACK-Kirchen im Gespräch: Was verbindet uns? Was trennt uns? Beiträge einer Konsultationstagung der Arbeitsgemeinschaft Christlicher Kirchen in Deutschland (ACK) am 4./5. September 2006 in Bonn.

Wer getauft ist – vom Geist Gottes getauft ist – das ist an den Wirkungen zu erkennen, die der Geist hinterlässt. Wer vom Geist Gottes nicht ergriffen ist, ist nicht getauft – zumindest nicht geistgetauft.

Die bisherigen Darlegungen zum Begriff „Wort" im Rahmen dieses dritten Aspektes im Themenkreis „Differenzen" liegt darin begründet, dass ich kurz den Fokus darauf legen möchte, dass es in der Ökumene Anstrengungen gibt, sich über die Wirksamkeit der in sakramentalen Zeichenhandlungen gesprochenen Worte zu verständigen. Was geschieht, wenn der Vorsteher / die Vorsteherin der Tauffeier sagt: „Ich taufe Dich". Die Römisch-Katholische Kirche steht unter dem Verdacht, die sakramentale Worthandlung als „automatisch" wirksam, ohne antwortenden Glauben zum Ziel führend zu verstehen. Ein Sakrament ist dann ein „signum efficax", ein wirksames Zeichen, das „ex opere operato" wirkt – kraft des vollzogenen Vollzugs. Ist es so? Warum verhalten sich getaufte Menschen dann aber so unterschiedlich? In der Sakramentenlehre ist es wichtig geworden, die Wirksamkeit der in der sakramentalen Feier gesprochenen Worte – mit Anleihen bei den Sprachwissenschaften – differenziert zu bedenken. Die Worte haben zuallererst repräsentativen Charakter; es handelt sich um ein öffentliches Zeugnis für Gottes Wesen und Handeln. Die Worte stellen keine neue Wirklichkeit her, sie stellen vielmehr die unabhängig von der Worthandlung bestehende Wirklichkeit Gottes dar. Liturgische Feiern vergegenwärtigen leibhaftig, sinnenhaft, konkret, anschaulich, was von Gott gegeben ist: Gottes Verheißung, von ihm auch als Sünder und Sünderin angenommen und bejaht zu sein; und Gottes Verheißung, im Sterben nicht im Tod zu bleiben. Das Taufwort verspricht dies – und es erbittet zugleich, mit dem gesamten Leben zu erweisen, dass dieses Wort verlässlich ist, dass sich damit getrost leben und sterben lässt – nicht unangefochten, nicht allein – nein, in der Gemeinschaft derer, die ihre Hoffnung auch an Jesus Christus festmachen.

4. Die Taufe – das einzige Sakrament der Versöhnung?

Aus römisch-katholischer Sicht sind die Eigenarten der „zweiten Buße" (Paenitentia secunda) nach der „ersten Buße" in der Taufe im Themenkreis mitzubedenken. Die römisch-katholische Tradition kennt das Sakrament der Versöhnung für Getaufte. Dahinter steht die Vorstellung, dass sich auf Getaufte ein Anspruch auf eine Existenz in der Christusnachfolge richtet, der sich von jenem Anspruch unterscheidet, der für Ungetaufte gilt. Getaufte haben versprochen, im Geist Jesu Christi zu handeln. Wer dem zuwider handelt, schädigt auch die Glaubwürdigkeit der Glaubensgemeinschaft. Diese ist berufen, die nicht gegebene Einstimmung zwischen dem Taufversprechen und der Lebensexistenz eines Menschen zu thematisieren. Es stellen sich viele Fragen heute im Blick auf das Sakrament der Versöhnung. Nach meiner Wahrnehmung sind diesbezüglich die ökumenischen Möglichkeiten noch längst nicht ausgeschöpft.[37]

V. Ökumenische Perspektiven

Noch immer kennen wir uns in der Ökumene zu wenig, nehmen selten Teil an den liturgischen Feiern in den anderen christlichen Traditionen. Teilhabe am Reichtum der Geschichte der vielen Konfessionen – das ist eine ökumenische Perspektive. Jede soll dabei für sich selbst sprechen, die eigene Praxis begründen – und gewiss auch ins Nachdenken kommen angesichts bestehender Unterschiede. Einige Aspekte möchte ich abschließend zusammenfassend beschreiben, die in der heutigen ökumenischen Situation angesichts der Konvergenzen in der Tauflehre hoffnungsvoll stimmen.

1. Nicht unterschiedslos taufen

Nicht unterschiedslos taufen – dies mahnt schon die Lima-Konvergenzerklärung von 1982[38] an. Gemeint war damals eine Ermahnung jener Kirchen, die Kinder taufen, in ihrer Praxis zu prüfen, ob denn wirklich im Umfeld des Kindes christusgläubige Menschen leben, so dass nach menschlichem Ermessen gesichert sein könnte, dass das Kind im Glauben wachsen kann. Heute gilt dieses Wort über eine differenzierte Taufpraxis auch für die täuferischen Kirchen, die nur die Erwachsenentaufe kennen. Bei einer Konversion taufen viele von ihnen auch nicht mehr unterschiedslos. Manche anerkennen die Gewissensentscheidung neuer Mitglieder, die als Kinder getauft wurden, wenn diese meinen, diese Form der Taufe habe sich in ihrem Leben als wirksam erwiesen.

Beide Traditionen gehen also Schritte aufeinander zu. Beide halten an der notwendigen Verbindung zwischen Taufe und Glaube fest. Beide wissen um den Wegcharakter des Glaubenslebens. Beide wissen, dass der Glaube nur in Gemeinschaft gelebt werden kann. Beide vertrauen auf das Handeln des Geistes Gottes im Menschen.

---

[37] Die Bistumskommission Ökumene in Münster bereitet derzeit eine Veröffentlichung zu gottesdienstlichen Feiern der Versöhnung in einem ökumenischen Team vor.
[38] S. Anm. 2, bes. Nr. 16.

2. Der Taufe österlich feiernd gedenken

Es ist ein Grund für ökumenische Zuversicht, dass sich mit dem Taufgedächtnis die gemeinsame Ausrichtung auf die eine österliche Hoffnung mehr und mehr verdichtet. Das Taufgedächtnis hat – historisch betrachtet – eine intensive Verbindung zum österlichen Triduum, zu den drei österlichen Tagen. Mit der Taufe entdeckt die ökumenische Christenheit auch das gemeinsame Osterfest ganz neu. Bei den Bemühungen um eine Konkretisierung der Charta Oecumenica für die Kirchen in Deutschland[39] war der Blick auf die vorösterliche und die österliche Zeit entsprechend wichtig.

3. Aus der Taufe leben in Zeugnis und Dienst

Im Blick auf die Taufe ist dies wohl eine entscheidende Frage: Wie fördern wir alle die Einsicht bei den Getauften, dass die Gabe der Taufe zugleich eine Sendung ist: eine Sendung zum Zeugnis für Jesus Christus und eine Sendung zum Dienst an den Ärmsten der Armen? Wenn spürbarer wäre, dass wir alle aus der Taufe leben, dann wäre unsere bereits bestehende Verbundenheit in Christus Jesus deutlicher – auch für die Ungetauften erkennbarer. Vielleicht sprechen wir noch immer zu wenig über das Geschenk der Taufe. Vielleicht markiert dieses Thema keine Verlegenheitsfrage angesichts der scheinbar unlösbaren Differenzen auf der Ebene kirchlich-amtlicher Institutionalität. Vielleicht ist es ein Segen, über die Taufe immer wieder auf die Mitte des christlichen Bekenntnisses verwiesen zu sein: Wir brauchen eine paschatisch-österliche Besinnung in der Ökumene.

4. Den Blick auf die gesamte Menschheit hin weiten

Martin Luther war weder der erste noch der einzige Theologe, der in seinem Taufbüchlein[40] eine theologische Verbindung herstellte zwischen der Sintfluterzählung und der Taufe. Auch in der römisch-katholischen Tradition ist diese typologische Interpretationsweise ver-

---

[39] Konferenz Europäischer Kirchen, Rat der katholischen europäischen Bischofskonferenzen, Charta Oecumenica. Leitlinien für die wachsende Zusammenarbeit unter den Kirchen in Europa (unterzeichnet in Straßburg 2001 und von allen Mitgliedskirchen der Arbeitsgemeinschaft christlicher Kirchen in Deutschland beim Ökumenischen Kirchentag in Berlin 2003), als Heft: Genf, St. Gallen 2001, als Arbeitshilfe der Arbeitsgemeinschaft christlicher Kirchen in Deutschland: Frankfurt a. M. 2001; Ökumenische Centrale, Arbeitsgemeinschaft christlicher Kirchen in Deutschland, Gemeinsamer ökumenischer Weg mit der Charta Oecumenica (ChOe), Frankfurt a. M. 2006, [www.oekumene-ack.de].
[40] BSLK 539, 1–29.

traut. Mit der Erinnerung an die Sintflut sind wir zurückverwiesen auf die Schöpfungserzählungen, die die Wirklichkeitsbetrachtung universal ausrichten: auf die gesamte Menschheit und über sie hinaus. Ein Gedicht von Ingeborg Bachmann[41] nimmt die Sintflut-Thematik auf eigene Weise auf. Sie schreibt:

Nach dieser Sintflut
möchte ich die Taube,
und nichts als die Taube,
noch einmal gerettet sehn.

Ich ginge ja unter in diesem Meer!
flög' sie nicht aus,
brächte sie nicht
in letzter Stunde das Blatt.

Niemand muss mehr fürchten, in der Sintflut unterzugehen. Wer dies weiß, wer Gott vertraut, lebt leichter. Wer es nicht weiß, müsste sich eigentlich fürchten – nicht vor Gott, sondern vor dem tödlichen Leben mit all seiner Schuldbefallenheit. Die Taufe löst nicht magisch – ohne personale Anteilnahme – aus dem Verhängnis des Unglaubens heraus. Wir bedürfen des verstehenden Glaubens. Segenshandlungen zu Beginn des Lebens verstehen die Menschen und nehmen sie an. Die christliche Taufe ist eine andere Feier als eine Segenshandlung. Die Feier in zwei Stufen stimmt dem zu. Es bleibt auch dann noch viel zu wünschen übrig: vor allem eine Erschließung der Bedeutung des getauften Daseins im alltäglichen Leben. Jeder Mensch begegnet der Sünde und dem Tod. In der Taufe feiern Menschen Gottes Antwort als Gnadengabe: Herauslösung aus der Schuldverstrickung und ewiges Leben sind Gottes Gabe. Wir bleiben als Menschen vor Gott zeitlebens von seiner Gnade und Barmherzigkeit beschenkte Kinder – auch als Erwachsene.

---

[41] Ingeborg BACHMANN, Nach dieser Sintflut, in: dies., Werke, Bd. 1, München 1978, 154.

Kirchenrechtliche Fragen rund um die Feier der Kindertaufe

Reinhild Ahlers

Die Taufe eines Kindes ist zunächst einmal ein wichtiges pastorales Ereignis, sowohl für die Eltern als auch für die Seelsorger. Daher muss das Hauptaugenmerk zunächst einmal auf der seelsorglichen Hinführung und Begleitung der Eltern und der Paten und auf der feierlichen liturgischen Gestaltung der Tauffeier liegen. Dahinter – so sollte man meinen – treten kirchenrechtliche Fragen rund um die Kindertaufe eher in den Hintergrund und sollten es auch tun. Kirchenrechtliche Gesichtspunkte müssen beachtet werden, aber sie sind nicht das Wesentliche.

Die verwaltungskanonistische Praxis in der Generalvikariaten der Bistümer zeigt jedoch, dass gerade im Zusammenhang mit der Kindertaufe die kirchenrechtlichen Anfragen zunehmen. Wenn man bedenkt, dass das Kirchenrecht – wie andere Rechtssysteme auch – vor allem im Konfliktfall Lösungen bieten soll, dann muss man feststellen, dass Konfliktfälle im Zusammenhang mit der Kindertaufe nicht selten sind. Und das wiederum liegt darin begründet, dass in einer säkularer werdenden Welt frühere Selbstverständlichkeiten eben nicht mehr selbstverständlich sind. Eltern, die die Taufe für ihr Kind erbitten, sind nicht mehr selbstverständlich gläubig oder gar in der Kirche; manche dieser Eltern fragen nach Alternativen zum Taufsakrament; die Auswahl der Taufpaten geschieht in den wenigsten Fällen unter religiösen Gesichtspunkten. So ist der Seelsorger, wenn er um die Taufe eines Kindes gebeten wird, heute nicht mehr nur vor pastorale, sondern zunehmend auch vor kirchenrechtliche Fragen gestellt: Welche Mindestanforderungen im Hinblick auf den Glauben und die kirchliche Praxis der Eltern, die für ihr Kind die Taufe erbitten, sind notwendig? In welchen Fällen kann und muss die Taufe verweigert bzw. aufgeschoben werden? Kann in solchen Fällen eine andere, niederschwelligere liturgische Feier angeboten werden? Wie ist die Sache zu sehen, wenn das Kind bereits im Schulalter ist? Welche Anforderungen müssen an die Paten gestellt werden? Diesen Fragen soll im Folgenden nachgegangen werden.

1. Taufaufschub contra Recht auf Taufe

1.1 Das Recht auf Taufe

Das kirchliche Gesetzbuch normiert im Grundrechtskatalog der Gläubigen in c. 213 CIC das allgemeine Grundrecht aller Gläubigen auf Empfang der Heilsgüter der Kirche: „Die Gläubigen haben das Recht, aus den geistlichen Gütern der Kirche, insbesondere dem Wort Gottes und den Sakramenten, Hilfe von den geistlichen Hirten zu empfangen." Hier ist also unter anderem das allgemeine Christenrecht auf Empfang der Sakramente formuliert, eine Norm, die es rechtfertigt, dass ein solches Recht im Hinblick auf die einzelnen Sakramente nicht nochmals eigens wiederholt wird.[1] Dieses Recht ist hier grundlegend festgeschrieben und daher auch auf jedes einzelne Sakrament anzuwenden.

Im Hinblick auf die Taufe tut sich jedoch ein besonderes Problem auf. Zwar spricht c. 213 CIC allgemein von den Sakramenten, zu denen auch die Taufe gehört; insofern gibt es also ein Recht auf Taufe. In c. 213 CIC ist aber von den Gläubigen, den Christifideles, die Rede, denen dieses Recht auf Sakramentenempfang zusteht und die es in Anspruch nehmen können. Christifideles sind aber in c. 204 § 1 CIC als diejenigen definiert, die die Taufe empfangen haben. Als Getaufte haben sie in der Kirche Rechte und Pflichten. Und erst die Taufe begründet das Recht, andere Sakramente gültig zu empfangen (c. 842 § 1 CIC). Heribert Schmitz schließt daraus: „Zu den Sakramenten, die vom Grundrecht auf die Sakramente umfasst werden, kann ... nicht die Taufe gehören, da die Taufe die Grundlage für dieses Recht ist. Das Recht auf die Sakramente ist ein Christen-Recht, das nur Getauften zukommt. Ein Recht auf Taufe kann aber nur für Nicht-Getaufte relevant sein."[2]

Was für ein Recht ist das Recht auf Taufe aber dann? Die Taufe gliedert in die Kirche ein, was auch der Staat anerkennt.[3] Da dadurch das Recht auf freie Religionsausübung, das jeder Mensch in Deutschland hat, verwirklicht wird, wird man daher zunächst sagen können, dass das Recht auf Taufe zu den Menschenrechten gehört, die allen Menschen zukommen und daher auch in der Kirche gelten.

Dennoch ist aber das Recht auf Taufe auch ein genuin kirchliches

---

[1] Dennoch nimmt der CIC eine Wiederholung im Hinblick auf die Eucharistie (c. 912 CIC) und die Ehe (c. 1058 CIC) vor.
[2] Heribert Schmitz, Taufaufschub und Recht auf Taufe, in: H. Auf der Maur – B. Kleinheyer (Hg.), Zeichen des Glaubens. Studien zu Taufe und Firmung. FS Balthasar Fischer, Zürich/Freiburg 1972, 253–268, hier 255.
[3] Vgl. Urteil des Bundesverfassungsgerichtes vom 31.03.1971 (BVerfGE 30, 415 ff.).

Grundrecht. Die Kirche hat von Christus den Heilsauftrag bekommen, allen Menschen seine Botschaft zu verkünden und sie durch die Taufe zu seinen Jüngern zu machen (Mt 28,19f.). Daraus wird die Heilsnotwendigkeit der Kirche und die Verpflichtung dessen, der um sie weiß, in sie einzutreten, abgeleitet. Wenn aber der Mensch verpflichtet ist, in die Kirche einzutreten, wenn er um sie weiß, muss es entsprechend seitens der Kirche eine Pflicht geben, seiner Bitte um Aufnahme nachzukommen. So wie die Kirche die Pflicht und das Recht hat, Menschen aufzunehmen, so hat auch jeder Mensch die Pflicht und das Recht, aufgenommen zu werden. Deshalb kann man sagen, dass analog zu den Christenrechten auf Empfang der Sakramente auch ein Recht auf Empfang der Taufe besteht.

Dieses Recht bezieht sich zunächst einmal auf den erwachsenen Taufbewerber. Kinder, insbesondere Säuglinge können selbst der Kirche gegenüber keine Rechte wahrnehmen bzw. überhaupt artikulieren. Deshalb müssen die Eltern das Recht auf Taufe für ihre Kinder wahrnehmen. Nach c. 867 § 1 CIC sind Eltern verpflichtet, ihre Kinder innerhalb der ersten Lebenswochen taufen zu lassen. Sie sollen sich bald nach der Geburt, möglichst sogar schon vorher, an den Pfarrer wenden, um die Taufe für ihr Kind zu erbitten und entsprechend darauf vorbereitet zu werden. Daraus lässt sich umgekehrt ableiten, dass die Eltern ein Recht haben, die Taufe für ihr Kind zu erbitten. Das spiegelt sich auch in den Normen des CIC wider, die von einer Pflicht bzw. von einem Recht der Eltern sprechen, ihre Kinder im Glauben zu erziehen.[4]

Insgesamt kann man sagen, dass der kirchliche Gesetzgeber größten Wert darauf legt, dass die Menschen – seien sie Erwachsene oder Kinder – die Taufe empfangen, damit sie zur Kirche gehören und zum Heil gelangen.

1.2 Taufaufschub

Die Spendung der Taufe kann jedoch nicht voraussetzungslos geschehen. Die Kirche versteht sich selbst als von Christus gestiftete Glaubens- und Heilsgemeinschaft, der das depositum fidei (c. 747 CIC), das Glaubensgut, anvertraut ist und die von daher von demjenigen, der zu ihr gehören will, verlangt, den darin enthaltenen Glaubenswahrheiten zuzustimmen. Deshalb werden an Taufbewerber gewisse Anforderungen gestellt, die traditionell benannt werden mit Taufglaube, Taufbitte und Taufversprechen. So wird vom erwachsenen Taufbewerber erwartet, dass er daran glaubt, dass Gott in der

---

[4] Vgl. z. B. cc. 226 § 2; 1136 CIC.

Taufe sein Heil schenkt, dass er die Taufe aus freiem Willen erbittet und dass er verspricht, ein dem Glauben gemäßes Leben zu führen. Bei der Kindertaufe erbitten die Eltern stellvertretend für ihr Kind die Taufe, müssen über die Bedeutung der Taufe und die damit zusammenhängenden Verpflichtungen belehrt sein und bereit sein, ihr Kind im katholischen Glauben zu erziehen.

Wenn Eltern jedoch um die Taufe ihres (Klein-)Kindes bitten, haben Seelsorger zunehmend Bedenken, die Taufe zu spenden, weil in der Familie des Täuflings das religiöse Wissen nur noch rudimentär vorhanden ist oder gar gänzlich fehlt. Es geht der Familie oftmals weniger um den Empfang eines Sakramentes und um die Eingliederung ihres Kindes in die Kirche, als um eine Familienfeier anlässlich der Geburt des Kindes. Dabei fühlen Priester sich oft als eine Art „Zeremonienmeister", der dem Vorgang die gewünschte Feierlichkeit verleiht. Sie lehnen deshalb eine Taufspendung immer häufiger ab und berufen sich dabei darauf, dass die Bereitschaft der Eltern fehlt, das Kind im katholischen Glauben zu erziehen.

Damit ist das Instrumentarium des so genannten Taufaufschubs angesprochen. In c. 868 § 1 n. 2 CIC heißt es nämlich: „es muss die begründete Hoffnung bestehen, dass das Kind in der katholischen Religion erzogen wird; wenn diese Hoffnung völlig fehlt, ist die Taufe gemäß den Vorschriften des Partikularrechts aufzuschieben; dabei sind die Eltern auf den Grund hinzuweisen." Im CIC von 1917 war eine solche Möglichkeit des Taufaufschubs nicht ausdrücklich erwähnt; zwar nannte das alte Gesetzbuch auch gewisse Voraussetzungen für die Taufspendung, rechnete aber offensichtlich nicht damit, dass diese fehlen könnten. Die Deutsche Bischofskonferenz hat im Jahre 1970 eine Pastoralanweisung zur Unterstützung der Seelsorger in diesem Anliegen erlassen.[5] Diese Anweisung schreibt das Taufgespräch zwingend vor, wenn „beide Eltern notorisch nicht nur die religiöse Praxis aufgegeben haben, sondern als ungläubig anzusehen sind".[6] Weiter wird ausgeführt: „Wird die Teilnahme am Taufgespräch in einem solchen Fall abgelehnt oder verläuft es ergebnislos, so darf die Taufe – auch wenn die Eltern bei ihrer Bitte bleiben – vorerst nicht gespendet werden, es sei denn, eine fest im Familienverband lebende Person verpflichtet sich unter Zustimmung der Eltern vor dem Seelsorger, für eine religiöse Erziehung des Kindes Sorge zu tragen."[7] Die Entscheidung ist mit dem Dechanten abzu-

---

[5] Pastoralanweisung der Deutschen Bischofskonferenz über die Einführung eines Taufgespräches mit den Eltern vor der Spendung der Taufe vom 24. September 1970, in: KABl Münster CIV (1970) 147–148.
[6] Ebd. Nr. 8.
[7] Ebd. Nr. 9.

stimmen.[8] Auch die Gemeinsame Synode der Bistümer in der Bundesrepublik Deutschland (= Würzburger Synode) hat sich mit dem Taufaufschub befasst und als Gründe dafür benannt, dass die Eltern nicht aus religiösen Motiven um die Taufe bitten, sich nicht zum Glauben bekennen, nicht bereit sind zur christlichen Erziehung des Kindes, dem Taufgespräch fernbleiben.[9] Und schließlich haben die Deutschen Bischöfe im Jahre 1979 noch einmal eine pastorale Anweisung zur rechtzeitigen Taufe der Kinder gegeben, in der es heißt: „Ein Taufaufschub ist dann und nur dann notwendig, wenn beide Eltern ungläubig sind und sich weigern, ihrem Kind die nötige Glaubenserziehung zu vermitteln. Das Taufgespräch gewinnt in diesem Fall besondere Bedeutung, soll doch der Taufaufschub nicht als Verweigerung, sondern viel mehr als ein Angebot zur Klärung von Glaubensschwierigkeiten und zur Erneuerung des Glaubenslebens der Eltern sowie zur Übernahme ihrer religiösen Verpflichtung für das Kind verstanden werden. Die Taufe darf erst gespendet werden, wenn jemand im Lebensbereich des Kindes bereit ist, das Kind in den Glauben und das Leben der Kirche einzuführen."[10] All diese Ausführungen können als das in c. 868 § 1 n. 2 CIC angesprochene Partikularrecht betrachtet werden, so dass sich folgende Rechtslage hinsichtlich des Taufaufschubs ergibt:
1. Gründe für einen Taufaufschub liegen ausschließlich im Glaubensbereich der Eltern.
2. Der defizitäre Glaube der Eltern bzw. ihre mangelnde Bereitschaft, ihr Kind im Glauben zu erziehen, kann durch eine andere Person ersetzt werden; diese muss allerdings die reale Möglichkeit haben, Einfluss auf das Kind zu nehmen.
3. Der Taufaufschub darf nicht als Taufverweigerung verstanden werden, sondern beinhaltet ein bleibendes Angebot, das den Seelsorger in die Pflicht nimmt, mit den Eltern über ihren Glauben im Gespräch zu bleiben.
4. Die Entscheidung über einen Taufaufschub soll der Taufspender nicht allein fällen, sondern in Absprache mit dem Dechanten, um eine einheitliche Praxis zu gewährleisten.

Berücksichtigt man diese Eckdaten, so wird es in der Praxis nur wenige Fälle geben, die einen Taufaufschub rechtfertigen, ohne das Recht auf Taufe auszuhöhlen. Es sollte von dieser Möglichkeit daher

---

[8] Vgl. ebd. Nr. 10.
[9] Vgl. Schwerpunkte heutiger Sakramentenpastoral, in: Gemeinsame Synode der Bistümer in der Bundesrepublik Deutschland. Beschlüsse der Vollversammlung. Offizielle Gesamtausgabe I, Freiburg 1976, 238–275, 252, Nr. 3.1.4.
[10] Pastorale Anweisung an die Priester und Mitarbeiter im pastoralen Dienst zur rechtzeitigen Taufe der Kinder. 12. Juli 1979 (Die Deutschen Bischöfe 20).

nur sehr behutsam Gebrauch gemacht werden. Die Entscheidung kann nur für den jeweiligen Einzelfall getroffen werden. So kann man etwa nicht generell sagen, dass ein uneheliches Zusammenleben der Eltern oder ein Leben in einer kirchlich ungültigen Ehe ein zwingender Grund für einen Taufaufschub ist, sondern nur dann, wenn die Ehesituation Ausdruck eines defizitären Glaubens ist. Wenn beide Elternteile aus der Kirche ausgetreten sind, werden sie ihrem Kind natürlich schwer vermitteln können, dass es gut ist, in der Kirche zu sein, jedoch kann dann auf die Möglichkeit zurückgegriffen werden, dass eine andere Person die Glaubensvermittlung übernimmt.

2. Segensfeier statt Taufe – eine echte Alternative?

Es kommt vor, dass Eltern nicht die Taufe für ihr Kind erbitten, aber trotzdem ein Fest anlässlich der Geburt des Kindes möchten, in dem der Segen Gottes für das Kind erbeten wird.

Ein Modell für die Segnung eines (neugeborenen) Kindes, das Hans Michael Ehl vorstellt, ähnelt im Ablauf sehr einer Tauffeier. Es beinhaltet nach der Begrüßung ein Gespräch mit den Eltern über den Namen des Kindes und die Bereitschaft der Eltern, die Verantwortung für das Kind und die Begleitung des Kindes zu übernehmen, ein Gebet um den Segen Gottes, Lesung und Ansprache, Fürbitten durch Familienmitglieder und Mitfeiernde, Handauflegung, Salbung mit Katechumenenöl, Anzünden der Erinnerungskerze, Vaterunser und Segensgebet.[11] Der Autor, der eine solche Segensfeier offenbar selbst gehalten hat, berichtet, die Feier habe, anders als manche Taufe, kein Unbehagen ausgelöst; sie habe in die Lebens- und Glaubenssituation der Menschen gepasst und sei ehrlich gewesen.

Sicher hat der Segen im Leben der Kirche einen hohen Stellenwert und zeugt von der immerwährenden Zuwendung Gottes zu den Menschen. Segnungen sind daher gerade an den Knotenpunkten menschlichen Lebens sinnvoll und gefragt. Ein Segen ist aber kein Sakrament. Unbeschadet dessen, dass das Heilsgeschehen zwischen Gott und Mensch nicht auf das Sakrament beschränkt ist, kann die Kirche das von Gott kommende Heil verlässlich nur im Zeichen und Wort des Sakramentes zusagen. Die Taufe und die Zugehörigkeit zur Kirche als Ursakrament verbürgt kirchlicherseits das Heilsangebot Gottes. Deshalb ist eine Taufe anzustreben, zumal auch nur aus ihr Rechtswirkungen erwachsen können. Erst und nur durch die Taufe

---

[11] Hans Michael EHL, Segensfeier statt Taufe?, in: Pastoralblatt für die Diözesen Aachen, Berlin, Essen, Hildesheim, Osnabrück 1/1995, 21–23.

wird der Mensch Person in der Kirche mit Rechten und Pflichten (c. 96 CIC).[12]

Nun wird man sagen können, dass in dem Fall, in dem Eltern dies für ihr Kind nicht oder noch nicht wollen, ein Segen jedenfalls mehr ist als nichts, was unzweifelbar richtig ist. Es ist sogar möglich, dass Eltern mit Glaubensschwierigkeiten durch eine solche Segensfeier für ihr Kind dem Glauben und der Kirche wieder näher kommen. Dennoch wird die Kanonistin dieser pastoralen Lösung eher skeptisch gegenüberstehen, da sie eine große Gefahr der Verwechslung in sich birgt. Nach c. 876 CIC kann eine Taufspendung durch einen Zeugen nachgewiesen werden, wenn sonst kein Nachweis zu erbringen ist. Hat eine Segensfeier stattgefunden, besteht die Gefahr, dass später behauptet wird, es sei eine Taufe gespendet worden, obwohl es sich tatsächlich um einen Segen gehandelt hat. Hans Michael Ehl, der eine solche Segensfeier beschreibt, spricht von der „Handauflegung der Eltern und des *Taufenden*". Um wie viel eher kann dann aber bei den Mitfeiernden, die ja in der Regel der Kirche eher fern stehen, das Missverständnis entstehen, es habe sich um eine Taufe gehandelt, und sie werden mit bestem Gewissen schwören, dabei gewesen zu sein.

Wohl auch deshalb heißt es in der Pastoralen Einführung zum neuen Kindertaufritus[13]: „Falls Eltern anlässlich des Taufaufschubs um einen Segen für ihr Kind bitten, so ist deren konkrete Lebenssituation ernst zu nehmen, zugleich aber auch das Evangelium und die Botschaft, die die Kirche zu vertreten hat. Deshalb ist alles zu vermeiden, was den Eindruck erwecken könnte, das gemeinsame Gebet und der Segen seien ein Ersatz für die Taufe. Dies gilt besonders für die Verwendung von Weihwasser und die Segnung mit der trinitarischen Segensformel. Alles kirchliche Handeln soll vielmehr als Beginn eines Weges auf eine spätere Taufe hin verstanden werden."[14] Der neue Kindertaufritus sieht für den Fall, dass „der Tauffeier eine längere Vorbereitungszeit vorausgeht"[15], eine „Feier der Kindertaufe in zwei Stufen" vor, deren erste Stufe eine liturgische Feier unter der Überschrift „Die Feier der Eröffnung des Weges zur Taufe" ist. Diese Feier besteht nach der Begrüßung, dem Einzug und der Besin-

---

[12] Unter dieser Rücksicht ist es unverständlich, warum Ehl die Segensfeier „zur späteren Vorlage bei der Anmeldung zum Kindergarten usw. pfarramtlich bescheinigt" wissen will: EHL, Segensfeier statt Taufe, 22.
[13] Die Feier der Kindertaufe in den Bistümern des deutschen Sprachgebietes. Zweite authentische Ausgabe auf der Grundlage der Editio typica altera 1973, Freiburg u.a. 2007.
[14] Die Feier der Kindertaufe, Pastorale Einführung, hg. vom Sekretariat der Deutschen Bischofskonferenz (Arbeitshilfen 220), Bonn 2008, 14f., Nr. 20.
[15] Ebd. 20, Nr. 35.

nung auf die Namensgebung aus vier Teilen: dem (1) Lobpreis Gottes und Dank für die Geburt, dem (2) Wortgottesdienst mit Schriftlesung(en) und Homilie, der (3) Eröffnung des Weges mit der Befragung der Eltern und der Paten nach ihrer Bereitschaft, das Kind in den Glauben einzuführen, der Bezeichnung des Kindes mit dem Kreuz, der Anrufung der Heiligen und Fürbitten, dem Exorzismus-Gebet und der Salbung mit dem Katechumenenöl und schließlich dem (4) Abschluss mit Segen und Entlassung. Aus den Texten dieser Feier und aus der pastoralen Einführung geht deutlich hervor, dass diese Feier nicht für sich stehen, sondern zu der späteren Tauffeier hinführen soll. Es bleibt abzuwarten, ob diese Form in diesem Sinne rezipiert wird.

3. Taufe von Schulkindern

Wenn Eltern ihr Kind nicht als Säugling taufen lassen, dann oft deshalb, weil das Kind später selber (mit)entscheiden soll, ob es getauft werden möchte. In solchen Fällen kommt die Frage nach der Taufe oft auf, wenn in der Jahrgangsstufe die Erstkommunion oder die Firmung anstehen. Von liturgischer Seite wurde für diese Fälle im Jahre 1986 „Die Eingliederung von Kindern im Schulalter in die Kirche" erarbeitet.[16] In der pastoralen Einführung wird ausgeführt: „Der vorliegende Teil des Rituale regelt die Eingliederung von Kindern im Schulalter in die Kirche. Gemeint sind Kinder im Alter von etwa 6 bis 14 Jahren. Diese Kinder haben einerseits schon ‚die Jahre der Unterscheidung' erreicht; sie beginnen, ihre Vernunft zu gebrauchen, zwischen Gut und Böse zu unterscheiden und persönliche Glaubensentscheidungen zu treffen. Andererseits sind sie noch nicht im vollen Sinn ‚erwachsen'. Sie befinden sich noch in einer kindlichen Entwicklungsphase, sind auf ihre Eltern und Erziehungsberechtigten angewiesen und von ihnen abhängig und können leicht von ihrer Umgebung beeinflusst werden. Während also ‚Die Feier der Kindertaufe' (im Säuglingsalter) bei dieser Altersgruppe nicht mehr angewandt werden kann, würde doch ‚Die Feier der Eingliederung Erwachsener in die Kirche' diese Kinder überfordern. Deshalb wird hier eine Form der Eingliederung in die Kirche vorgelegt, die den

---

[16] Die Eingliederung von Kindern im Schulalter in die Kirche. Studienausgabe für die katholischen Bistümer des deutschen Sprachgebietes. Erarbeitet von der Internationalen Arbeitsgemeinschaft der Liturgischen Kommissionen im deutschen Sprachgebiet, herausgegeben von den Liturgischen Instituten Salzburg, Trier, Zürich, Freiburg u. a. 1986.

besonderen Erfordernissen gerade dieser Altersgruppe Rechnung trägt."[17]

Rechtlich gesehen ist die Taufe einer Person ab Vollendung des 7. Lebensjahres eine Erwachsenentaufe. C. 852 § 1 CIC normiert: „Die in den Canones über die Taufe Erwachsener enthaltenen Vorschriften beziehen sich auf alle, die dem Kindesalter entwachsen, den Vernunftgebrauch erlangt haben." Und nach c. 97 § 2 CIC ist von der Erlangung des Vernunftgebrauchs auszugehen, wenn jemand das 7. Lebensjahr vollendet hat. C. 863 CIC normiert, dass Taufen von solchen, die dem Kindesalter entwachsen sind, mindestens aber derer, die das 14. Lebensalter vollendet haben, dem Diözesanbischof anzutragen sind, damit sie von ihm persönlich gespendet wird, wenn er dies für angebracht hält. Die deutschen Bischöfe haben das Beantragungsalter für Erwachsenentaufen auf die Vollendung des 14. Lebensjahres heraufgesetzt. Das setzt jedoch die Norm des c. 852 § 1 CIC außer Kraft, nach dem in Verbindung mit c. 97 § 1 CIC die Taufe einer Person, die das 7. Lebensjahr vollendet hat, eine Erwachsenentaufe ist. Taufen von Kindern zwischen 7 und 14 Jahren sind daher – obwohl sie wie Kindertaufen behandelt werden – nicht nur pastoral, sondern auch rechtlich anders zu beurteilen, als Taufen von Kindern unter 7 Jahren. Dies betrifft vor allem die Anforderungen an den Glauben der Eltern. Sicher brauchen solche Kinder noch die Führung und Begleitung der Eltern, aber rechtlich betrachtet haben sie einen eigenen Anspruch auf die Taufe, so dass sie mit dem Hinweis auf den Kirchenaustritt oder die fehlende Glaubenspraxis der Eltern nicht ohne Weiteres zurückgewiesen werden können. Wenn etwa ein 10jähriges Kind den Wunsch äußert, getauft zu werden, während die Eltern ihren Glauben verloren und die kirchliche Praxis aufgegeben haben, so kann dieses Kind – nachdem es gebührend vorbereitet wurde – getauft werden. Sinnvoll ist es in diesem Fall sicherlich, dass das Kind einen Paten hat, der es anschließend weiter begleitet.

4. Taufpaten

„Einem Täufling ist, soweit dies geschehen kann, ein Pate zu geben", heißt es in c. 872 CIC. Wenngleich also ein Pate nicht zwingend erforderlich ist, geht der kirchliche Gesetzgeber doch davon aus, dass die Anwesenheit eines Paten bei der Taufe der Normalfall ist. Und bei den Gläubigen hat das Taufpatenamt einen ungeheuer großen

---

[17] Ebd. Pastorale Einführung Nr. 5.

Stellenwert: Geht man von der Häufigkeit entsprechender Anfragen in den Kirchenrechtsabteilungen der Generalvikariate rund um das Thema Taufpatenschaft aus, könnte man meinen, es handelt sich um das wichtigste Amt in der Kirche überhaupt.

Das kirchliche Gesetzbuch umschreibt die Aufgaben des Paten in c. 872 CIC wie folgt: „Der Pate hat dem erwachsenen Täufling bei der christlichen Initiation beizustehen; das zu taufende Kind bringt er zusammen mit den Eltern zur Taufe; er hat außerdem dabei mitzuhelfen, dass der Getaufte ein der Taufe entsprechendes christliches Leben führt und die damit verbundenen Pflichten treu erfüllt. Es sollen an dieser Stelle nicht alle Zulassungsvoraussetzungen für das Taufpatenamt genannt werden. Angesichts der Aufgaben der Paten ist eine der wesentlichsten Voraussetzungen die Zugehörigkeit zur katholischen Kirche".[18]

4.1 Der nichtkatholische Christ als Taufzeuge

Ein Taufpate bei einer katholischen Taufe muss der katholischen Kirche angehören, weil er sowohl Begleiter des Täuflings im Glauben als auch Vertreter der Gemeinde und Bürge für den Glauben des Getauften ist. Ein nichtkatholischer Christ kann daher nicht Taufpate sein. Aufgrund der ekklesiologischen Neuakzentuierungen des II. Vatikanischen Konzils ist es aber nunmehr möglich, dass ein nichtkatholischer Christ bei einer katholischen Taufe zusammen mit einem katholischen Paten als Taufzeuge zugelassen wird (c. 874 § 2 CIC). Es handelt sich dabei nicht nur um einen Beweiszeugen der Taufe, sondern um einen christlichen Zeugen (testis christianus), der dem Täufling gegenüber Zeugnis vom christlichen Glauben ablegen und zusammen mit dem katholischen Paten Achtung vor dem Glauben des anderen bezeugen soll.[19] Gerade weil diese gemeinsame Taufpaten- bzw. -zeugenschaft einen ökumenischen Grund und Hintergrund hat, darf ein solcher christlicher Zeuge nicht ohne einen Paten zugelassen werden. Würde man dies tun, würde man den nichtkatholischen Zeugen zu einem bloßen Beweiszeugen degradieren, denn er allein kann die entsprechenden Aufgaben nicht erfüllen.

---

[18] Eine Ausnahme davon besteht für orthodoxe Christen, die aufgrund der engen Gemeinschaft zwischen der katholischen Kirche und den orthodoxen Kirchen zusammen mit einem katholischen Paten auch als Pate zugelassen werden können: Vgl. Päpstlicher Rat zur Förderung der Einheit der Christen, Direktorium zur Ausführung der Prinzipien und Normen über den Ökumenismus. 25. März 1993 (Verlautbarungen des Apostolischen Stuhls 110), Nr. 98b.

[19] Vgl. dazu ausführlicher Reinhild AHLERS, Das Tauf- und Firmpatenamt im Codex Iuris Canonici, Essen 1996, 56–61.

Obwohl also gemäß c. 872 CIC die Taufe auch ohne Paten möglich ist, sollte man aus ökumenischen Gründen die Norm des c. 874 § 2 CIC nicht umgehen und einen christlichen Taufzeugen nur zusammen mit einem katholischen Paten zulassen.

4.2 Kirchenaustritt und Patenschaft

In heutiger Zeit wird zunehmend die Frage gestellt, ob auch ein aus der Kirche ausgetretener Katholik das Amt des Taufpaten übernehmen kann. Hintergrund dafür ist häufig die Auffassung, dass der Pate die Aufgabe hat, für das Kind zu sorgen, wenn den Eltern etwas zustoßen sollte. Und dafür scheint in vielen Fällen nun gerade einmal der Verwandte oder Freund geeignet zu sein, der aber leider der Kirche den Rücken gekehrt hat. Dies ist jedoch eine irrige Auffassung, sowohl aus staatlicher als auch aus kirchlicher Sicht. Bei den Vormundschaftsgerichten gibt es keine Direktive, die Paten bei der Auswahl eines Vormundes zu bevorzugen.[20] Weil es bei den Aufgaben des Paten um rein religiöse Dinge geht, verlangt das Gesetzbuch in c. 874 § 1 n. 3 CIC für einen in Aussicht genommenen Paten, dass er neben der vollen Initiation in die katholische Kirche auch ein Leben führt, dass dem Glauben und dem zu übernehmenden Dienst entspricht.

Ohne hier auf die rechtliche Qualität der Erklärung des Kirchenaustrittes vor einer staatlichen Behörde eingehen zu wollen[21], wird an dieser Stelle doch konstatiert, dass ein Katholik, der seinen Austritt aus der Kirche erklärt hat, in aller Regel kein kirchlich beheimatetes religiöses Leben führt. Ein solcher nicht aktiver Christ kann schwerlich die Aufgaben eines Paten übernehmen. Hans Paarhammer schreibt im Hinblick auf c. 874 § 1 n. 3 CIC: „‚Catholicus‘ meint hier ... die tatsächliche, d. h. praktizierende, sowohl essentielle als auch existentielle Zugehörigkeit zur katholischen Kirche. Ein abgefallener Katholik oder ein den Glauben nicht praktizierender Katholik kann hier aufgrund des Kontextes, den diese Norm bietet, nicht gemeint sein. Dies wird deutlich aus dem Zusatz, dass der Pate ein Leben führen muss, das dem Glauben und dem zu übernehmenden Dienst entspricht."[22] Der Sinn dieses zuletzt genannten Erfordernisses lässt sich aus den in c. 872 CIC genannten Aufgaben des

---

[20] Vgl. ebd. 20.
[21] Vgl. dazu Klaus LÜDICKE, in: Münsterischer Kommentar zum Codex Iuris Canonici, 1086, 3; kontrovers dazu Joseph LISTL, Die Rechtfolgen des Kirchenaustritts in der staatlichen und kirchlichen Rechtsordnung, in: Winfried Schulz (Hg.), Recht als Heilsdienst. FS Matthäus Kaiser, Paderborn 1989, 160–186.
[22] Hans PAARHAMMER, „Speciali autem modo a patrinis". Überlegungen zum Paten-

Paten erschließen. Ein nicht praktizierender Katholik wird kaum in der Lage sein, ein christliches Leben und die damit verbundenen Pflichten zu vermitteln. Oder anders gesagt: Er wird seinem Taufkind nicht vermitteln können, dass es gut ist, in der Kirche zu sein, während er selber nicht zu ihr gehört. Bei der Beantwortung der Frage, ob ein aus der Kirche ausgetretener Katholik Taufpate sein kann, wird es also immer um eine Antwort darauf gehen, ob der in Aussicht genommene Pate seinen damit verbundenen Aufgaben in geeigneter Weise gerecht werden kann. Dazu gehört zunächst wesentlich, dass er selbst das Sakrament der Taufe empfangen hat, aber auch, dass er den katholischen Glauben kennt und bekennt sowie in aktiver Gemeinschaft mit der katholischen Kirche steht. Bei einem aus der Kirche ausgetretenen Katholiken steht die Vermutung dafür, dass er nicht in dieser aktiven Gemeinschaft steht.

Da das Taufpatenamt zumindest eine Art von Amt in der Kirche[23], das immerhin mit der Aufgabe verbunden ist, religiöses Leben zu vermitteln und den katholischen Glauben weiterzugeben, sollte man es ernst nehmen. Um auch in einer säkularen Welt das spezifisch Christliche des Patenamtes im Blick zu behalten, sollte der ausgetretene Katholik bestenfalls auf privater, familiärer Ebene zum Begleiter des Kindes ernannt, aber nicht mit einem kirchlichen Auftrag betraut werden.

4.3 Wechsel von Taufpaten

Die bei Weitem am häufigsten gestellte Frage im Zusammenhang mit dem Taufpatenamt ist die nach der Möglichkeit des Wechsels eines Paten. Diese Frage wird oft dann gestellt, wenn ein Kind bei seiner Taufe zwar einen Paten bekommen hat, dieser aber seine Aufgaben nicht (mehr) erfüllt und sich nicht (mehr) um die religiöse Erziehung und Begleitung seines Taufkindes bemüht. In solchen Fällen wird an den Pfarrer oftmals die Bitte herangetragen, den Paten im Taufbuch zu streichen und durch einen neuen Paten zu ersetzen. Eine solche Bitte muss jedoch abgelehnt werden. Zum einen ist das Taufbuch eine kirchenamtliche und als solche auch im staatlichen Bereich anerkannte Urkunde, in der keine Streichungen vorgenommen werden dürfen. Es wird im Taufbuch die Amtshandlung Taufe dokumentiert; und bei dieser Amtshandlung war diese bestimmte Person Pate. Zum anderen kann ein Pate nicht im Nachhinein durch einen

---

amt im geltenden Kirchenrecht, in: Hans Paarhammer und Alfred Rinnerthaler (Hg.), Scientia Canonum. FS Franz Pototschnig, München 1991, 377–398, 385.
[23] Vgl. AHLERS, Tauf- und Firmpatenamt (s. Anm. 19), 4–8.

anderen Paten ersetzt werden, selbst dann nicht, wenn dieser „Ersatz-Pate" seinerzeit bei der Tauffeier anwesend war, da er nicht bei der Taufe seiner Bereitschaft zur Übernahme des Patenamtes erklärt hat und nicht als Pate von der Kirche angenommen worden war. Pate wird man bei der Taufe; eine nachträgliche Benennung eines Taufpaten ist nicht möglich.[24] Dennoch ist es natürlich ein berechtigtes Anliegen, wenn Eltern, deren Kind einen Paten hat, der seine Aufgaben nicht erfüllt, weil er etwa den Kontakt zur Familie abgebrochen oder seinen Glauben aufgegeben hat, ihrem Kind einen neuen Paten vermitteln möchten, ebenso wie sie das vielleicht tun würden, wenn ein Pate verstorben ist. In solchen Fällen ist es möglich und ratsam, eine andere Person zu bitten, die Aufgaben eines Paten zu übernehmen. Diese Person könnte als Ehrenpate bezeichnet werden; sie ist also kein Pate im rechtlichen Sinn, aber jemand, der an der Erziehung und Begleitung des Kindes mitwirkt und der anlässlich der Firmung auch das Firmpatenamt übernehmen kann.

5. Schlussüberlegung

In einer Zeit, in der der christliche Glaube und damit auch der Sakramentenempfang nicht mehr selbstverständlich sind, sind die Seelsorger in besonderem Maße aufgefordert, die Voraussetzungen für die Spendung und den Empfang der Sakramente zu prüfen, wollen sie sich auf Dauer nicht wie Statisten bei der Begehung von Familienfesten fühlen, die durch den kirchlichen Rahmen eine besondere Feierlichkeit verliehen bekommen, aber ansonsten keine theologische und religiöse Dimension mehr zu haben scheinen. Das Kirchenrecht gibt dazu Instrumentarien an die Hand, wie z. B. den Taufaufschub. Auf der anderen Seite sollte man sich jedoch auch immer wieder dessen bewusst sein, dass Christus der eigentliche Spender der Sakramente ist und Gott in ihnen wirkt. Das Geschehen zwischen Gott und Mensch im Sakrament lässt sich nicht kirchenrechtlich erfassen. Deshalb sollte das Recht auf Sakramenten-empfang auch und gerade bei der Taufe an oberster Stelle stehen und von den Mitteln der Beschneidung dieses Rechtes nur sehr zurückhaltend und bei Vorliegen einer wirklichen Notwendigkeit Gebrauch gemacht werden.

---

[24] Auch die CIC-Reformkommission hatte das so gesehen. Noch das Schema von 1980 hatte in c. 827 § 2 die Möglichkeit vorgesehen, beim Wegfall eines Paten einen neuen Paten zu bestimmen und ins Taufbuch einzutragen. Diese Bestimmung ist fallengelassen worden; sie wurde als bloße, wahrheitswidrige Fiktion bezeichnet.

Praxis der Kindertaufe in der evangelischen Kirche
Theologische, liturgische und katechetische Aspekte

Hanns Kerner

Evangelische Taufpraxis ist im Umbruch. War die Säuglingstaufe seit der Reformation sowohl bei Lutheranern wie bei Reformierten der Normalfall, so werden heute auch viele Kleinkinder, Jugendliche, insbesondere im Konfirmandenalter, und auch Erwachsene getauft. Es besteht eine Tendenz zu immer späterer Taufe. Die enge Verknüpfung von Geburt und Taufe wird zunehmend seltener. Trotz dieser Ausdifferenzierung bleibt allerdings die Kindertaufe die zahlenmäßig bei Weitem überwiegende. Und für sie spricht Vieles, auch wenn sich von der evangelischen Theologie her insbesondere seit der zweiten Hälfte des 20. Jahrhunderts die Waagschale mehr zur Erwachsenentaufe hin neigt.

1. Warum lassen heute Menschen ihre Kinder taufen?

In zwei großen empirischen soziologischen Untersuchungen, die wir von unserem Institut aus in Auftrag gegeben haben, sind wir der Spur nachgegangen, warum Eltern ihre Kinder taufen lassen wollen.[1] Dabei haben sich vor allem drei Tendenzen gezeigt. Die erste ist die Konvention. Befragte halten es einfach für „selbstverständlich", dass das Kind getauft wird, „das gehört einfach dazu". Eine Frau sagt beispielsweise: „Also, eigentlich war es klar, dass wir es machen. Von vornherein eigentlich. Also wir haben es nicht länger überlegt, ob wir das machen."[2] Hinter dieser Konvention stehen wiederum verschiedene Motive. Zum einen ist es bei manchen Eltern so, dass die Taufe für sie persönlich relevant ist, bei anderen ist es der Partner oder die Partnerin oder irgendein Verwandter, der für die

---

[1] Vgl. zum Folgenden: Haringke FUGMANN, Von Wendepunkten und Zeremonienmeistern. Die Kasualtheorie seit den 1970er Jahren im Lichte zweier neuer empirischer Untersuchungen, masch. Nürnberg 2008, 161–191, und ders.: Die Taufe. Wahrnehmungen aus zwei neuen empirischen Untersuchungen unter evangelisch Getauften in Bayern, Gottesdienst-Institut Nürnberg 2008.
[2] FUGMANN, Taufe (s. Anm. 1), 9

Entscheidung zur Taufe ausschlaggebend ist, bei wieder anderen ist es ihr Lebensumfeld, also die gesellschaftliche Konvention.

Die zweite Spur ist aus der Angst geboren. Hier erzählen Menschen davon, dass sie Angst haben, dass ihr Kind einmal in der Schule oder im Beruf Nachteile haben könnte. Da sie für ihre Kinder nur das Beste wollen, lassen sie diese vorsichtshalber taufen.

Die dritte Spur hängt mit der Erziehung zusammen. Manche Eltern möchten, dass ihre Kinder christlich erzogen werden. Da ihre Kinder mit der Taufe Glieder der Kirche sind und darum auch alle Angebote christlicher Unterweisung nutzen können, ist für diese Eltern die Taufe etwas Notwendiges.

Wenn von dem liturgischen Geschehen der Taufe erzählt wird, dann sehr elementar. Eine Frau erklärt beispielsweise: „Da wird irgendetwas erzählt und dann zum Taufspruch eine kleine Predigt gehalten. Die Patin oder der Pate gehen dann mit an den Taufstein. Wasser, ein Sprüchlein, dass sie getauft sind und dann war es das eigentlich."[3]

Wenig erfahren wir inhaltlich, was Menschen tatsächlich mit der Taufe verbinden. „Theologische Inhalte spielen ... für die Mehrheit der Interviewten keine erwähnenswerte Rolle."[4] Das mag enttäuschend sein. Deutlich wird aber, dass es der großen Mehrzahl der Befragten wichtig ist, dass ihr Kind getauft und Mitglied der Kirche wird. Auffällig ist, dass Kinder aus intakten Ehen von zwei Christen fast durchwegs getauft werden, bei Alleinerziehenden und Ehen mit einem andersgläubigen Partner bzw. einer andersgläubigen Partnerin nur etwas mehr als ein Viertel.[5] Dieses Beispiel zeigt, dass sich der Zusammenhang von Taufe und Familie nicht bestreiten lässt.

Doch nun zum Taufverständnis der evangelischen Kirchen.

2. Das Taufverständnis der evangelischen Kirchen

Evangelisches Taufverständnis geht von der biblischen Überlieferung aus. Das macht es bereits vielfältig. Es wurzelt aber auch im reformatorischen Denken und in den Traditionen der christlichen Kirche seit ihren Anfängen mit all ihren Akzentsetzungen und Wandlungen bis heute. Das macht es noch vielfältiger. Ich nähere mich heute dieser Vielfalt etwas vereinfachend. Dabei ist es wichtig zu wissen, dass

---
[3] FUGMANN, Kasualtheorie (s. Anm. 1), 4.
[4] FUGMANN, Kasualtheorie (s. Anm. 1), 189.
[5] Vgl. Petra-Angela AHRENS und Gerhard WEGNER, Analysen zum Taufverhalten der evangelischen Bevölkerung in Deutschland, masch. (Sozialwissenschaftliches Institut der Evangelischen Kirche in Deutschland), Hannover 2006, 3 ff.

die evangelischen Kirchen in Europa in einem theologischen Konsensdokument, nämlich der Leuenberger Konkordie, 1973 eine gemeinsame Taufauffassung formuliert haben. Als gemeinsames Verständnis des Evangeliums ist dabei festgehalten, dass die Taufe „im Namen des Vaters, des Sohnes und des Heiligen Geistes mit Wasser vollzogen" wird. „In ihr nimmt Jesus Christus den der Sünde und dem Sterben verfallenen Menschen unwiderruflich in seine Heilsgemeinschaft auf, damit er eine neue Kreatur sei. Er beruft ihn in der Kraft des Heiligen Geistes in seine Gemeinde und zu einem Leben aus Glauben, zur täglichen Umkehr und Nachfolge."[6] Innerhalb dieses gemeinsam gesteckten Rahmens verbleiben allerdings unterschiedliche Akzentsetzungen, auf die ich hier nur am Rand eingehen kann. Als lutherischer Theologe unterstreiche ich vorwiegend den lutherischen Akzent.

Dabei behandle ich zuerst die zentralen theologischen Aspekte der Kindertaufe, zeige dann anhand einer Taufagende, wie sie praktisch durchgeführt wird, und biete abschließend einige katechetische Gesichtspunkte.

2.1 Theologische Aspekte

Um die theologischen Aspekte deutlich zu machen, ist es nötig, die verschiedenen Zentralpunkte anzusprechen, die nach evangelischem Verständnis für die Kindertaufe sprechen. Dabei blende ich aufgrund der mir vorgegebenen Themenstellung bewusst diejenigen Aspekte und Argumente aus, die stärker dafür sprechen, erst im Erwachsenenalter zu taufen.

2.1.1 Die sakramentale Vermittlung der Heilsgabe Gottes

In der Kindertaufe wird ein zentraler evangelischer Glaubensinhalts besonders deutlich. Es ist allein Gott, der Heil schenken kann. Seine Gnade geht jeglichem menschlichen Glauben und Handeln voraus. Wie lässt sich das besser verdeutlichen als in der Taufe eines passiven Säuglings, bei dem von aktivem Hinzutreten und Bekennen natürlich keine Rede sein kann? Gott schenkt dem Menschen voraussetzungslos das Heil in Christus. Dieser reine Geschenkcharakter der göttlichen Zuwendung kommt in dem gnadenvermittelnden Geschehen der Kindertaufe zum Ausdruck.

Die Vermittlung der Taufgnade geschieht durch Wort und Zeichen. In der Tradition der evangelischen Kirche gehört zu einem Sa-

---

[6] http://lkg.jalb.de/lkg/documents/lkg_doc_de_31.pdf.,3.

krament die Weisung, in diesem Fall der Taufbefehl in Matthäus 28,19, wo es heißt: „Geht hin und macht alle Völker zu Jüngern: Tauft sie auf den Namen des Vaters und des Sohnes und des Heiligen Geistes." Zum anderen gehört zum Sakrament das Zeichen, in diesem Fall das Übergießen mit Wasser oder das Eintauchen in dasselbe. In dieser sakramental vermittelten Verheißung gründet dann der Glaube. In der Taufe wird eine lebensverändernde Kraft wirksam. Das ganze Leben kann sich auf dieses Grunddatum beziehen, denn die in der Taufe geschehende Zuwendung Gottes zu einem Menschen ist bleibend. Ein Mensch kann in seinem Leben immer neu daran anknüpfen und darauf zurückkommen.

In der neuen Orientierungshilfe der EKD zur Taufe von 2008 wird betont, dass die Taufe nach dem Zeugnis des Neuen Testaments nicht geeignet ist, „eine aktive Antwort des Glaubenden zu sein, denn das Neue Testament bezeugt, dass jeder Täufling sie wie Jesus von Nazareth mit sich passiv geschehen lässt. Darum kann sich kein Mensch taufen. Aber auch das Zum-Glauben-Kommen ist keine aktive Tat des Menschen, sondern jeder empfängt, wie gerade das Beispiel des Paulus zeigt, seinen Glauben passiv. Diese passive Dimension eines Geschehens am Täufling verbindet die Taufe mit der Passion Christi. Im Geschehen der Taufe ist Gott der aktive, der das Heil schenkt. … es liegt eine Verbindung der Taufe mit der Schwelle der leiblichen Geburt nahe, weil sie der Eintritt in das neue Leben mit Gott ist."[7]

2.1.2 Die Sündenvergebung

Im Neuen Testament wird die Taufe als Herrschaftswechsel angesehen. An die Stelle der Macht des Bösen, der Sünde und des Todes tritt nun Christus. Nicht irgendeine Weltmacht oder irgendeine Ideologie soll uns beherrschen, indem sie unser Denken und Handeln prägt, sondern die Kinder werden durch die Taufe in den Herrschaftsbereich von Jesus Christus hineingenommen. Deshalb haben früher auch die Eltern und Paten stellvertretend für den Täufling die Absage an den Teufel bzw. das Böse gesprochen.

Viele Stellen im Neuen Testament nennen Taufe und Sündenvergebung in einem Atemzug. Dabei wird allerdings nicht beschrieben, wie das vonstatten geht, sondern es kommt den biblischen Zeugen

---

[7] Die Taufe. Eine Orientierungshilfe zu Verständnis und Praxis der Taufe in der evangelischen Kirche, vorgelegt vom Rat der Evangelischen Kirche in Deutschland, Gütersloh 2008, 22.

auf das „Dass" der Sündenvergebung an (vgl. 1 Kor 6,11; Röm 3,25; Apg 2,38).

Im Gefolge Augustins und Luthers ist insbesondere die Befreiung von der Erbsünde immer eines der Hauptargumente für die Kindertaufe gewesen.[8] Kinder werden in sündhafte Zusammenhänge geboren und sind schuldhaften Verfehlungen ausgesetzt und von ihnen mitgeprägt. Die Taufe führt aus dieser Verfangenheit heraus. Gottes Heil bricht in die sündhafte Welt ein und verändert sie. Die Getauften haben Anteil daran, dass Jesus am Kreuz die Sünde besiegt und den Tod überwunden hat (vgl. Röm 6,4–6; Kol 2,12).

Nun wissen wir natürlich, dass auch Getaufte sündigen. Das künftige Heil wird zwar immer wieder im irdischen Leben der Getauften wirkmächtig, aber eben nicht immer. Martin Luther bezeichnet die Taufe als Beginn eines täglichen Sterbens und Auferstehens, das erst mit dem Ende des irdischen Lebens zu seinem Abschluss kommt.[9]

2.1.3 Das Hineingenommensein in den Leib Christ

Mit der Taufe wird ein Kind in die Kirche eingegliedert. Diese Aufnahme in die Kirche ist jedoch nicht nur ein rechtlicher Akt, sondern vor allem ein geistlicher. Nach biblischem Zeugnis ist die Taufe mit der Gabe des Heiligen Geistes verbunden. Nach 1 Kor 12,12 f. werden die Christen durch den einen Geist in den Leib Christi hineingetauft. Sie werden, wie es in 1 Kor 12 ausgeführt ist, zu verschiedenen Gliedern am Leib Christi. In der Metapher, dass alle Getauften „Christus als Gewand angezogen haben", wird das sehr schön plastisch. Dabei werden sie allerdings nicht uniform, sondern erhalten durch den Heiligen Geist unterschiedliche Gaben und Kräfte. Nach 1 Petr 4,10 leuchten ihre Gewänder in den verschiedenen Farben der bunten Gnade Gottes.

Mit der Aufnahme in die Kirche werden die Getauften in die eschatologische Heilsgemeinde eingegliedert. So haben sie bereits Anteil an den Kräften der kommenden Welt (vgl. 2 Kor 1,2; 5,5; Röm 8,23). Von dem dennoch geschehenden Rückfall in die Sünde habe ich ja bereits gesprochen. Deutlich wird aber gerade durch den Hinweis auf die eschatologische Dimension der Taufe, dass die in ihr gründende „Zusage der Lebensgemeinschaft mit Gott"[10] ein Grund für die Feier der gesamten Kirche ist.

---

[8] Allerdings rückt man in diesem Zusammenhang heute doch verstärkt von Luthers Ansicht der Heilsnotwendigkeit der Taufe ab, vgl. Ulrich KÜHN, Art. Taufe VII. Dogmatisch und ethisch, in: TRE 32, 729.
[9] Taufsermon 1519, Katechismen 1929.
[10] Taufe EKD (s. Anm. 7), 30

2.2 Die Liturgien der Kindertaufe

Aufgrund der unterschiedlichen Traditionen der in der EKD zusammengeschlossenen Kirchen gibt es verschiedene Agenden, die die Feier der Kindertaufe ordnen. Die Neueste ist die 2000 erschienene Agende für die Evangelische Union, die – ähnlich wie das Evangelische Gottesdienstbuch – einen neuen Typus von Agende darstellt. Sie nennt sich Taufbuch und bietet verschiedene Grundformen mit vielen Ausformungsvarianten, wobei zwischen der Taufe eines Kindes und eines älteren Kindes im Gemeindegottesdienst sowie einem selbstständigen Taufgottesdienst mit Taufe mehrerer Kinder unterschieden wird.[11] Ein Jahr davor ist die Agende der Reformierten Kirchen in Deutschland erschienen.[12] Hierin finden sich ebenfalls zwei Ordnungen der Kindertaufe. Die erste steht in Kontinuität zur bisherigen Ordnung, die zweite ist einem Formular der Kirche von Schottland nachgebildet und zeichnet sich durch ökumenische Offenheit aus. Die Taufe soll, noch strikter als in der unierten Agende angeordnet, grundsätzlich im Sonntagsgottesdienst stattfinden, und es soll „im liturgischen Vollzug der Taufe deutlich gemacht werden, dass das Geheimnis der Taufe die Verbindung des Täuflings mit dem für ihn in den Tod gegangenen Herrn und die Einfügung in seine Gemeinde ist."[13] Ich werde jedoch nur an einigen interessanten Stellen auf diese beiden Agende eingehen können. Anhand der Liturgie der Kindertaufe in den lutherischen Kirchen Deutschlands werde ich die oben skizzierten Kernpunkte vertiefen. Dabei werden die Akzentsetzungen sichtbar, die heute bei der Liturgie der Kindertaufe im Vordergrund stehen.

Da in der VELKD-Agende[14] drei verschiedene Formen der Kindertaufe vorgeschlagen werden, die unterschiedliche Akzente setzen, skizziere ich kurz deren jeweilige Besonderheit.

---

[11] Taufbuch. Agende für die Evangelische Kirche der Union. Band 2, im Auftrag des Rates hg. v. der Kirchenkanzlei der Evangelischen Kirche der Union, Berlin 2000, 36–80. Sehr treffend sind diese Ordnungen bei August JILEK, Die Taufe, in: Hans-Christoph Schmidt-Lauber, Karl-Heinrich Bieritz (Hg.), Handbuch der Liturgik, Göttingen 1995, 319–323, beschrieben.
[12] Reformierte Liturgie. Gebete und Ordnungen für die unter dem Wort versammelte Gemeinde, im Auftrag des Moderamens des Reformierten Bundes erarbeitet und herausgegeben von Peter Bukowski u. a., Wuppertal/Neukirchen-Vluyn 1999.
[13] Ebd. 301.
[14] Agende für Evangelisch-Lutherische Kirchen und Gemeinden. Bd. III: Die Amtshandlungen, Teil 1: Die Taufe, hg. von der Kirchenleitung der Vereinigten Evangelisch-Lutherischen Kirche Deutschlands, Ausgabe Bayern, Hannover 1988.

2.2.1 Charakteristika der Ordnungen zur Kindertaufe in der VELKD-Agende

In der ersten Form des Kindertaufgottesdienstes wird, wie auch in den Vorläuferagenden, zwar an Luthers Taufbüchlein angeknüpft, eine deutliche Akzentverschiebung ist dennoch festzustellen. Es wird nämlich die Notwendigkeit des künftigen Glaubens des oder der Getauften viel stärker betont. So werden die Tauffragen folgendermaßen eingeleitet: „In der Taufe nimmt Gott dieses Kind als sein Kind an, befreit es von der Macht des Bösen und schenkt ihm ewiges Heil. Er will, dass wir dieses Geschenk im Glauben ergreifen und festhalten. Dabei ist das Kind auf die Hilfe seiner Eltern und Paten angewiesen."[15] Vor dem Glaubensbekenntnis unterstreicht der Pfarrer bzw. die Pfarrerin, dass das Kind mit Hilfe der Eltern und Paten in diesen Glauben hineinwachsen soll und dabei auch deren Fürbitte gefragt ist. Auf diese Form gehe ich später noch im Detail ein.

Die zweite Form der Ordnung der Kindertaufe „setzt bewusst bei der Situation der Familie und damit bei der Schöpfungsordnung ein und führt hin zur Taufe."[16] In der Liturgie werden deshalb Gedanken eingeflochten, die bisher der Taufpredigt vorbehalten waren. So kann es in der Hinführung heißen: „Ein kleines Kind in Händen zu halten, ist Grund genug, Gott dankbar zu sein. Wir dürfen das Wunder der Schöpfung neu spüren. Dieses Kind ist jetzt schon eine eigene, unverwechselbare Person. Auch wenn es noch ganz auf seine Eltern angewiesen ist ..."[17] usw. Hier wird stärker als in der ersten Ordnung der Tatsache Rechnung getragen, dass hier ein Kind und kein Erwachsener getauft wird. Zudem wird beispielsweise durch verbale Deutungen von Zeichen versucht, das Taufgeschehen für die jungen Familien, die damit nicht so vertraut sind, besser zu erschließen.

Daneben gibt es zum Dritten Vorschläge für Taufen von Kindern im Sonntagsgottesdienst. Hier gibt es jetzt unter anderem auch den Vorschlag, den Hauptgottesdienst ein paar Mal im Jahr ganz als Taufgottesdienst zu gestalten. Dabei soll das Sakrament der Taufe als Grunddatum christlicher Existenz aus dem Bereich des Privaten einer Familienfeier wieder herausgeholt und in das Zentrum des Gemeindelebens gestellt werden. Zudem tritt bei der Taufe im Sonntagsgottesdienst das Abendmahl dazu.

---

[15] Ebd. 26.
[16] Ebd. 19.
[17] Ebd. 52.

2.2.2 Bedeutungszuschreibungen anhand einer Taufordnung

Exemplarisch gehe ich einer Taufordnung entlang, in diesem Fall der ersten Ordnung der VELKD-Agende, um zu verdeutlichen, wie sich die theologischen zu den liturgischen Entscheidungen zueinander verhalten.

2.2.2.1 Eröffnung

Nach Einzug, Eingangslied und Begrüßung leitet der Pfarrer/die Pfarrerin den Taufbefehl mit dem Hinweis ein, dass die Kirche nach dem Willen Christi und im Vertrauen auf seine Verheißung tauft. Wie in sämtlichen evangelischen Taufordnungen nimmt der Taufbefehl Mt 28,18–20 eine zentrale Rolle ein.[18] Er wird ergänzt durch ein Wort aus dem Johannesevangelium: „Also hat Gott die Welt geliebt, dass er seinen eingeborenen Sohn gab, damit alle, die an ihn glauben, nicht verloren werden, sondern das ewige Leben haben" (Joh 3,16). „Dieser Text bringt die Verheißung, die dem Glauben gegeben ist, zum Ausdruck. Beide Texte miteinander machen den engen Zusammenhang von Taufe und Glaube deutlich."[19] Joh 3,16 ersetzt dabei Mk 16,16: „Wer da glaubt und getauft wird, der wird selig werden; wer aber nicht glaubt, der wird verdammt werden." Mt 16,16 sollte die Heilsnotwendigkeit der Taufe unterstreichen. Diese Veränderung zeigt die theologische Verschiebung an, dass die Taufe zwar geboten, aber nicht unbedingt zum Heil notwendig ist.[20]

Im weiteren Ablauf kommt es nun zum ersten nichtverbalen Zeichen, nämlich zur Bezeichnung des Kindes mit einem Kreuz (obsignatio crucis). Dieses kann entweder nacheinander an Stirn, Brust und beiden Schultern geschehen oder aber nur auf der Stirn. Die Bezeichnung wird von Deuteworten begleitet. Alternativ werden zwei interpretierende Texte vorgeschlagen: „Nimm hin das Zeichen des Kreuzes. Du gehörst Christus dem Gekreuzigten" oder: „Ich zeichne dich mit dem Kreuz. Jesus Christus hat dich erlöst."[21] Hier wird verdeutlicht: Weil Jesus dich am Kreuz erlöst hat, gehörst du zu ihm. Mit dem Hinweis auf die in Christus bewirkte Erlösung verbindet sich zugleich das Hineingenommenwerden in die gesamte Christusgeschichte, für die das Kreuz pars pro toto steht. Mit der Bezeich-

---

[18] In der Reformierten Agende wird der Taufbefehl mit „Einsetzungsworte" bezeichnet (309). Diese werden folglich ohne weiteres Bibelwort allein gesprochen.
[19] VELKD-Taufagende (s. Anm. 14), 112.
[20] Nach der unierten Agende kann das Kinderevangelium (Mk 10,13–16) als zweite die Kindertaufe begründender Text nach dem Taufbefehl gelesen werden, Taufbuch (s. Anm. 11), 37. Die Stellung des Kinderevangeliums ist in den verschiedenen Ordnungen überhaupt sehr variabel.
[21] Ebd. 23.

nung des Kindes durch das Kreuz wird sichtbar gemacht, dass es in den Herrschaftsbereich Jesu Christi eingetreten ist.[22]

In dem anschließenden Gebet wird um Befreiung von der Macht des Bösen gebetet und darum, dass das Kind zum Glauben geführt wird. Wir finden hier in einem Gebet noch einen Anklang an einen Exorzismus, der bei Luther die Taufhandlung eingeleitet hat und in den Vorläuferagenden auch vorhanden war. Jetzt ist er nur noch in der Ordnung für die Taufe von Erwachsenen zu finden. Dieser Anklang lautet: „Und weil du dieses Kind dir zum Eigentum gewählt hast, so befreie es von der Macht des Bösen."[23] Bei einem Kleinkind ist klar, dass nicht das moralisch Böse gemeint sein kann, sondern das Unterworfensein unter die Erbsünde. Sieht man, wie stark „das Leben des einzelnen von überpersonalen Strukturen geprägt wird und in verhängnisvolle Schuldzusammenhänge, in den Kreislauf von Haß, Aggression und Destruktion verstrickt ist"[24], so ist mit Peter Cornehl zu fordern, ein dezidiert exorzistisches Element nicht aus der Ordnung herauszunehmen bzw. es zu verstecken, sondern situationsgemäß und zeitbezogen zu interpretieren, denn „der Kern der Sache ist unverzichtbar."[25]

Falls der erste Teil des Taufgottesdienstes im Vorraum oder an der Kirchentür stattgefunden hat, folgt jetzt der Einzug in die Kirche.

2.2.2.2 Verkündigung

Wenn nun wieder ein Lied gesungen wird, so ist in erster Linie an ein Tauflied gedacht. Dabei haben evangelische Tauflieder in der Regel nicht nur die Funktion des Lobpreises, sondern sie sind zugleich Lehrlieder.

Auch wenn die Gesamtliturgie der Taufe als Predigt verstanden werden kann, ist ein spezieller Verkündigungsakt selbstverständlich. Neben biblischen Perikopen wird hier sehr oft ein Taufspruch, also ein einzelnes auf den Täufling und seine Taufe bezogenes Bibelwort ausgelegt. Die Predigt konkretisiert die Bedeutung der Taufe für die Anwesenden und erschließt einzelne Aspekte. Sehr oft enthält sie Momente der Tauferinnerung, nicht selten führt sie zu den Fragen an die Eltern und Paten hin.[26]

---

[22] „So stellt das Kreuz, mit dem der Täufling bezeichnet wird …, die Übereignung an Christus dar", VELKD-Taufagende (s. Anm. 14), 13.
[23] Ebd. 24
[24] Peter CORNEHL, Art. Taufe VIII. Praktisch-theologisch, in: TRE 32, 735f.
[25] Ebd. 736.
[26] Während die VELKD-Taufagende keine vorgefertigten Verkündigungstexte bietet, finden sich solche sowohl im Taufbuch (s. Anm. 11), 98–101, wie auch in der Reformierten Liturgie (s. Anm. 12), 310f.

Diese nun folgenden Tauffragen können an Eltern und Paten getrennt oder gemeinsam gestellt werden. Die Tauffragen zielen auf die Verpflichtung, die mit der Taufe und dem Patenamt verbunden ist. Mit den Fragen soll auch noch einmal der Zusammenhang zwischen Glauben und Taufe zum Ausdruck kommen.[27] Wenn das zu taufende Kind erfahren soll, was in der Taufe an ihm geschehen ist, dann braucht es dazu die Hilfe der Angehörigen. Vor Gott und der versammelten Gemeinde sollen sich diese zu ihrer Verantwortung bekennen. Mit der Antwort auf die Tauffragen sagen Eltern und Paten zu, dass sie diese übernehmen wollen.

Hier wird ganz deutlich: Die evangelischen Kirchen halten es für unabdingbar notwendig, dass die getauften Kinder zum persönlichen Glauben hingeführt werden. Dass Eltern und Paten ihren Willen dazu erklären, ist Bedingung für die Gewährung einer Kindertaufe. Die Taufe von kleinen Kindern soll gewährt werden, wenn evangelische Christen die Taufe ihres Kindes wünschen, wenn sie ihren Willen erklären, ihr Kind bzw. ihr Patenkind christlich zu erziehen, an ihrem Glaubensleben teilhaben zu lassen und für es zu beten.

Auf ein Segenswort an bzw. ein Segensgebet für Eltern und Paten folgt dann das Kinderevangelium. Bereits in der Einleitung wird hier der Bezug zur Kindertaufe hergestellt: „Hört, wie Jesus Christus die Kinder zu sich ruft und sie segnet."[28] Der Segen, den Jesus den Kindern gegeben hat, wird in der Folge auch für den Täufling erbeten. Pfarrer, Eltern und Paten legen diesem die Hand auf und sprechen gemeinsam das Vaterunser als Segensgebet.[29]

2.2.2.3 Taufe

Am Ende des darauf folgenden Liedes gehen Pfarrer, Eltern und Paten, gegebenenfalls auch noch Geschwister mit dem Täufling zum Taufstein. Dort wird zuerst gemeinsam das Glaubensbekenntnis gesprochen. In ihm soll nach den es einführenden Worten wieder die Zusammengehörigkeit von Taufe und Glauben zum Ausdruck kommen. Nach dem Einführungstext in der Agende geht es dabei um „einen dreifachen Bezug": Erstens ist das Credo „Darstellung des Glaubens der Kirche", zweitens wird das Bekenntnis in der Hoffnung gesprochen, „dass das getaufte Kind denselben Glauben ergreifen und mit ihm die Gabe der Taufe annehmen wird", und drittens

---

[27] Vgl. VELKD-Taufagende (s. Anm. 14), 19.
[28] Ebd. 27.
[29] In der Agende der UEK wird das Vaterunser „nicht mehr als Segensgebet gebraucht, sondern ausschließlich als Gemeindegebet im Zusammenhang mit den Fürbitten oder den Abendmahlsgebeten" (Taufbuch, 25).

ist das Credo „die Basis für eine christliche Erziehung des Täuflings".[30] In einem alternativen zweiten Einführungstext ist jedoch die traditionelle Formulierung enthalten, dass die Eltern und Paten stellvertretend für das Kind den Glauben bekennen. In der Agende der Unierten Kirchen kann das Glaubensbekenntnis auch die Funktion der Absage an das Böse bekommen.[31]

Nach dem Glaubensbekenntnis kann eine „Betrachtung des Taufwassers" eingefügt werden. Diese ist zumeist dem Sintflutgebet nachgebildet, das Martin Luther in seine Taufagende eingefügt hat. So heißt es beispielsweise: „Die Sintflut brachte Gottes Gericht über die Sünde der Menschen. Noah aber fand Gnade und wurde errettet aus der Flut. So soll im Wasser der Taufe alles, was uns von Gott trennt, untergehen. Aus dem Wasser der Taufe wird der neue Mensch auferstehen, der mit Christus leben soll."[32]

Nun folgt die Taufhandlung. Der Name des Täuflings wird laut und vernehmbar vor Gott und der Gemeinde genannt, und anschließend wird er unter dreifacher Begießung des Kopfes mit Wasser im Namen des Vaters und des Sohnes und des Heiligen Geistes getauft. In den reformierten Kirchen heißt die Taufformel: „Ich taufe dich auf den Namen des Vaters und des Sohnes und des Heiligen Geistes."[33] (In der lutherischen und Unierten Tradition wird durch das „Ich taufe dich im Namen" die Vollmacht des im Namen der Kirche taufenden Pfarrers bzw. der taufenden Pfarrerin betont. Die agendarisch vorgegebene Taufformel gehört jeweils zum Kernbestand des Taufaktes und darf sprachlich jeweils nicht verändert werden.)

Unter Handauflegung wird der Täufling sodann gesegnet: Dazu spricht der Pfarrer bzw. die Pfarrerin: „Der allmächtige Gott und Vater unseres Herrn Jesus Christus, der dich von neuem geboren hat durch das Wasser und den Heiligen Geist und dir alle deine Sünde vergibt, der stärke dich mit seiner Gnade zum ewigen Leben."[34]

---

[30] VELKD Taufagende (s. Anm. 14), 16.
[31] Dann wird das Credo folgendermaßen eingeleitet: „Bei der heiligen Taufe bekennen wir uns mit der gesamten Christenheit zu dem dreieinigen Gott und sagen der Macht des Bösen ab. Darum sprechen wir gemeinsam das apostolische Glaubensbekenntnis." (Taufbuch, 40).
[32] VELKD Taufagende (s. Anm. 14), 58; ähnlich Taufbuch (s. Anm. 11), 41.
[33] Reformierte Liturgie (s. Anm. 12), 314. Mit Taufe auf den Namen Jesu wird die älteste Bezeichnung der christlichen Taufe aufgegriffen, vgl. Georg KRETSCHMAR, Die Geschichte des Taufgottesdienstes in der alten Kirche, in: Karl Ferdinand Müller und Walter Blankenburg (Hg.), Leiturgia. Handbuch des evangelischen Gottesdienstes. Bd. 5: Der Taufgottesdienst, Kassel 1970, 34. Zum Befund der Taufe in den frühen Gemeinden bezüglich „Im Namen" oder „auf den Namen" vgl. Udo SCHNELLE, Taufe II, in: TRE 32, 665 f.
[34] VELKD Taufagende (s. Anm. 14), 31. Alternativ kann gesprochen werden: „Der allmächtige Gott und Vater stärke dich durch seinen Heiligen Geist, erhalte dich in der

Hier sind sowohl der Herrschaftswechsel durch die neue Geburt wie auch die Sündenvergebung und die Aufnahme in die endzeitliche Gemeinschaft angesprochen. Nach der Ordnung der Unierten Kirchen kann nach dem Taufvotum mit Handauflegung eine Salbung folgen.[35]

Fakultativ kann dann noch eine Taufkerze entzündet und mit einem Deutewort übergeben werden.[36] Christus, das Licht der Welt, soll für den Täufling zum Licht des Lebens werden. In Gemeinden, in denen das Westerhemd/Taufkleid/der Taufschleier überreicht wird, wird dieses bzw. dieser dem Täufling aufgelegt und dazu ein Votum[37] gesprochen.

2.2.2.4 Sendung

Wo dies gewünscht wird, können nun die Familie oder auch ein Elternteil allein gesegnet werden. Diese Handlung verbindet eine Danksagung mit dem fürbittenden Segen für die Familie bzw. den Elternteil.

Das Gebet vor dem allgemeinen Segen besteht aus zwei Teilen, nämlich der Danksagung für die Taufe des Kindes und der Fürbitte für den weiteren Weg des Kindes in der Gemeinschaft der Familie und der Gemeinde. Seine Funktion ist es, noch einmal zurückzublicken auf das Geschehene, um dann mit der Bitte bereits den Segen für alle im Gottesdienst vorzubereiten. Die Tauffeier endet mit dem trinitarischen Segen.

(In den Unierten Kirchen wird vor der Segnung noch die Eingliederung in die Gemeinde bedacht. Das Kind wird in der Gemeinde willkommen geheißen und die Gemeinde an ihre Verpflichtung gegenüber dem Täufling erinnert.[38] In den reformierten Kirchen werden sowohl die Eltern wie die Gemeinde noch einmal daran erinnert, welche Verantwortung sie mit der Taufe des Kindes übernommen haben. Die Eltern müssen versprechen, dem Kind die Bedeutung der Taufe zu erschließen, es im christlichen Glauben zu unterweisen und „es durch Gebet und euer eigenes Beispiel einführen in das Leben und den Gottesdienst der Kirche."[39] Die Gemeinde wird ebenfalls gefragt, ob sie ihre Verantwortung für den Täufling übernehmen

---

Gemeinde Jesu Christi und bewahre dich zum ewigen Leben." (ebd. 32); ähnlich auch im Taufbuch (s. Anm. 11), 43.

[35] Vgl. Taufbuch (s. Anm. 11), 42 f.
[36] Vgl. VELKD Taufagende (s. Anm. 14), 32.
[37] „Nimm hin das weiße Gewand als Sinnbild der Gerechtigkeit Christi. Alle, die auf Christus getauft sind, haben Christus angezogen." (ebd.) Hierdurch soll das Vorher und Nachher der Taufe veranschaulicht werden.
[38] Vgl. Taufbuch (s. Anm. 11), 44 f.
[39] Reformierte Liturgie (s. Anm. 12), 320 f.

will. Am Ende sprechen alle gemeinsam: „Wir wollen einander stärken im Glauben, festigen im Gebet, ermutigen zum Dienst."[40])

2.3 Katechetisches Handeln

Wenn Sie sich nun die Erwartungen von evangelisch Getauften wieder ins Gedächtnis rufen, die ich eingangs skizziert und sie mit den Ausführungen verglichen habe, die ich zur Theologie und Liturgie der evangelischen Kirchen gemacht habe, wird deutlich, dass große Aufgaben im katechetischen Handeln der Kirchen vor uns stehen. Dabei müssen wir uns aber bewusst machen, dass hier zwei völlig verschiedene Logiken aufeinandertreffen: „die kirchlich-institutionelle und die familiär-biografische. ... Die Konfliktlage, die sich daraus ergibt, tritt in pastoralen Alltagssituationen offen zu Tage."[41] Jeder, der Taufgespräche führt, kennt das.

Ein Beispiel, woran das Gesagte schnell deutlich wird: Diejenigen, die ihr Kind taufen lassen wollen, haben oft eine ganz andere Vorstellung vom Patenamt als die Kirche. Zum Beispiel wird ein Pate dann als derjenige gesehen, der für das Kind da ist, falls den Eltern etwas zustoßen sollte. An Hinführung zum Glauben wird da überhaupt nicht gedacht. So wundert es nicht, dass es viele Überlegungen und Impulse gibt, wie die lebensbestimmende Bedeutung der Taufe über den Taufakt hinaus vermittelt werden kann. Drei solcher Versuche stelle ich Ihnen kurz vor:

2.3.1 Taufbegleitung im Handeln der Kirchen

Im Taufbuch der Evangelischen Kirchen der Union wird die Taufe in einen Taufweg eingezeichnet. Sie ist ein einmaliges Ereignis mit einem festen Datum, aber sie bedarf sowohl der Hinführung wie der Weiterführung. In der Agende heißt es: „Nach einer (verbindlich zu machenden) Vorbereitungsphase (Taufseminar, Taufgespräche, Pateneinweisung) können am Taufsonntag die Eltern sowie die Paten zur ‚Taufkommunion' eingeladen werden. In der Folgezeit bieten Gesprächskreise für junge Eltern, gottesdienstliche Taufanamnesen (Beichte, Taufgedächtnis in der Osternacht, miterlebte Taufen) und Zusammenkünfte der Konfirmanden-Eltern Hilfe und Geleit für die häusliche Praxis Pietatis, in die das als Säugling getaufte Kind hinein-

---

[40] Reformierte Liturgie (s. Anm. 12), 321.
[41] Lutz FRIEDRICHS, Kasualpraxis in der Spätmoderne. Studien zu einer Praktischen Theologie im Übergang. Arbeiten zur Praktischen Theologie 37, Leipzig 2008, 20 f.

wachsen soll."[42] An diesem Bündel von Impulsen wird deutlich, dass hier die Taufe wie schon in der Alten Kirche im Sinne eines Weges der Stationen der Vorbereitung, der Einübung und der Befestigung gesehen wird. Die Vorbereitung zielt auf die Eltern und die Paten, die auch in der Phase der Hinführung des Kindes zum Begreifen der Taufe weiter mit Impulsen von der Kirche begleitet werden. Dazu kommt dann später für das Kind auch noch die Taufkatechese in der Schule und im Konfirmandenunterricht.[43] Zu diesem sinnvollen Programm muss allerdings gesagt werden, dass es in den wenigsten Gemeinden so praktiziert wird, da die Ressourcen dazu fehlen.

2.3.2 Tauforientierter Gemeindeaufbau

Ein sehr umfassendes Konzept, die Taufe nicht nur ins Zentrum des Gemeindelebens zu stellen, sondern über sie Menschen auch aktiv in das Gemeindeleben einzubinden, hat das Gemeindekolleg der VELKD entwickelt.[44] Dazu findet sich ein Bündel von Maßnahmen, die jeweils mit konkreten Ausarbeitungen für die vorgeschlagenen Einheiten versehen sind. So werden Konzepte für Taufvorbereitungsseminare für Eltern in der Gemeinde oder in Evangelischen Erwachsenenbildungseinrichtungen an die Hand gegeben, genauso wie für die Taufvorbereitung im Kindergarten. Hinweise für die Gestaltung von Taufgottesdiensten, Taufen in der Osternacht oder im Familiengottesdienst sollen verschiedene Dimensionen der Taufe erschließen. Zur Tauferinnerung werden Tauferinnerungsbriefe zum 1., 2., 3. und 4. Tauftag vorgeschlagen, dazu ein Tauferinnerungsgottesdienst für Vierjährige. Für vielfältige Formen der Tauferinnerung in verschiedenen Gottesdiensten, aber auch im Kindergarten wird Praxismaterial an die Hand gegeben, das vor Ort leicht umsetzbar ist. Das Ganze wird jeweils vom Kirchenvorstand begleitet und verantwortet. Dieses Projekt zeigt, wie sehr die Notwendigkeit der steten Hinführung zur Taufe in den lutherischen Kirchen gesehen wird, der nur punktuelle Einsatz dieser Materialien aber auch, dass zwischen Anspruch und Wirklichkeit eine große Lücke klafft.

---

[42] Taufbuch (s. Anm. 11), 20.
[43] Ähnlich, aber nicht so ausführlich werden die die Taufe begleitenden Schritte in der VELKD Taufagende (s. Anm. 14), 17 f., vorgeschlagen.
[44] Reiner Blank und Christian Grethlein (Hg.), Einladung zur Taufe – Einladung zum Leben. Ein Konzept für einen tauforientierten Gemeindeaufbau. Entwickelt im Gemeindekolleg der VELKD, Stuttgart 1993.

In der neuen Orientierungshilfe der EKD zur Taufe werden die oben genannten Impulse aufgegriffen und sowohl eine umfassende Taufkatechese wie auch häufige Tauferinnerungen gefordert.[45]

2.3.3 Arbeit mit Konfirmanden

Am intensivsten wird mit Konfirmandinnen und Konfirmanden zur Taufe gearbeitet. Neben den kognitiven Einheiten dazu werden Formen der Tauferinnerung praktiziert. Da inzwischen auch in den meisten Konfirmandenkursen ein Kind ist, das noch nicht getauft ist, erleben und reflektieren die Konfirmandinnen und Konfirmanden die Taufe eines Gleichaltrigen, den sie gut kennen. Die Taufe wird dann zumeist mit einer Tauferinnerung für die Taufgemeinde verbunden, zu der auch die Konfirmandinnen und Konfirmanden gehören. In die neuen Konfirmationsagenden sind viele Überlegungen und Gestaltungsvorschläge für die Taufe von Konfirmanden eingeflossen.[46]

Eine Form der Tauferinnerung wird wohl allen Konfirmandinnen und Konfirmanden mitgegeben. Von Martin Luther wird da erzählt, der oft, wenn er in Glaubenszweifel gekommen war, vor sich aufgeschrieben hat: „Ich bin getauft." Und das hat ihm die große Verheißung Gottes immer neu vor Augen geführt. Eine lebenslange Rückkehr zur Taufe stellt das Verhältnis zu Gott wieder auf die Füße.

---

[45] Taufe EKD (s. Anm. 7), 39–61. Auch in der praktischen Theologie wird dies vehement vertreten, vgl. z.B. Christian GRETHLEIN, Art. XIV. Taufe, in: Ders. und Günter Ruddat (Hg.), Liturgisches Kompendium, Göttingen 2003, 322 ff.

[46] In der gemeinsamen Konfirmationsagende der VELKD und der EKU finden sich ausführliche und hilfreiche Hinweise zur Vorbereitung der Taufe sowie zur Liturgie. Es werden Grundformen der Taufe von Konfirmanden mit Gestaltungshinweisen vorgegeben, dazu Texte zur Auswahl, Liedvorschläge und Praxisbeispiele (vgl. Konfirmation. Agende für evangelisch-lutherische Kirchen und Gemeinden für die Evangelische Kirche der Union, neu bearb. Ausgabe, Berlin/Hannover/Leipzig 2001, 36–68).

Die Taufe von Kindern –
Pastorale Probleme und Aufgaben

Konrad Baumgartner

0. Einführung

In der „Pastoralen Einführung" zum erneuerten liturgischen Buch „Die Feier der Kindertaufe" heißt es: „Mit der Herausgabe ... verbinden wir Bischöfe den Wunsch, dass der Kindertaufe in Pastoral und Liturgie neue Aufmerksamkeit geschenkt wird. Das Buch soll zum Anlass werden, sowohl die sakramentenpastoralen Initiativen der einzelnen Pfarrgemeinden zu überdenken als auch die bisherige Feierpraxis nach Möglichkeit zu verbessern ... (Außerdem) gründen viele Schwierigkeiten, die sich im Zusammenhang mit der Erstkommunion, Firmung oder bei der Trauung ergeben, darin, dass Kinder getauft werden ohne jegliche Aussicht, in eine lebendige Beziehung zur Glaubensgemeinschaft der Christen hineinzuwachsen. Es ist daher sinnvoll, die Schritte zu einer veränderten Sakramentenpastoral mit einer Veränderung bzw. Intensivierung der Taufpastoral zu beginnen und hierin einen besonderen Schwerpunkt zu sehen."[1]

Neue Aufmerksamkeit in Pastoral und Liturgie für die Kindertaufe: Sie wird in den Gemeinden spätestens notwendig sein, wenn am 1. Adventssonntag 2008 dieses liturgische Buch verpflichtend zu verwenden ist. Liturgen, Katecheten und Seelsorger und vor allem die Gemeinden bedürfen – möglichst vorher und dann später begleitend – der Erschließung der neuen und alten Inhalte und Anliegen dieser Neuausgabe: durch das eigene Studium der Texte, durch damit verbundene liturgische, pastorale und katechetische Bildung und (gemeinsame) Reflexion in Verkündigung, Öffentlichkeitsarbeit und Fortbildung – in den Bistümern, Dekanaten und Pfarrgemeinden.

Dabei ergibt sich auch die Gelegenheit, die anderen Intentionen der Neuausgabe anzugehen: bisherige sakramentenpastorale Initiativen zu überdenken und die derzeitige Feierpraxis auf die Zukunft hin möglichst zu verbessern.

Wissenschaftliche Publikationen[2], Praxishilfen und Tagungen,

---
[1] Die Feier der Kindertaufe. Pastorale Einführung, hg. vom Sekretariat der Deutschen Bischofskonferenz (Arbeitshilfe 220), Bonn 2008, 5 und 9.
[2] Vgl. Winfried Haunerland/Eduard Nagel (Hg.), Den Glauben weitergeben. Werkbuch zur Kindertaufe, Trier 2008; Peter SCHEUCHENPFLUG, Neuakzentuierungen der Taufpastoral. Kirchliche Begegnungs-Räume für die Krisenzeit Familie-Werden, in:

wie diese hier in Trier, werden zudem diesem Anliegen zu entsprechen suchen. Die genannten Intentionen zu inspirieren, aber auch weitere Aufgaben und Probleme zu benennen, ist Ziel meiner Ausführungen.

1. Zur Taufpastoral im Kontext des Rituales „Die Feier der Kindertaufe" von 1971

Die Reform der Feier der Kindertaufe nach dem II. Vatikanischen Konzil galt als „entschieden und umfassend. Erstmals in der Geschichte der Initiationsfeiern gab es jetzt ein Ritual, das der Situation der Unmündigen wirklich entspricht", bemerkte damals Bruno Kleinheyer.[3] Damit wurde dem konkreten Votum der Liturgiekonstitution gezielt entsprochen: Anpassung an die tatsächliche Situation der Kinder und Betonung der Rolle der Eltern und Paten und ihrer Pflichten.[4] Alle Impulse des universalkirchlichen Rituales von 1969 wurden im deutschsprachigen Buch „Die Feier der Kindertaufe" von 1971 umfassend rezipiert.

Besondere pastorale Akzente dieses Kindertaufritus sind: Die Taufe soll statt einer Feier im kleinen Kreis zu einer Feier in Gemeinschaft, vor allem auch im Beisein und unter Mitwirkung beider Eltern und des/der Paten, werden; die Gemeinde hat dabei eine aktive Rolle; die Muttersprache wird verwendet; Gesang soll ermöglicht werden; in einer gemeinsamen Feier sollen möglichst mehrere Kinder getauft werden; Eltern und Paten sollen angemessen auf die Taufe ihres Kindes vorbereitet werden, damit ihre Taufbitte von einem „qualifizierten Taufwillen" und einem fundierten Taufversprechen gestützt wird.

Angesichts einer zunehmenden „Unmündigkeit der Getauften" wurde das Problem der „Taufe von Unmündigen" zunehmend drängend und kontrovers diskutiert. Die von der Glaubenskongregation am 20. Oktober 1980 veröffentlichte „Instruktion über die Kindertaufe" bekräftigte einerseits die Tradition der Kirche, Unmündige zu taufen, andererseits verwies sie auf die Möglichkeit des Taufaufschubs, wenn die Eltern (oder andere in ihrem Auftrag) nicht dafür sorgen, „dass dem getauften Kind nachher eine christliche Erziehung

---

Klerusblatt 88 (2008) 37–40; August LAUMER, Das neue Taufrituale. Pastoralliturgische Hinweise zum überarbeiteten Ritusbuch „Die Feier der Kindertaufe", in: Klerusblatt 88 (2008) 82–85
[3] Bruno KLEINHEYER, Sakramentliche Feiern I. Die Feiern der Eingliederung in die Kirche, Regensburg 1989, 171–190, 171.
[4] II. Vaticanum, SC 67.

zuteil wird, wie sie das Sakrament erfordert", und deutete an, dass eine „Einschreibung des Kindes" im Blick auf eine spätere Taufe möglich ist, wenn nichtgläubige Eltern auf ihrer Bitte um die Taufe bestehen. Alle Bemühungen um die Taufe der Unmündigen seien, so die Instruktion, in die Gesamtpastoral einzubetten, die Gemeinde aber sei in ihrer Mitverantwortung dafür zu bestärken.[5]

Bereits im Herbst 1970 hatten sowohl die österreichischen wie die bundesdeutschen Bischöfe verpflichtend Taufgespräche angeordnet. Sie sollten zum Ziel haben, dass die Eltern zu einer vertieften Erkenntnis des Taufmysteriums und ihrer eigenen Verpflichtungen kommen. Für die Jurisdiktionsbezirke in der DDR haben die dortigen Bischöfe 1975 eine Empfehlung der Pastoralsynode in Dresden in Kraft gesetzt. Auch hier wurden Taufgespräche angeordnet, in denen der Glaube der Eltern, ihre Motive und ihre Bereitschaft zur christlichen Erziehung ihrer Kinder zur Sprache kommen und der Bezug zur Gemeinde vertieft und gleichzeitig zu Familienkreisen eingeladen werden sollte.[6] Neben Gesprächen mit den einzelnen Eltern und Paten wurden bald im gesamten deutschsprachigen Raum Gruppen-Taufgespräche und Taufe-Seminare mit gutem Erfolg praktiziert, eine Fülle von Literatur- und Praxishilfen sind dazu erschienen.[7]

Die – zumeist von Hauptamtlichen der Gemeinde, vor allem von Priestern – geführten Taufgespräche wurden und werden von den Beteiligten als hilfreich und wertvoll erlebt: von den Hauptamtlichen als Chance zu einer situativ-existentiellen Belehrung, zumeist „entlang dem Ritus" und dadurch verstärkt monologisch geführt, selten in einem offenen Gesprächsverlauf (Situation der Eltern, Taufmotive, Tauftheologie, Taufritus, Taufverpflichtungen, religiöse und kirchliche Probleme); von Seiten der Eltern und Paten als Möglichkeit zur Information und – in der Regel – als Chance zur persönlichen Begegnung.[8]

---

[5] Vgl. KLEINHEYER, Sakramentliche Feiern I (s. Anm. 3), 189. Die Anregung zu einer solchen „Einschreibung des Kindes" kam 1965 von einem Bischof aus Togo. Die römische Antwort verwies darauf, dass eine solche Einschreibung nicht in einem eigenen Ritus gefeiert werden dürfe und dass damit noch kein echter Eintritt in den Katechumenat gegeben sei.
[6] Vgl. Konzil und Diaspora. Die Beschlüsse der Pastoralsynode der Katholischen Kirche in der DDR, hg. von der Berliner Bischofskonferenz, Leipzig 1976, 89.
[7] Vgl. Die Literaturhinweise bei KLEINHEYER, Sakramentliche Feiern I (s. Anm. 3), 185 f., sowie die Ausführungen bei Konrad BAUMGARTNER, Neue Wege der Taufpastoral. Taufgespräch – Taufkatechumenat – Religiöse Elternbildung, in: Konrad Baumgartner/Paul Wehrle/Jürgen Werbick (Hg.), Glauben lernen – leben lernen. Beiträge zu einer Didaktik der Religion und des Glaubens, FS Erich Feifel, St. Ottilien 1985, 439–471.
[8] „Taufgespräch als Lehrgespräch" und/oder „Taufgespräch als Lebensdeutung",

Die Grenzen dieses – meist einzigen – Gesprächs sind freilich deutlich. Es ist kaum geeignet für eine nachhaltige Durchformung des Glaubens aus dem Leben, für eine stärkere Annäherung an die Gemeinde und schon gar nicht zur Missionierung. Für weitergehende Ziele und Kontakte bedarf es – freiwilliger – Taufseminare, die von Mitchristen aus der Gemeinde „adressaten-orientiert" gestaltet werden.[9]

Das dahinterliegende Dilemma ist die Spannung zwischen den mit der Taufpastoral verbundenen kirchlich-gemeindlichen Erwartungen und theologisch-inhaltlichen und religionspädagogischen Anforderungen und den Motiven von Eltern und Paten, welche ihrer Taufbitte zugrunde liegen. Vor allem im Blick auf kirchlich Distanzierte, die unbeirrt die Taufe ihrer Kinder wünschen, aber ihre Form des Kirchenbezugs und der Frömmigkeit in diesem aktuellen Zusammenhang nicht verändern können und wollen, stellt sich die Frage: Müssten wir diesen, an den Defiziten solcher Eltern orientierten Zugang verändern – etwa gar hin zu Formen der Zurückweisung oder wenigstens der Zurückstellung solcher Bitten[10] – oder sollten wir die konkreten, individuellen Situationen wahrnehmen, ihren „Mehrwert" bedenken und ein neues Paradigma katechetischer Pastoral daraus entwickeln? Das bedeutet: „Will man nicht einfach die Strategie fahren, möglichst viele Kasualienfromme wieder zu Kirchenfrommen zu machen, was aus kirchlicher Sicht vielleicht wünschenswert, aber kaum realistisch wäre, muss man das Neue wahrnehmen, das die Kasualienfrommen repräsentieren."[11]

W. Möhler, Anmerkungen zur Literatur über das Taufgespräch, in: Theologische Quartalschrift 154 (1974) 73–76.

[9] Vgl. die Taufseminare in den Bistümern Eichstätt und Augsburg sowie die Kurse für Taufkatechese im Erzbistum Freiburg und den Diözesen Limburg und Rottenburg-Stuttgart, vgl. die Beiträge, in: „Lebendige Katechese". Beihefte zu „Lebendige Seelsorge" 9 (1987) H. 1 und 13 (1991) H. 2. – Eine Pastoralkatechese zur Vertiefung des Taufbewusstseins hat 2001 das Österreichische Pastoralinstitut Wien angeregt. Vgl. die Arbeitsmappe „Zum Christ-sein berufen". – Seit 1967 begleiten die „Elternbriefe du und wir" aus christlicher Sicht bei der Erziehungsaufgabe von der Geburt des Kindes bis zum 9. Lebensjahr.

[10] Vgl. Thomas Kopp, Katechumenat und Sakrament – nicht aber Sakramentenspendung an Ungläubige, in: Anzeiger für die Seelsorge 97 (1988) 35–38 sowie 99 (1990) 243f. und 100 (1991) 50–52 (mit 80 Unterschriften: eine Anfrage an die Deutschen Bischöfe).

[11] Rainer Bucher, Die Entdeckung der Kasualienfrommen. Einige Konsequenzen für Pastoral und Pastoraltheologie, in: Johannes Först/Joachim Kügler (Hg.), Die unbekannte Mehrheit. Mit Taufe, Trauung und Bestattung durchs Leben? Eine empirische Untersuchung zur „Kasualienfrömmigkeit" von KatholikInnen – Bericht und interdisziplinäre Auswertung, Berlin 2006, 77–92, 92.

2. Zur „Kasualienfrömmigkeit" von katholischen Kirchenmitgliedern

Schon bald nach der Einführung von Taufgesprächen und Taufseminaren wurden die verschiedenen religiösen und sozialen Motive von Eltern für ihren Taufwunsch deutlich: Taufe als Familienfeier, Wunsch nach Gottes Segen, familiäre Rücksichten, soziale Interpretation.[12]

Ein 2006 veröffentlichtes Forschungsprojekt stellt Motive und Hintergründe der Bitte um Kasualhandlungen in der katholischen Kirche (im Erzbistum Bamberg) heute vor.[13] Dabei wird festgestellt: Trotz weithin ungekündigter Kirchenmitgliedschaft und Distanz zum aktiven Leben ihrer Kirchengemeinde bedeutet für die Mehrheit der Getauften Kirchenmitgliedschaft, an Kasualien teilzunehmen und diese für sich oder ihre Angehörigen selbstverständlich zu erwarten. „Kirchliche Feiern erfahren anlässlich lebensgeschichtlicher Übergänge (v. a. Geburt eines Kindes, Hochzeit, Tod) eine ungebrochen hohe ‚Nachfrage'." So stellen sich die Fragen: „Was bewegt diese Menschen eigentlich, ausschließlich auf Kasualien zurückzugreifen, auf weiterführende Kontakte zur Kirche aber zu verzichten? Ist ‚Kasualienfrömmigkeit'[14] eine Schwundstufe früherer kirchlich orientierter Frömmigkeitsmuster oder kann mit der ‚Kasualienfrömmigkeit' ein eigenständiger Religiositätstypus rekonstruiert werden, der aus der Sicht der Menschen ... ein Höchstmaß an Kirchenzugehörigkeit und keineswegs Gleichgültigkeit bedeutet?"[15]

Hintergründe des Kasualwunsches sind zunächst eine relativ intensive Beteiligung an kirchlichem Leben und Frömmigkeit in Kindheit und Jugend, die später oft als Tradition und Zwang erlebt, zum Teil aber auch als Hilfe erfahren wurden, von der sich die Eltern inzwischen weitgehend distanzieren, außer es kommt bei Trauung und Taufe des Kindes ein neuer Kontakt zustande. Trotz dieser Kirchendistanzierung oder Kirchenkritik pflegen Eltern häufig eine für sie bedeutsame, eigengeprägte, eher private Spiritualität. Der Wunsch nach der kirchlich vollzogenen Kasualhandlung wird von fast allen Befragten als selbstverständlich und ohne große vorausgehende Ab-

---

[12] Peter KOHL, Die Taufpredigt als Intervention, Würzburg 1996, 105–114 (Lit.) – Werner SCHREER, Taufgespräch/Taufseminar, in: LThK³ 9 (2000) 1301 f.; Georg RITZER, Taufmotive: Zwischen Initiation und Konvention, Graz 2001.
[13] Först/Kügler, Mehrheit (s. Anm. 11), 14.
[14] Mit Frömmigkeit bezeichnet die Studie deskriptiv „eine Dimension subjektiver (,religiöser') Sinngebung und Lebensbewältigung, die das Alltagshandeln von Menschen mitbestimmt". Först/Kügler, Mehrheit (s. Anm. 11), 14, A. 8.
[15] Ebd. 14.

wägung vollzogen beurteilt. Als persönliche Sinnzuschreibungen finden sich Erwartungen wie „Schutz und Segen", „Lebenshilfe und Halt", „Ordnung zur Strukturierung des Lebenslaufes" und „Ethische Grundorientierung für das Leben". Darüber hinaus wünschen die Eltern, dass ihr Kind in eine Gemeinschaft integriert und in ihr Glauben und christliches Verhalten lernen soll. (Nicht in den Blick gekommen ist in der Umfrage das unübersehbare Motiv, „Taufe als Familienfest" feiern zu wollen.)

So wird in dieser Untersuchung deutlich, dass viele Befragte ambivalente Erfahrungen mit Kirche haben, so dass sie nur noch bedingt am Leben der Kirche teilnehmen, vor allem auch am Sonntagsgottesdienst. Im Zusammenhang mit dem Taufwunsch haben sie Informationsbedarf zum Sinn und zur Gestaltung der Taufe, die Möglichkeit zur Mitgestaltung wird ausdrücklich erwartet und bedankt. Ein „Interesse an Kirche" stellt sich also im Umfeld der Kasualie ein und nicht unbedingt darüber hinaus. Für die Identifikation mit Kirche spielt somit eine wichtige Rolle, ob sich die Gläubigen (nicht nur bei der Kasualie, aber dabei besonders) angesprochen erleben und persönliche biografische Betroffenheit erleben. Darüber hinaus erwarten sie konstruktive Hilfen zur Lebensorientierung für sich und ihr Kind.

Das bedeutet: „Kirche wird zwar kaum mehr als Frömmigkeitselement im Alltag aufgefasst, doch aber als wichtige Größe bezüglich der Kasualien an den Wendepunkten des Lebens ... Die Alltagsfrömmigkeit der Menschen wird heute weitgehend unabhängig von der Institution Kirche gelebt ... Das frühere konfessionelle Milieu ... hat sich in die kirchlichen Rituale hinein transformiert."[16]

Das pastorale Angebot, im Zusammenhang des Taufwunsches die Glaubensexistenz und den Kirchen- bzw. Gemeindebezug bei Eltern und Paten zu intensivieren, ist somit nicht nur eine Frage der zeitlichen Ausweitung über ein Taufgespräch hinaus hin zu Taufseminaren. Denn „die ‚Kasualienfrommen' deuten sich selbst nicht unter den Kategorien einer Erosion des Kirchlichen oder eines Defizits an Wissen um Glaube und Kirche ... (Ihr Interesse an den Kasualien ist für sie) ein ernsthafter Entwurf, der tief in die existentielle Welt- und Lebensdeutung hineinreicht ... Ausdruck der alltags- und lebenslaufrelevanten Bedeutung (der Kasualien)."[17]

Dieser „Bezug in die existentiellen Lebensbelange der Menschen hinein" wird von den Interpreten der Studie auch für die Zukunft der Kasualpraxis für bedeutsam gehalten.

---

[16] Ebd. 40–42.
[17] Ebd. 49 f.

Freilich wird dieser allein nicht tragfähig genug sein. Denn schon jetzt gibt es für die Deutung und die Feier von Situationen der Lebenswende nichtkirchliche Anbieter, die in kreativer Zusammenarbeit mit den Adressaten Entwürfe bereithalten und diese z. T. mit positivem Echo vermitteln.[18] Wesentlich wird sein, dass Kasualien in den Kontext der religiös-christlichen Sozialisation von Eltern und Kindern eingebettet bleiben – in Elternhaus und Kindergarten, in Schule und Jugendarbeit, in eine kontinuierliche Eltern- und Erwachsenenbildung. Darüber hinaus aber müssen die Kasualien den „Mehrwert" christlicher Feiern aufzeigen und vermitteln: personale Bezüge zu Gott in Jesus Christus, Hinführung zur personalen und gemeinschaftlichen Glaubensexistenz, zum Mysterium der Riten, vor allem der Sakramente. „Langfristig werden nur die Personenkreise die Kasualien in Anspruch nehmen, die sie als Zugänge zu einem Raum des ‚Mehrwerts' auffassen, den sie an anderer Stelle nicht bekommen können … Nur die (werden) das Tor passieren, die in eine andere Welt wollen, und nur dann, wenn sie glauben, sie dort zu finden."[19]

Die „Kasualienfrömmigkeit" hat deshalb keineswegs Nachgiebigkeit, Laxismus oder unverbindliche Freundlichkeit in Pastoral und Katechese zu Folge, sondern „die kreative und handlungsbezogene Konfrontation von Evangelium und Existenz, eines Evangeliums, das von Jesus aus für alle Menschen gilt und das Heil aller will … Im Zentrum aller Sakramentenpastoral hat (deshalb) das konkrete Verhältnis von Individuum und dem Gehalt der Kasualie zu stehen."[20]

---

[18] Vgl. die pseudosakralen Riten in sozialistischen Staaten, z. B. die Jugendweihe in der DDR, die unter anderen Vorzeichen auch heute Anhänger findet (vgl. die Alternative der Feier der Lebenswende, gestaltet von der Katholischen Kirche, z. B. in Erfurt). Aber auch sonst stehen nichtkirchliche Anbieter bereit, um Geburt, Hochzeit, Bestattung rituell zu inszenieren und durch deutende und helfende Gespräche zu vertiefen. Chancen und Grenzen „freier Rituale" zeigt am Beispiel Bestattung auf: Martina GÖRKE-SAUER in: Kerstin Gernig (Hg.), Bestattungskultur – Zukunft gestalten, Düsseldorf 2004, 95–105.

[19] Martin ENGELBRECHT, Pforten im Niemandsland? Die Kasualien als brüchiges Band an die Kirchen im Lichte älterer und neuerer Ritualtheorien, in: Först/Kügler, Mehrheit (s. Anm. 11), 55–76, hier 74 und Ottmar FUCHS, Sakramententheologische Kriterien der Kasualpastoral, in: Först/Kügler, Mehrheit (s. Anm. 11), 93–115. „In Zukunft wird es kasualfromme Menschen geben, nicht, weil sie primär in der Kindheit katholisch sozialisiert wurden, sondern weil sie von anderen erzählt bekommen, wie wichtig für sie die Erfahrung dieser sakramentalen Liturgien gewesen ist … Die Kasualpastoral wird lernen, mit Menschen eine bestimmte Zeit zusammen zu kommen, um sie dann an ihre ‚Räume' wieder abzugeben, worin die Pastoral immer nur bedingt folgen kann, wobei sie aber die Hoffnung haben darf, dass darin Gnade erlebt wurde und dass diese Erfahrung nicht verloren geht." (114f.).

[20] BUCHER, Entdeckung (s. Anm. 11), 92.

Die Umsetzung solcher Perspektiven betrifft in der Taufpastoral vorrangig den katechetischen Bereich. Deshalb ist auch diese Dimension kirchlichen Handelns hier zu befragen.

3. Taufkatechese im Wandel

Peter Scheuchenpflug, langjähriger Mitarbeiter am Lehrstuhl für Pastoraltheologie an der Universität in Regensburg, hat „Neuakzentuierungen der Taufpastoral" vorgestellt und besonders die Veränderungen im katechetischen Bereich dargelegt.[21] Dabei hat er noch einmal die Wegstrecke zwischen den Aussagen der Würzburger Synode (1975) über den Text der Deutschen Bischöfe „Sakramentenpastoral im Wandel" (1993) bis hin zu den Aussagen in „Zeit zur Aussaat. Missionarisch Kirche-sein" (2000) nachvollzogen. Das Resümee lautet: Die in der Taufpastoral weithin vorherrschende deduktive Belehrung hat sich zur wechselseitigen Erschließung von Lebenserfahrungen der Eltern und Paten, der darin enthaltenen Botschaften des Evangeliums und den theologischen Gehalten und religionspädagogischen Konsequenzen der (Kinder-)Taufe gewandelt bzw. sollte sich weiter dahin entwickeln. Die Kontakte zwischen der Gemeinde, ihren Leitern und den hauptamtlichen Mitarbeitern einerseits und den Eltern und Angehörigen andererseits sollten als Begegnungsgeschehen im Sinne der Erfahrung von Kirche-sein verstanden werden, das möglicherweise über den Tag der Taufe hinausführt. Dabei ist die Möglichkeit zu einem authentischen Zeugnis des Glaubens auf Seiten aller Beteiligten zu bedenken. Nach wie vor gilt es, die Taufe als Familienfest auf einen stärkeren Gemeindebezug hin zu öffnen. Aus all dem ergeben sich die pastoralen und katechetischen Perspektiven: Taufpastoral als Begegnungsgeschehen/Begegnungsraum, als Gelegenheit zum „missionarischen Zeugnis" und zu einer Taufpastoral „unter diakonischem Vorzeichen".

Die Aussagen in den genannten Texten korrespondieren weitgehend mit anderen: im Arbeitspapier der Würzburger Synode „Das katechetische Wirken der Kirche" (1974) sowie in den Schriften der Deutschen Bischöfe „Stufen auf dem Glaubensweg" (1982) und „Katechese in veränderter Zeit" (2004).

Die Würzburger Synode betonte, dass Katechese das Glaubensleben aller Altersstufen und der verschiedenen Zielgruppen betrifft, z. B. von Eltern, älteren Menschen, sog. „Fernstehenden", Kindern, Jugendlichen und Nichtchristen, und einen lebenslangen Prozess

---

[21] Vgl. SCHEUCHENPFLUG, Neuakzentuierungen (s. Anm. 2).

darstellt. Das ist gerade auch für die Taufkatechese von Bedeutung: im Sinne der Ersteinführung in den Glauben, der nachfolgenden Bekräftigung, aber auch einer möglichen Re-Initiation von Mitchristen, deren Initiation im Kindes- und Jugendalter nicht zur Ausbildung einer christlichen Identität geführt hat, und die im Kontext einer neuen Begegnung mit Glaube und Kirche einer neuen Hinführung zum Christsein und der Einübung darin bedürfen.[22]

Für das Taufgespräch selbst notiert das Arbeitspapier der Synode: Es soll „vor allem bewusst machen, wie in der Taufe das Leben des Kindes im Glauben gefeiert und die göttliche Verheißung für dieses Kind bekannt wird. Erst auf diesem Hintergrund kann zutreffend von der Verantwortung gesprochen werden, die sich daraus ergibt, dass die Eltern ihr Kind taufen lassen wollen. In diesem Zusammenhang muss den Eltern nahegelegt werden, künftige pädagogische und katechetische Hilfsangebote der Gemeinde wahrzunehmen und in diesem Aufgabenfeld auch zugunsten anderer Eltern mitzuwirken" (2.1.3.). Eltern- und Familiengruppen sowie Eltern-Kind-Gruppen entsprechen heute solchen Perspektiven. Sie sind oft auch bei der Feier der Taufe – bewusst oder unbewusst – Vertreter der Gemeinde und für den weitergehenden Prozess des Christwerdens von Eltern und Kindern maßgebliche Akteure. Ähnliches gilt für die Gruppen im (kirchlichen) Kindergarten, für die Mitarbeiter/innen dort und die Kontakte mit den Eltern.[23]

Der Text „Katechese in veränderter Zeit" betont verstärkt, „dass Christ-werden und Christ-sein heute deutlicher als früher von einer persönlichen Entscheidung und nicht mehr durch Sozialisation getragen sind ... (So begleitet) die Katechese einführend und systematisch aufbauend den Glaubensweg der Menschen."[24] Gegenwärtige (und künftige) Katechese „geschieht (deshalb) im Wechselspiel von verbindlichem Auftrag Jesu ... und der freien Stellungnahme des Menschen zum Glauben bzw. zur Annahme dieses Glaubens" im Modell des Anbietens – gemäß dem Brief der Bischöfe Frankreichs aus dem Jahre 1996 an ihre Katholiken – „Den Glauben anbieten in der heutigen Gesellschaft" (Deutsche Ausgabe: 2000), im Sinne von „den Glauben vorlegen, darbieten, präsentieren", als Wechselspiel

---

[22] Vgl. Konrad BAUMGARTNER, Auf Christus getauft. Die Vertiefung des Taufbewusstseins und die Re-Initiation für getaufte Erwachsene, in: Erneuerung in Kirche und Gesellschaft 2003, H. 94/95, 29–33.
[23] Wie „Taufkatechese im Vorschulalter" gestaltet werden kann, stellen Stefan WIESEL und Lioba ZODROW vor im Beitrag „Du sollst Dir kein Bild machen". Jesus entdecken auf den Weg zur Taufe, in: Lebendige Seelsorge 58 (2007) 360–364.
[24] Claudia HOFRICHTER, Agenda 2010 der Katechese: Wider ein „Pisa" des Glaubens, in: Katechetische Blätter 130 (2005) 136–142, hier 137.

von überzeugendem Angebot und freier Annahme.[25] Gerade im Blick auf die Taufkatechese (von Erwachsenen, Jugendlichen und Kindern) dürfte die damit verbundene Elementarisierung des Glaubens im Sinne der Konzentration auf das Wesentliche von großer Bedeutung werden.

Mit dem katechetischen Modell des Anbietens wird „die Katechese von der Hypothek des christlich-sozialisierenden Erfolgs entlastet."[26] Die dezidierte Option, durch die Kasualpraxis einen Glaubenshochstand und (Wieder)Anschluss an die Gemeinde zu erreichen, wird dadurch zurückgenommen, ohne das Ziel selbst aus den Augen zu verlieren.

Wenn zur Initiation grundlegend der Katechumenat gehört, dann gilt dies auch für die Kindertaufe: Im Sinne eines dynamischen Prozesses, in dem „das Ineinander von Person, Erschließung des Glaubens und liturgischer Feier" situations- und erfahrungsbezogen, evangeliumsgemäß, begleitend, positiv und verbindlich sowie „alle Handelnden und Teilnehmenden mit ihrer je eigenen Geschichte, ihren Erfahrungen und ihren persönlichen Voraussetzungen", auf dem lebenslangen Weg des Glaubens miteinbezogen. Und all dies „mit erreichbaren Zielen in überschaubaren Zeiträumen".[27] Dabei werden auch der schulische Religionsunterricht und die Schulpastoral eine wichtige Rolle spielen.[28]

4. Zur Taufpastoral im Kontext des Rituales „Die Feier der Kindertaufe" von 2007

Im Jahre 2006 wurden in der Bundesrepublik Deutschland 627.724 Kinder geboren; davon wurden 184.253 Kinder katholisch und 189.385 evangelisch getauft.[29] Auf diese Situation trifft die Neueinführung des Rituales, das „nach einem langen Prozess der Vorbereitung"[30] 2007 erschienen ist.

---

[25] Vgl. Katechese in veränderter Zeit (Die Deutschen Bischöfe 75), Bonn 2004, 10, A. 4.
[26] HOFRICHTER, Agenda (s. Anm. 24), 138.
[27] Ebd. 139f.
[28] Die bildende Kraft des Religionsunterrichtes. Schulpastoral – der Dienst an den Menschen im Handlungsfeld Schule (Die Deutschen Bischöfe 56: Kommission für Erziehung und Schule), Bonn 1996.
[29] Vgl. Christ in der Gegenwart 60 (2008) 222. – Die Zahl der Erwachsenentaufen betrug: 3.824 katholische und 23.269 evangelische Christen.
[30] Vgl. Pastorale Einführung (s. Anm. 1), 5. – HAUNERLAND berichtet über den Weg: „Bereits 1993 hatten die Bischöfe des deutschen Sprachgebietes den Auftrag gegeben ... eine Neuausgabe vorzubereiten. Eine erste Überarbeitung, die 1997 abgeschlossen war,

In ersten Stellungnahmen zu dieser Neuausgabe verweisen Liturgiewissenschaftler und Pastoraltheologen[31] auf Neuerungen und Unterschiede zum bislang geltenden Rituale: Auf die Bezeichnung mit dem Kreuzzeichen als Akt der Annahme und Begrüßung des Kindes, die nun zu Beginn des Wortgottesdienstes statt nach der Homilie erfolgt und auf die stärkere Einbeziehung von alttestamentlichen Texten als Lesungen, wie dies ebenfalls im lateinischen Rituale vorgesehen ist. Die Verschränkung der beiden Feiern der Taufe eines und mehrerer Kinder in einer Feier ist keine wesentliche Änderung; auch die anderen Feiern (Tauffeier für ein Kind in Lebensgefahr; Einführung in die Kirche für ein Kind, das die Nottaufe empfangen hat) verlaufen im bekannten Rahmen. Auch sprachlich sind verschiedene Texte neu, nicht immer besser, gestaltet.

Eine verstärkte pastorale Aufmerksamkeit sollte die nunmehr betonte „Feier der Kindertaufe innerhalb der Feier der Heiligen Messe" und das dafür nun eigens abgedruckte Formular (Kapitel II) finden. Die seit vielen Jahren bestehenden Bemühungen nicht weniger Pfarrgemeinden, die Tauffeier in die Feier der Osternacht, aber auch, jedenfalls mehrmals im Jahr, doch nicht ausschließlich, in die sonntägliche Eucharistiefeier einzubeziehen, machen deutlich: Taufe und Eucharistie sind theologisch aufeinander bezogen und, der Taufgottesdienst ist keine private Familienfeier.[32] Taufe als Familienfeier ist ein Trend, der in letzter Zeit vor allem in der sich anschließenden, z. T. sehr ausufernden „weltlichen" Feier Übergewicht bekommen hat. Wenn in der sonntäglichen Feier zudem mehrere Kinder getauft werden, vielleicht sogar nach einem gemeinsamen Vorbereitungsweg der Eltern und Paten, so kann sich daraus schon eine Feier-Gemeinde bilden, die vielleicht sogar einen Familienkreis nach der Taufe zur

---

war relativ frei mit den Vorgaben der lateinischen Editio typica umgegangen. Um der größeren Einheit aller volkssprachlichen Ausgaben des römischen Ritus willen ergab sich ein intensiver Konsultationsprozess mit der Kongregation für den Gottesdienst und die Sakramentenordnung, das Ergebnis war die erneuerte Ordnung ..." Haunerland/Nagel, Werkbuch (s. Anm. 2), 5. – Zur Arbeitsgruppe, die zwischen 1993 und 1997 tätig war, gehörten: Monika Selle, Rupert Berger, P. Winfried Bachler OSB, Werner Hahne, Alfred Rössler, Heinrich Weber, Elmar Nübold, Robert Wenz und Konrad Baumgartner. Von allen damals erstellten, von der IAG bereits approbierten Texten ist dann immerhin das von den Liturgischen Instituten Luzern, Salzburg, Trier herausgegebene Werkbuch Getauft – und dann? Gottesdienste mit Kindern und Jugendlichen auf ihrem Glaubensweg, Freiburg 2002 erschienen.

[31] Vgl. Haunerland/Nagel, Werkbuch und LAUMER, Taufrituale (s. Anm. 2).

[32] Natürlich kann man dafür auch das theologische Modell von „Hauskirche" bemühen; doch das Problem ist eigentlich der vorherrschende Akzent „private Feier". Wenn dann auch noch während der Tauffeier (am Samstagnachmittag) ein Schild an der Kirchentüre hängt „Tauffeier – bitte nicht stören!", dann ist der Gemeindebezug gänzlich verkannt. – Zu den pastoralen Möglichkeiten, vgl. Winfried VERBURG, Die Feier der Kindertaufe – ein Gemeindegottesdienst?, in: Gottes Volk 1995, H. 2, 123–127.

Folge hat. In jedem Fall aber ist die Feier der Taufe als eine Feier der ganzen Gemeinde zu betrachten. Schließlich werden die Kinder ja „auf den Glauben der Kirche getauft, den die Eltern und Paten inmitten der Gemeinde bezeugen"[33]. Auf den Gemeindebezug macht auch der Hinweis aufmerksam, dass die Taufe „normalerweise in der Pfarrkirche gefeiert werden soll."[34]

Für alles pastorale Handeln im Umfeld der Kindertaufe gilt, dass diese als Beginn eines Weges zu verstehen ist. An vielen Stellen des erneuerten Ritus und der Pastoralen Einführung wird dieser Wegcharakter des Glaubens, die Begleitung des Kindes dabei durch Eltern, Paten und Angehörige, aber auch die Verantwortung der ganzen Gemeinde dafür deutlich hervorgehoben. „Die Entfaltung der christlichen Existenz beginnt mit dem Empfang der Taufe und muss danach seine Fortsetzung finden ... In Familie, Kindergarten und Schule ist dem Kind Glaubenswissen zu vermitteln und religiöses Erleben zu eröffnen, besonders dadurch, dass es die verschiedenen Gottesdienstformen der Kirche mitvollzieht."[35] Die Erwartung, dass „das in der Taufe grundgelegte christliche Leben im gläubigen Leben der Familie sich entfalten wird", macht die Taufe von Kindern theologisch und pastoral verantwortbar. „Diese Erziehung wird unterstützt durch Glaubenserfahrung, etwa im Kindergarten, im schulischen Religionsunterricht, in der Gemeindekatechese und in vielfältigen liturgischen Feiern".[36] Zu einer Vielzahl solcher liturgischen Feiern „mit Kindern und Jugendlichen auf ihrem Glaubensweg" macht das Werkbuch „Getauft und dann?" unmittelbare Vorschläge.[37]

Die Verantwortung der Eltern und Paten sich auf die Feier der Taufe vorzubereiten und in der Glaubensbegleitung ihres Kindes aktiv zu werden, wird einerseits stark betont; die Möglichkeiten dazu werden aufgezeigt, aber auch die Grenzen realistisch gesehen. Die Eltern sollen „ihr Leben mit dem Evangelium Christi in Verbindung bringen" – durch die Begegnung mit engagierten Familien und Grup-

---

[33] Pastorale Einführung (s. Anm. 1), 8.
[34] Die Feier der Kindertaufe in den Bistümern des deutschen Sprachgebietes. Zweite authentische Ausgabe auf Grundlage der Editio typica altera 1973, Praenotanda Nr. 10, Freiburg u. a. 2007.
[35] Pastorale Einführung (s. Anm. 1), 6 f.
[36] Ebd. 8.
[37] Vgl. Anm. 30: Kindersegnungen im Vor- und Grundschulalter, feierliche Überreichung christlicher Symbole und Gebete; Taufgedächtnis und Feier der Umkehr und Versöhnung; Feier der Erstkommunion und Feiern nach der Erstkommunion; Feiern im Jugendalter (zur Schulentlassung, feierliche Erneuerung des Taufbekenntnisses). – Von pastoral-liturgischer Bedeutung ist auch die „Pastorale Einführung in das Werkbuch", 11–16.

pen in der Gemeinde, durch eines oder mehrere Taufgespräche: zur Klärung (und Vertiefung!) der Motive des Taufwunsches, zur Darlegung der in der Gemeinde üblichen Taufvorbereitung, zur Erneuerung des Glaubens und zur Vertiefung der Gemeinschaft mit der Kirche, zur Einladung der Pfarrgemeinde zu begegnen und die Gottesdienste mitzufeiern. Andererseits wird auch eingestanden, dass viele Eltern mit all dem ihre Schwierigkeiten haben können. Daraus kann sich die Beauftragung von mit der Familie verbundenen Personen ergeben, an ihrer Stelle den Glauben zu bekennen und die christliche Erziehung ihres Kindes zu gewährleisten. Dann sollte diese Person am Taufgespräch teilnehmen.

Auch die begrenzten Möglichkeiten nur eines Taufgespräches werden deutlich gesehen, weshalb weitere Taufgespräche, z. B. mit engagierten Eltern aus der Gemeinde, empfohlen werden. Nur für den Fall, dass Eltern den christlichen Glauben ablehnen, jedes vermittelnde Gespräch verweigern oder aus der Kirche ausgetreten sind und keine Bereitschaft zeigen, anderweitig für die Glaubenserziehung ihres Kindes zu sorgen, ist „in der Regel ein Taufaufschub angezeigt". Doch auch dann gilt, dass möglichst die Zustimmung zum Taufaufschub bei den Eltern erreicht werden sollte und klargestellt wird, dass Taufaufschub keine Taufverweigerung bedeutet. Der im Falle des Taufaufschubs vielleicht ausgesprochenen Bitte um ein gemeinsames Gebet und um den Segen für das Kind soll entsprochen werden, wobei freilich vermieden werden muss, dass eine solche Feier als Ersatz für die Taufe aufgefasst werden kann.[38]

Wenn es zutrifft, dass die weitaus größte Zahl der um die Taufe ihres Kindes bittenden Eltern, wie oben beschrieben, „Kasualienfromme" sind, dann müsste die im Anhang des deutschsprachigen Ritus vorgestellte und (außer im Erzbistum Vaduz) ermöglichte „Feier der Kindertaufe in zwei Stufen"[39] in der Pastoral favorisiert, in den Gemeinden vorgestellt und zu ihr nachhaltig eingeladen werden. Diese im Römischen Rituale nicht vorhandene Feier ist „eine beachtliche Innovation, die auf die Herausforderungen der Gegenwart zu antworten versucht."[40]

Ihre Wurzeln hat diese Feier in der eingangs genannten Bitte eines Bischofs aus Togo im Jahre 1965, Überlegungen dazu finden sich dann in „Sakramentenpastoral im Wandel" (1993, wo eine Segensfeier für das Kind – bei kirchlich distanzierten Eltern – als „Anfang eines Weges auf eine spätere Taufe hin" vorgeschlagen wird). Und

---

[38] Vgl. Pastorale Einführung (s. Anm. 1), 10–15.
[39] Vgl. Haunerland/Nagel, Werkbuch (s. Anm. 2), 24–28.
[40] LAUMER, Taufrituale (s. Anm. 2), 84.

schließlich hat die genannte Arbeitsgruppe[41] für einen erneuerten Ritus der Kindertaufe eben dazu ein Modell erarbeitet (Abschluss der Arbeit: November 1996), das nun modifiziert in die „Feier der Kindertaufe" Eingang gefunden hat. Eine einfache „Segnung der Kinder" empfiehlt bereits das Benediktionale von 1978, S. 239–241; diese Möglichkeit soll den Eltern bei einem Taufaufschub eröffnet werden.

Die „Feier der Kindertaufe in zwei Stufen" ist gedacht für die Situation, dass möglichst viele Eltern und Paten, die ein Kind zur Taufe in nächster Zeit angemeldet haben, sich an einem gemeinsamen Weg der Glaubensvertiefung beteiligen, also an einer „entfalteten Elternkatechese", bevor die Kinder in einer zweiten Stufe das Sakrament der Taufe empfangen.[42] Während in den Praenotanda des überarbeiteten Römischen Taufritus von 1986 von möglichen Pastoralanweisungen der Bischofskonferenz die Rede ist, in denen „das Einhalten eines längeren Zeitraumes vor der Tauffeier vorgeschrieben wird" – im Blick auf „manche Gegenden, wo die Eltern die Voraussetzungen für eine Tauffeier nicht erfüllen, oder die sogar die Taufe von Kindern erbitten, die später keine christliche Erziehung erhalten, ja den Glauben verlieren"[43], macht die Pastorale Einführung für den deutschsprachigen Ritus mehr auf die „Ungleichzeitigkeiten der Lebens- und Glaubenssituationen" der Eltern aufmerksam. „Die Eltern können eingeladen werden, sich im Zusammenhang der Taufe ihrer Kinder auf einen Weg gegenseitiger Annäherung einzulassen."[44] Der katechetische Weg zwischen den beiden Feiern soll aber nicht als Hürde oder gar als Buße für ein defizitäres Christsein angesehen werden und schon gar nicht soll eine „Zwei-Klassen-Taufsituation" entstehen: Taufgespräch und baldige Feier der Taufe für bereits „bewährte Christen"; Taufgespräch, Feier der Eröffnung des Weges zur Taufe, Taufseminar/Taufabend und Feier der Taufe für „distanzierte Christen".

So gesehen wäre es wünschenswert, dass möglichst einheitlich die Praxis der „Feier in zwei Stufen mit längerer Taufkatechese" Wirklichkeit wird, als Angebot, das beim Taufgespräch bereits gemacht und geklärt wird. Andere Eltern und haupt- und ehrenamtliche Mitarbeiter der Gemeinde könnten bei den zwei bis drei katechetischen

---

[41] Vgl. Anm. 30.
[42] Pastorale Einführung (s. Anm. 1), 12f.
[43] Die Feier der Kindertaufe (s. Anm. 34), Praenotanda Nr. 25.
[44] Pastorale Einführung (s. Anm. 1), 12. – „Dabei kann die Fremdheit zwischen Eltern und der Gemeinde allmählich überwunden werden. Dies bedeutet zugleich eine konkrete Bewegung von Seiten der Gemeinde auf die betreffenden Eltern hin … eine Begegnung zwischen anderen Gemeindemitgliedern und diesen Eltern."

Zusammenkünften mitwirken. Über das Jahr hin sollten mehrere feste Termine für Taufgottesdienste in einer Gemeinde vorgesehen und rechtzeitig bekanntgegeben werden. Auf diese hin könnten sich die Elternabende ausrichten. Aus triftigem Grund können Eltern aber eine eigene Tauffeier für ihr Kind erbitten – freilich ohne jeglichen Anschein der Bevorzugung. Die mit diesem „Zwei Stufen-Modell" gegebene Gefahr, dass sich Eltern mit der ersten Feier begnügen und ihr Kind nicht mehr taufen lassen, ist allerdings nicht zu übersehen. Doch sollte in Zukunft die pastoralliturgische Präferenz bei der Kindertaufe diesem Modell zukommen, wenn auch nach wie vor eine differenzierte Taufpastoral Wirklichkeit bleiben wird. Jedenfalls wird mit diesem Modell eine situationsgerechtere und zugleich verantwortbarere Praxis der Kleinkindertaufe angestoßen. Aus der bereits vorhandenen Praxis wird berichtet, dass in den eingangs genannten Diözesen in diesem Sinn bereits bestehende liturgische Feiern und katechetische Vorbereitungs- und Erschließungswege sich weithin bewährt haben.[45]

Zur Verkündigung in der Feier der Kindertaufe wird im Römischen Ritus darauf verwiesen, dass „die Homilie ausgehend vom heiligen Text auf die Feier Bezug nehmen soll"[46]. Davon ausgehend bemerkt Ludwig Mödl: „Die Taufpredigt hat den Charakter einer deutenden Predigt. Sie soll helfen, das geistliche (mystagogische) Geschehen intensiv mitvollziehen zu können. Ihre generelles Ziel ist es, die Anwesenden zur aktiven Teilnahme zu befähigen." Dafür stellt Mödl drei Möglichkeiten vor: die Kommentierung der theologischen Begriffe und Bilder der Schrifttexte, die Deutung der Zeichen und Riten der Feier sowie die Erschließung der Namenspatrone des Kindes. „Die Taufpredigt wird ... einen gewissen nahen und damit persönlichen Redestil annehmen können, dem vermehrt der Charakter eines Glaubenszeugnisses des Predigers anhaftet ... Sie wird die Besonderheit des Tauf-Casus ins Wort bringen und so die Anwesenden zu einer wahrhaft religiösen Mitfeier ermutigen."[47]

---

[45] Z.B. im Bistum Eichstätt. Dort hat Bischof Walter Mixa in einem Hirtenbrief zum ersten Adventssonntag 1996 zur Erneuerung der Vorbereitung auf das Taufsakrament aufgerufen und angeordnet, dass beim ersten Taufgespräch zu zwei bis drei weiteren Gesprächen in Gruppen eingeladen werden soll. Entsprechende Materialien sind vom Seelsorgeamt zur Verfügung gestellt worden. Das Echo der Pfarreien, die sich darauf eingelassen haben, ist durchwegs positiv. – Ähnliches gilt für die Diözese Rottenburg-Stuttgart, vgl. Claudia HOFRICHTER, Wir möchten, dass unser Kind getauft wird. Eine Handreichung für Taufgespräche in Elterngruppen, München ²2003 (ein zweiter Teil mit demselben Titel ist für Mütter, Väter und Paten gedacht).
[46] Die Feier der Kindertaufe (s. Anm. 34), Praenotanda Nr. 29,2b.
[47] Ludwig MÖDL, Die Taufpredigt, in: Haunerland/Nagel, Werkbuch (s. Anm. 2), 103–111.

Bereits 1978 bemerkte Dieter Emeis: „In der Tauffeier geht es nicht um theologische Belehrungen oder gar um belastende Appelle an die schwere Verantwortung der Eltern, sondern darum, dass die Eltern in Glaube und Liebe ihr Kind und sich der helfenden Nähe Gottes in Jesus Christus anvertrauen, sich annehmen und beschenken lassen und zum Gebet finden. Daher steht die Taufansprache unter dem primären Kriterium, ob sie dazu beiträgt, dass der Gottesdienst als Feier des Glaubens gelingen kann."[48]

Eine wichtige Studie über die Taufpredigt als Interventionsgeschehen hat Peter Kohl vorgelegt.[49] Darin gibt er zunächst einen Überblick über die Einflussfaktoren auf die Taufpredigt: die Situation der Eltern, ihre Taufmotive, den Kontext des Taufgesprächs, die Theologie der Taufe und ihrer geschichtlichen Entwicklung, den Taufritus und die dabei vollzogenen Symbolhandlungen. Daraus ergeben sich viele Bezugspunkte für die Taufpredigt, die im Zusammenhang der jeweiligen kirchlichen und gesellschaftlichen Situation zu bedenken sind. Auch der Prediger selbst kommt mit seiner „wahrscheinlichen" Persönlichkeitsstruktur und seiner beruflichen Befindlichkeit in den Blick. Analysen von Taufpredigten anhand einer empirischen Befragung von Predigern und deren Auswertung verbinden die Theorieteile mit der Praxis.

Für die Taufpredigt als Intervention ergeben sich nach Kohl drei wichtige Perspektiven: „der Prediger kann im Sinne der Korrelation die christliche Botschaft als Antwort auf die Ambivalenz des Lebens und damit auf die Fragen, die die Hörer bewegen, zur Sprache bringen; er kann im Sinn der Provokation aus der Sicht des christlichen Glaubens falsche oder oberflächliche Antwortversuche auf die Fragen der Menschen aufbrechen und im Sinn der christlichen Botschaft vertiefen; er kann im Sinne der Evokation menschliche Erfahrungen von Glauben erst zu wecken versuchen, also im Sinn der Verheißung Fragen, Sehnsüchte, Aufbrüche zu ermöglichen, die es vorher bei den Hörern nicht gab."[50]

Im Sinne des derzeitig sich vollziehenden Wandels „von der Verkirchlichung des christlichen Glaubens zu einer diakonischen Kirche" geht es auch bei der Taufe um die doppelte Perspektive: „die anthropo-logische Dimension des ‚in' der Kasualie gefeierten, lebensbegleitenden bzw. lebenswendlichen Anliegens ist der weite Ho-

---

[48] Dieter EMEIS, Die Taufe, in: Hans-Dieter Bastian u.a. (Hg.), Taufe, Trauung und Begräbnis, München 1978, 15–66, 64f.
[49] Peter KOHL, Die Taufpredigt als Intervention (s. Anm. 12).
[50] Ebd. 88. – Eine Zusammenfassung seiner Erkenntnisse bietet Kohl, in: Erich Garhammer u.a. (Hg.), Zwischen Schwellenangst und Schwellenzauber, München 2002, 103–110.

rizont ihrer theo-logischen Bedeutung, wie umgekehrt diese theo-logische Bedeutung den letzten Horizont der anthropologischen Dimension der Kasualie bildet."[51] Deshalb ist das Ziel der Kasualpredigt, „die Botschaft des Evangeliums in die Lebensgeschichte der Menschen hineinzusprechen ..., um die Relevanz des Glaubens in der Lebensgeschichte des bzw. der Einzelnen aufzuweisen ... Es geht um die geistliche Kompetenz (des Predigers), Leben und Glauben miteinander zum neuen Textum (= Gewebe) der Predigt verweben zu können.[52]

Glauben weckenden und Glauben stärkenden Verkündigungscharakter soll übrigens die ganze Feier der Taufe haben: die nicht routinierte, sondern persönlich-gläubige Leitung der Feier, der Schmuck des Kirchenraumes, die Gestaltung der Osterkerze und der Taufkerze, des Taufkleides, das erst während der Feier angezogen werden soll, der liturgischen Gewänder, der Salbgefäße, die möglichst öffentlich sichtbar im Kirchenraum aufbewahrt werden sollen, das feierliche Glockengeläute, die Teilnahme von Ministranten und Vertretern der Pfarrgemeinde. Bei all dem geht es nicht um das Zeichen „an sich", sondern um einen angemessenen Vollzug. Das Untertauchen z. B. hat Vorrang vor dem Übergießen, echtes Salben („einreiben") vor bloßem Berühren, Gesang vor instrumentaler Musik, fließendes statt abgestandenes Wasser im Taufbrunnen, der ggf. auch die Möglichkeit zum Untertauchen des Kindes bietet[53]. All dies verdient um der Würde der Taufe willen eine neue „Aufmerksamkeit"[54].

5. Ausblick

Wird auch mit dem neuen Kindertaufritus wieder alles „beim Alten" bleiben? Das wäre zu bedauern, denn in der Tat: „Das überarbeitete Kindertaufrituale (und die Pastorale Einführung! K. B.) kann mit sei-

---

[51] Heinz-Günther SCHÖTTLER, „Signa fidei" und „rites de passage". Kasualpraxis als pastoraltheologische und homiletische Herausforderung, in: Först/Kügler, Mehrheit (s. Anm. 11), 117–128, 123. (Schöttler bezieht sich mit dieser Formulierung auf Gisbert GRESHAKE, Anthropologie, in: LThK³ 1[1993] 726).
[52] Ebd. 126 f. – Zur Praxis, vgl. Stefan SCHOLZ, Anfang neuen Lebens. Taufgottesdienste mit zeitgemäßen Ansprachen, Regensburg 2007. Scholz verweist auf den doppelten Geschenkcharakter der Taufe: Sie ist ein Geschenk von Gott, „aber auch der Taufbewerber bzw. die Familie des zu taufenden Kindes bringen der Kirche ein Geschenk: sich selbst mit ihren Lebens- und Glaubenserfahrungen" (11 f.).
[53] Vgl. den Taufbrunnen von Kurt Sigrist in der Pfarrkirche Schendi in Stalden/Schweiz, in: Ferment 2/2004, 56 und den Bericht von der (Säuglings-)Taufe durch Untertauchen in der St. Elisabeth-Kirche in Gera/Thüringen, in: Tag des Herrn 56 (Leipzig 2006) Nr. 34. – Vgl. die Hinweise dazu in: Pastorale Einführung (s. Anm. 1), 22.
[54] Vgl. SCHEUCHENPFLUG, Taufpastoral (s. Anm. 2), 40.

nen Änderungen bedeutsame Impulse für eine angemessene Pastoral und Liturgie des Taufsakramentes in heutiger Zeit geben. Die in der Gegenwart im deutschsprachigen Raum wohl wichtigste und am bedrängendsten empfundene Herausforderung, das Auseinandertriften von Sakramentenpraxis und personaler Glaubensendscheidung, wird ... mit behutsamen, aber auch wegweisenden Neuerungen zu beantworten versucht."[55] Auch für die Taufpastoral gilt es „die neuen Zeichen der Zeit" zu erkennen, sie im Lichte des Evangeliums zu deuten und dann „zeit- und evangeliumsgerecht" zu handeln.[56]

---

[55] LAUMER, Taufrituale (s. Anm. 2), 85.
[56] Vgl. Karl LEHMANN, Neue Zeichen der Zeit. Unterscheidungskriterien zur Diagnose der Situation der Kirche in der Gesellschaft und zum kirchlichen Handeln heute (Der Vorsitzende der Deutschen Bischofskonferenz 26), Bonn 2005.

Wege zur Kindertaufe nach katechumenaler Art

Einblick in die Situation in Frankreich

Jean-Claude Reichert

Ich möchte zuerst ganz herzlich die Organisatoren dieser 7. Sommerakademie grüßen und mich auch bei Ihnen bedanken für die sommerliche Einladung nach Trier. Es ist für mich eine Ehre und eine Freude zu dieser Tagung etwas beitragen zu dürfen. Seit sechs Jahren leite ich die Nationalstelle für Katechese und Katechumenat der Bischofskonferenz in Paris. Ich bin also kein Liturgieexperte im engsten Sinn des Wortes. Ich hoffe dennoch, in Sachen Kindertaufe etwas Vernünftiges und vor allem Nützliches beitragen zu können.

Ich wurde eingeladen, Ihnen einen Einblick in die Situation Frankreichs zu ermöglichen. Es wird nur ein Blick „über den Tellerrand" werden. Warum denn „über den Tellerrand"? Auf dem Teller liegt offensichtlich die liturgische Praxis der Kindertaufe, wie sie durch den neuen Ritus in Deutschland erneuert ist. Zahlreiche Referate werden diesen Tellerinhalt reichlich dokumentieren und diskutieren. Auf dem Gebiet der liturgischen Praxis der Kindertaufe hat aber Frankreich nach meiner Ansicht wenig Bemerkenswertes zu bieten. Das pastorale Umfeld der Kindertaufe hingegen wurde in Frankreich völlig neu gedacht. Hier sehe ich also den Tellerrand, auf den ich mich konzentrieren möchte.

1. Eine erste Frage wird uns beschäftigen: Wie verkraftet die katholische Kirche in Frankreich das heutige Umfeld der Sakramentenfrage und eben auch die Frage der Kindertaufe?
2. Ein neuer Schritt wird dann an einer zweiten Frage anknüpfen: Nach welchen Stellungnahmen hat die katholische Kirche in Frankreich sich vorgenommen, auf dem Gebiet der Kindertaufe zu handeln?
3. Zum letzten werde ich ein konkretes Beispiel für französische Versuche in Sachen Kindertaufe vorlegen.

1. Die Kindertaufe im *Brief an die Katholiken Frankreichs*

Das Dokument der französischen Bischöfe[1] wurde 1996 veröffentlicht. Es scheint mir in Deutschland wohlbekannt zu sein. Geht man ins Internet, so sieht man den Ausdruck „Glauben anbieten" reichlich benutzt. Aber zumeist wird das französische Schreiben nur auf seine im ersten Kapitel entfaltete Analyse der heutigen Verhältnisse in Sache Verkündigung bezogen. Ich zitiere das bekannte Motto: *„Es geht darum, die reale Situation des Glaubenslebens wahrzunehmen: unsere Situation als Katholiken in der heutigen Gesellschaft zu verstehen"*[2]. Diese Grundhaltung ist bekannt. Sind wir genau so gut vertraut mit der Aktualtät dieses Textes in Sachen Sakramente? Wer sich damit beschäftigen will, kann insbesondere nach dem dritten Kapitel greifen. Da findet er eine interessante Diskussion unter dem Titel: *Das Heil feiern (Leiturgia)*.

Zuerst die Grundfeststellung. Ich zitiere: *„Was man früher nur zu veranstalten brauchte, muss heute bewusst vollzogen und gestützt werden. Was eine mehrheitlich katholische Bevölkerung von uns fast automatisch zu tun verlangte und was selbstverständlich war, muss jetzt angeboten werden als etwas, das zur Wahl steht."*[3] Im diesem Zitat kommt zum Ausdruck, was die Bischöfe einen „Wandel" nennen. Ich glaube, es sollte nicht besonders schwierig sein, diese generelle Äußerung auf die Kindertaufe zu übertragen. Nun aber das Entscheidende. Ich zitiere wieder: *„Die sogennante herkömmliche Pastoral, die oft wie eine Pastoral der Aufnahme erlebt wurde, muss mehr und mehr zu einer Pastoral des Angebots werden."*[4]

1.1 Von einer „Pastoral der Annahme" zur „Pastoral des Angebots"

Was versteht man in Frankreich unter „Pastoral der Annahme"? Es geht um eine Praxis, die am Anfang der 1960er Jahre entwickelt wurde. Man lud die Eltern zu Vorbereitungstreffen ein. Der Zweck dieser Treffen war die Vorbereitung des Taufgottesdienstes. Es ging um die Auswahl der Lieder und Schriftlesungen. Es wurde auch über

---

[1] Les évêques de France, *Proposer la foi dans la société actuelle. Lettre aux catholiques de France*, Paris 1996. Dieses Dokument wird hier zitiert in der deutschen Übersetzung des Sekretariats der Deutschen Bischofskonferenz: Die Bischöfe Frankreichs, *Den Glauben anbieten in der heutigen Gesellschaft. Brief an die Katholiken Frankreichs* (Stimmen der Weltkirche 37). 11. Juni 2000.
[2] Ebd., 13.
[3] Ebd., 30.
[4] Ebd., 30.

den Eröffnungsdialog diskutiert. Sie wissen schon: Die berüchtigten Fragen an Eltern und Paten „Was erbitten Sie von der Kirche Gottes?" und das verlangte Ja-Wort zu den Verpflichtungen in Sachen christlicher Erziehung.

Manche Eltern fanden in diesen Vorbereitungstreffen einen Anlass zur Erneuerung ihres Glaubens. Aber für die große Mehrheit der Teilnehmer waren diese Treffen reine Formalität: Was will denn die Kirche von uns? Für uns geht es nur um die Taufe unseres Kindes. Wieso werden wir über unsere Motivationen befragt? Ist es nicht einfach unser gutes Recht, die Taufe zu bekommen? Die Taufe wurde von Leuten erbeten, die weit entfernt waren von der eigentlichen Bedeutung der Taufe. Und doch sollte man gemeinsam einen Taufgottesdienst vorbereiten. Manche Priester ließen übertriebene Strenge walten, weil sie nicht das Taufsakrament „verpfuschen" wollten. Andere gaben auf, weil sie von der Unüberwindbarkeit der Kluft zwischen Anspruch und Wirklichkeit überzeugt waren.

1.2 „Anbieten"

Ende der 1990er Jahre entscheidet sich der *Brief an die Katholiken Frankreichs* für eine „Pastoral des Angebots". Worin liegt das Neue? Liegt es vielleicht im Zeitwort „anbieten"? Ich höre öfter, „Anbieten" sei eine Antithese für „Vorschreiben". Diese Interpretation lässt etwas von einer heute herkömmlichen Anschauung ahnen, einer Anschauung, in der sich eine Form der Niederlegung der Vermittlungspflicht spiegelt. Weil sie sich selbst als „Suchende" empfinden, wollen viele nicht mehr das Gefühl haben, sie müssten über den Leuten stehen und ihnen vorschreiben, was sie zu tun und zu denken haben. Heute möchte man schlicht daneben stehen. Ein Stück des Weges mit Jemandem gehen. Respektvoll jeden mit seinem eigenen Weg annehmen. Man denkt, alles hänge vom persönlichen Weg ab. Dieser Weg solle also angenommen werden, wie er ist. Anbieten statt vorschreiben.

Diese Interpretation ist hier gewiss übertrieben. Aber sie bringt eine Facette des Wandels ans Licht. Wenn die französischen Bischöfe von „Anbieten" sprechen, haben sie auch ein feines Gespür für eine Art von Kirche im respektvollen Dialog mit den Menschen von heute. Aber, und da liegt der wichtigste Punkt, die Bischöfe verstehen zugleich „Anbieten" im Sinne eines Vermittlungsaktes. Ich zitiere: *„Wir können uns nicht mehr nur mit dem Erbe begnügen, so reich es auch sein mag. [...] Wir müssen das Anfangsgeschehen der Evangelisierung wiederentdecken: das einfache und entschlossene Anbie-*

ten des Evangeliums Christi."[5] „Anbieten" bezeichnet also nicht eine Art Anpassungshaltung, „Anbieten" sagt etwas von einem bestimmten Handeln.

1.3 „Den Glauben anbieten"

Dieses Handeln hängt mit dem vollen Ausdruck des *Briefes* zusammen: „Glauben anbieten". Aber wie kann man den Glauben anbieten in einem Umfeld, wo viele keinen realen und lebendigen Kontakt zum Glaubensleben mehr haben, insbesondere wenn die Sakramente als etwas Automatisches oder relativ Konventionelles verlangt werden? Die Antwort lautet: Indem wir Wege zur Feier des Sakramentes und Wege zum Kern des Glaubens organisieren.

Das Wort „Weg" erhält jetzt eine neue Färbung. Es meint nicht mehr den persönlichen Weg einzelner. Wir reden jetzt über einen durch die Kirche organisierten Weg. Bei einer Feier der *Kindertaufe in zwei Stufen* spricht das neue deutschsprachige Liturgiebuch von einer *„Eröffnung des Weges zur Taufe"*. Die Eröffnung wird liturgisch gestaltet (dazu kommen wir später) aber der Weg selbst: Von welcher Art wird er sein? In einer „Pastoral der Annahme" würde man den Eltern sagen: Gehen wir ein Stück des Weges zusammen. Man würde aus der Überzeugung heraus handeln, dass man vor allem den persöhnlichen Weg der Eltern akzpetieren soll! Aber in einer „Pastoral des Angebots" ist der Weg ein kirchliches Vorhaben. Man handelt aus der Überzeugung heraus, dass man die Menschen auf einen Weg geleiten soll, den sie auch begehen können.

Ein solcher „Weg zur Taufe" sollte den Eltern konkrete Möglichkeiten bieten, die Glaubenserfahrung der Taufe „durchzugehen". Auf dieser Glaubenserfahrung ruht gewiss die Liturgie der Taufe. Aber, weil die Glaubenserfahrung der Taufe nicht in der Liturgie der Taufe „eingesperrt" ist, kann ein Weg hin zur Feier des Taufgottesdienstes es ermöglichen, diese Glaubenserfahrung zu erleben. In einer „Pastoral der Annahme" ist das Ziel klar vorausgesetzt: Es ist die Liturgie der Taufe. Man will sie für die Menschen erreichbar machen. In einer „Pastoral des Angebots" ist das Ziel die langsame Reifung der Personen. Der Weg ist dazu bestimmt, den Menschen Zeit zu lassen, ihr Leben als ein Geschenk Gottes wahrnehmen zu können, ein Geschenk, das die Kirche insbesondere empfängt, wenn sie die Taufe feiert.

---

[5] Ebd. S. 29.

1.4. „Eine Kirche bilden, die den Glauben anbietet"

Im *Brief an die Katholiken Frankreichs* geht es nicht nur darum, den „Glauben anzubieten". Das dritte Kapitel, in dem von den Sakramenten geredet wird, verbindet das Zeitwort „anbieten" mit der Kirche als Subjekt: Wir müssen, sagen die französischen Bischöfe, *„eine Kirche bilden, die den Glauben anbietet"*[6]. Es ist die christliche Gemeinschaft, die einen Weg zur Taufe zu organisieren hat, weil es das Ziel dieses Weges ist, Eltern zu helfen, an der Glaubenserfahrung der christlichen Gemeinschaft teilzuhaben. Ein Weg zur Taufe kann nicht nur eine pastorale Aktivität unter anderen sein. In ihm spiegelt sich der Kern des kirchlichen Zusammenlebens selbst. Und ein solcher Weg kann nicht nur an Pastoralreferenten übertragen werden, ohne Einbeziehung der ganzen Gemeinschaft. In einer „Pastoral des Angebotes" ist es die ganze Kirche, die sich auf den Weg machen muss mit den Eltern. Einen solchen Weg zu organisieren, verlangt von ihr, dass sie sich selbst mit dem ungeschuldeten Gottesgeschenk konfrontiert und den Weg in seiner Neuartigkeit wahrnimmt. Da liegt, für Frankreich, der schwerwiegende Punkt der Änderung. Ich zitiere: *„Sind wir uns genügend bewusst, was sich daraus im Gegenzug für unsere Gemeinschaften ergibt? Auf dem Gebiet der Liturgie und auch in vielen anderen Bereichen hat sich eine authentische Wiederaneignung der katholischen Tradition als notwendig für unsere Gemeinschaften erwiesen."*[7] Soviel zum ersten Schritt. Kommen wir zum zweiten.

2. Konkrete Impulse aus dem *Nationalen Dokument zur Orientierung der Katechese in Frankreich*

Erst zehn Jahre nach dem entscheidenden *Brief an die Katholiken Frankreichs* kamen die ersten konkreten Impulse. Sie finden sie in einem glücklicherweise auch in deutscher Sprache vorhandenen *Nationalen Dokument für die Katechese in Frankreich*[8]. In diesem Do-

---

[6] Ebd., 57.
[7] Ebd., 79.
[8] Conférence des évêques de France, *Texte national pour l'orientation de la catéchèse en France et principes d'organisation*, Mame. 2006. Dieses Dokument wird hier zitiert in der deutschen Übersetzung des Sekretariats der Deutschen Bischofskonferenz: Französische Bischofskonferenz, *Nationales Dokument zur Orientierung der Katechese in Frankreich. Vorschläge zur Organisation des katechetischen Wirkens* (Stimmen der Weltkirche 40). 8. September 2007.
Der erste Teil *(Texte national)* wurde mit Zustimmung der Kongregation für den Klerus veröffentlicht. Es war bereits als „Anwendungsdekret" der allgemeinen Normen *(Allgemeines Direktorium für die Katechese, 1997)* an die Situation Frankreichs von der

kument sind vier Herausforderungen benannt, unter denen die vierte lautet: Wenn Sakramente nachgefragt oder angeboten werden, dann soll damit die Gelegenheit verbunden sein, einen Weg der Reifung im Glauben anzubieten. Die französische Bischofskonferenz wünscht sich, eine *„Hinführung zu allen Sakramenten in einer Form, wie sie im Erwachsenenkatechumenat bereits vorgezeichnet ist"*[9]. Um es kürzer zu sagen: Man soll *„eine Art ‚katechumenalen' Weg zu leben"* anbieten. Um was geht es noch genauer? Ich zitiere weiter: *„Angesichts der Distanz, die viele heute zum Glauben und kirchlichen Leben haben, ist der katechumenale Weg besonders geeignet, weil er die bedingungslose Annahme der Personen und den von der Kirche angebotenen Weg verbindet."*[10]

2.1 Mit offenem Ohr

Ein Weg zur Taufe nach katechumenaler Art verlangt zuerst eine besondere „Entkrampfung", wenn nach Taufe gefragt wird. So schreibt Mgr. Léonard, Bischof von Namur, in einem kleinen Büchlein über Sakramentenpastoral: *„Es wäre nicht gut, wenn wir zu schnell verordnen würden, die Leute würden sich fern vom Glauben halten. Sie kommen oft zu uns mit schüchternen oder konventionellen Bitten. Es wäre nicht gut zu verordnen, dass sie nur der Peripherie der Kirche angehören oder dass ihre Bitten zweideutig sind."*[11] Ein Weg zur Taufe „in katechumenaler Art" beginnt immer mit der freudigen Feststellung „Jemand ist hier und klopft an der Tür". Ein Mensch ist hier, mit seiner Reichhaltigkeit, seinem Verlangen nach Gott, seinen Fragen über Kindererziehung, seinen inneren Kämpfen … Um einen Weg zur Taufe nach katechumenaler Art zu gestalten, darf man nicht sofort über Motivationen urteilen. „Motivation" ist etwas, das man von einem Arbeitsbewerber verlangen kann, nicht von einem Menschen, der die Taufe wünscht, schreibt Roland Lacroix in einem von unserer Nationalstelle veröffentlichten Buch[12].

Bischofskonferenz genehmigt worden. Der zweite Teil *(Propositions pour l'organisation)* war für die Ebene der Diözesen gedacht. Es wurde auch offiziell von der Bischofskonferenz genehmigt, diente aber als Grundlage für diözesane Richtlinien.
[9] Ebd., 45.
[10] Ebd., 90. Das Dokument unterscheidet zwischen dem „katechumenalen Weg" und „einer Art katechumenaler Weg", weil es hier um alle Sakramente geht. Die Situation der Katechumenen ist gewiss nicht dieselbe wie die Situation der schon Getauften, die Sakramente wie Krankensalbung oder Ehe wünschen.
[11] André-Mutien Léonard, *Pastorale et catéchèse des sacrements. Impasses et perspectives*, Anne Sigier, Québec 2005, 33 f.
[12] Service national de la catéchèse et du catéchuménat, *Des itinéraires de type catéchuménal vers les sacrements*, Editions Bayard, Montrouge cedex 2007.

2.2 Vertrauen auf Gottes Wirken

Mit „offenem Ohr" den Weg zu beginnen, gehört nicht zu einer Anpassungsstrategie. Es ist charakteristisch für einen Weg, der grundsätzlich mit dem Vertrauen auf Gottes Wirken zu tun haben soll. Ein Weg katechumenaler Art hat immer seinen Ursprung in Gott, der als erster sich dem Menschen nähert, ihn sucht, sich selbst für ihn hingibt, auf seine Antwort wartet. So schreiben die französischen Bischöfe: *„Man wird von Gott selbst eingeführt, der uns an seinem Leben teilhaben lässt. Genau dies geschieht im Erwachsenenkatechumenat: Erwachsene klopfen an der Tür der Kirche an und bitten darum, von Gott eingeführt zu werden. […] Gott selbst ist das aktive Subjekt des Verbs ‚einführen'."*[13]

Man sollte sich aber nicht täuschen. Gott selbst Zeit und Raum gewähren, heißt bei weitem nicht, alles zuzulassen: mit den Leuten ein Stück Weg gehen, und Schritt für Schritt sehen, was dabei herauskommen wird! Wenn die Kirche einen Weg katechumenaler Art zur Taufe organisieren will, so muss dieser Weg auf dem Wirken Gottes in den Menschen ruhen. Aber ein solcher Weg, in Gottes Wirken verwurzelt, kann nur dann ein von konkreten Menschen betretbarer Weg sein, wenn er in Etappen und Momenten gestuft ist. Sonst reden wir von einem Weg, der nur als metaphorische Figur dient. Einen Weg in verschiedenen Phasen zu entfalten, lässt uns lernen, dass man ein Sakrament nicht vorbereitet, sondern dass mit jedem Gang des Weges etwas vom Sakrament sich in den Personen entfalten kann.

2.3 Ein vom Sakrament her geprägter Weg

Es war schon verblüffend für mich, im neuen deutschsprachigen Liturgiebuch festzustellen, dass die Eröffnungsfeier der Kindertaufe in zwei Stufen eine echte Etappe bildet für einen vom Katechumenat her geprägten Weg! Es ist gewiss kein banaler Eröffnungsgottesdienst im Sinne einer „Pastoral der Annahme". Frankreich kannte solche Beispiele für eine gestufte Eingliederung in die Kirche. Wenn Eltern ihr Kind zur Taufe brachten, aber selbst mit dem Glauben wenig vertraut zu sein schienen, kam es zu Annahmegottesdiensten, in denen das Kind und seine Eltern einfach der Gemeinde vorgestellt wurden. Im neuen deutschsprachigen Liturgiebuch geht es um etwas ganz anders. Die Eröffnungsfeier des Weges zur Taufe enthält eine Salbung mit Katechumenenöl. Diese Salbung ist ganz offenbar ein

---

[13] Nationales Dokument zur Orientierung der Katechese in Frankreich (s. Anm. 8), 66.

Ritus des Katechumenats, wie wir es kennen vom Erwachsenenkatechumenat her oder von der Taufe der Kinder in Schulalter.

So kann man sich schon etwas vorstellen vom Anfang eines Weges katechumenaler Art zur Kindertaufe. Wahrscheinlich haben Eltern ihren Wunsch nach der Taufe ihres Kindes geäußert. Sie haben glücklicherweise bei der christlichen Gemeinde ein offenes Ohr gefunden. (Hoffen wir es!) Und sofort stellt sich diese Gemeinde liturgisch in den Dienst Gottes, der selbst diesem Kind seine Kraft vermitteln wird. Dem Wirken Gottes wird sofort Raum gegeben mit dem sakramentalen Ritus der Salbung.

Hierzu kommt eine andere Eigenheit des Weges „von katechumenaler Art". Dieser Weg zur Taufe ist in sich selbst sakramental geprägt. Von Anfang an ist es ein Weg, der die Kraft der göttlichen Gnade rituell vermittelt. Der Weg mit den Eltern bietet nicht nur den Anlass, von der Gnade Gottes zu sprechen, besonders nicht als eine Realität, die später erst hinzukommen wird, am Ende, wenn die eigentliche Taufliturgie stattfindet. Ein Weg katechumenaler Art ist sakramental in seiner Kraft als ein vom Wirken Gottes geprägter und vom Menschen betretbarer Weg. Deswegen ist es üblich zu sagen: Das Ziel eines katechumenalen Weges zur Taufe ist das Betreten des Weges selbst. Ein solcher Weg bereitet nicht ein sakramentales Ereignis vor, das noch bevorsteht. Er ist ein „Erlebnisweg" für das sakramentale Ereignis, aus dessen Kraft die ganze Kirche ständig lebt, nicht nur wenn sie Taufe liturgisch feiert.

2.4 Ist es möglich, einen Säugling als Katechumenen anzusehen und anzusprechen?

Dennoch gibt es Grund erstaunt zu sein. Mit diesem Ritus der Salbung mit Katechumenenöl wird das Kind als Katechumene angesehen und angesprochen. Ist so etwas möglich? Bei uns in Frankreich würde man vielleicht heftig reagieren. Die Wiederherstellung des Erwachsenenkatechumenats hat uns sehr sensibel gemacht, was die persönliche Entscheidung angeht. Vom Katechumenat aus gesehen ist die Taufe mit einer persönlichen und sorgfältig gereiften Entscheidung verbunden. Deshalb meinen wir in Frankreich, kann ein Katechumene nur ein Erwachsener sein, der sich seiner Verpflichtungen klar ist, oder, was Kinder anbelangt, nur Kinder ab dem 7. Lebensjahr. Nur von diesem Alter ab können wir für das Kind selbst einen Weg katechumenaler Art in Betracht ziehen.

Von dieser französischen Sichtweise her interessiert mich dann die Vorbemerkung zur Taufe in zwei Stufen, wie sie im deutschsprachigen Liturgiebuch lautet: *„Diese Feier soll zusammen mit den Eltern,*

Paten und anderen Gemeindemitgliedern, die den Glaubensweg der Eltern begleiten, vorbereitet werden."[14] „Vorbereiten" ist im französischen Denken mit einer „Pastoral der Annahme" verbunden. Im Sinne einer „Pastoral des Angebots" hätte ich mich gefreut zu lesen:
Die ganze Gemeinde soll, mit den Eltern und ihren anderen Kindern, mit den Paten, Freunden und Angehörigen an dieser katechumenalen Eröffnungsfeier selbst teilnehmen. So würde eine alte Tradition der Kirche wieder lebendig, die auch auf den Erwachsenenkatechumenat zutrifft: Obwohl jemand als Katechumene angesprochen wird, ist diese Person nur Katechumene durch die Vermittlung der Mutter Kirche. Der heilige Augustinus hatte zu seiner Zeit diese Tradition auf die Kindertaufe speziell übertragen. Er sagte: Die Kinder sind nicht von ihren Eltern zur Taufe gebracht, sondern durch die Hände der unzähligen Schar der Heiligen, also durch die ganze Kirche, die sichtbare und die unsichtbare Kirche.

Da sind wir an einem Punkt angelangt, wo die französische Praxis der Kindertaufe interessant werden könnte, denn sie legt großen Wert auf das Einbeziehen der christlichen Gemeinde in jede Form des Weges zu den Sakramenten.

3. Ein französisches Beispiel

In Frankreich wird die „Pastoral des Angebots" schon seit einigen Jahren für die Sakramente der Firmung, der Erstkommunion und der Ehe ausprobiert[15]. Es gibt verbreitet gute Bemühungen um Wege katechumenaler Art zur Erstkommunion. Es gibt auch mehrere Veröffentlichungen für das Sakrament der Ehe[16]. Im Bereich Kindertaufe gibt es bisher aber nach meiner Kenntnis keinen Versuch. Dennoch hat sich eine interessante Praxis entwickelt mit der Taufe drei- bis fünfjähriger Kinder. Diese Situation kann man leicht auf die Kindertaufe übertragen, denn, wie mit kleinen Kindern, sind es immer noch die Eltern, die um die Taufe ihres drei- bis fünfjährigen Kindes bitten. Das Kind wird nicht gefragt und nicht um Erlaubnis gebeten! Also können wir ohne Schwierigkeiten die originäre Praxis der französischen Kindertaufe hieraus ableiten. Für die Taufe der drei- bis fünfjährigen werden mehr und mehr Wege katechumenaler Art für die ganze Familie angeboten. Es gibt zwar noch keine liturgischen

---

[14] Die Feier der Kindertaufe in den Bistümern des deutschen Sprachgebiets. Zweite authentische Ausgabe gemäß der Editio typica altera 1973, Freiburg u. a. 2007, 144.
[15] Siehe im *Brief an die Katholiken Frankreichs*, 73, b.
[16] Vgl. Etienne HELBERT, Gisèle GAILLOT, *Mariage, alliance d'amour. Un itinéraire catéchétique*, Editions CRER, Saint-Balthélemy d'Anjou cedex 2007.

Etappen im Sinne der Eröffnungsfeier, von der wir eben gesprochen haben[17]. Aber diese nicht liturgische Praxis kann eben das Beispiel interessant machen. Wir sind nämlich nur am Tellerrand ...

3.1 Gegenseitig verpflichtet

Die französische Praxis beruht auf einer grundlegenden Überzeugung: Es ist nicht möglich, mit Eltern über Verpflichtungen zu sprechen, ohne dass die christliche Gemeinde sich auch den Eltern gegenüber engagiert. Am Anfang der Taufliturgie heißt es: *„Sie sollen Ihre Kinder im Glauben erziehen [...] sie sollen mit ihnen beten und ihnen helfen, ihren Platz in der Gemeinschaft der Kirche zu finden."*[18] Gut. Aber wie soll so etwas geschehen, wenn Eltern selber suchende Gläubige sind, nicht beten können und glauben, keinen Platz in der christlichen Gemeinde zu haben? Gewöhnlich wird diese Diskrepanz mit geschickten Worten überspielt: „Vergesst nicht wiederzukommen, wenn euer Kind im Alter der Katechese ist".

Weil dies nicht mehr haltbar ist, und im Grunde genommen auch nicht mit einer „Pastoral des Angebots" übereinstimmt, appellieren die französischen Bischöfe an gegenseitige Verpflichtung. Ich zitiere: *„Bei dieser Aufgabe brauchen die Familien stets Unterstützung. [...] Wenn sie diese Aufgabe annehmen, sollte die Gemeinde ihnen auch Gehör schenken, Gesprächsbereitschaft zeigen, ihnen bei Problemen helfen und sie z. B. an erfahrene Personen verweisen. Die Gemeinde kann auch zu Kontakten über den engen Kreis der Familie hinaus beitragen, indem sie Begegnungen und den Austausch zwischen Familien fördert, indem sie Eltern hilft, Fragen, die sie sich stellen, anzunehmen, indem sie jungen Erwachsenen vermittelt, worauf es bei der Erziehung ihrer Kinder ankommt, und indem sie den Eltern hilft, sich in das Leben ihrer Kinder hineinzuversetzen ..."*[19] Das Nationale Dokument für Katechese spricht somit von einer doppelten Verpflichtung: Eltern können sich nicht am Beginn des Taufgottesdienstes verpflichten, wenn die christliche Gemeinde sich nicht auch ihnen gegenüber während des Weges zur Taufe verpflichtet.

---

[17] Liturgisch gesehen ist die Taufe von drei- bis fünfjährigen Kindern ein wahres „Niemandsland". Kein Ritual ist für diese Situation bestimmt, obwohl sie sehr häufig existiert. Die meisten Bischöfe reagieren sehr zurückhaltend, nach dem Motto, man solle bis zum Alter von sieben Jahren abwarten, wenn das Kind in der Lage ist, selbst die Taufe zu wünschen.
[18] Die Feier der Kindertaufe (s. Anm. 14), 152.
[19] Die Feier der Kindertaufe (s. Anm. 14), 82.

3.2 Aus dem Glauben heraus annehmen

Ein organisierter Weg zur Taufe fängt an mit einem offenen Ohr. So schreiben die Bischöfe: Eltern auf ihrem Weg zu unterstützen *„setzt grundsätzlich voraus, dass sie unabhängig vom Familienstand als Eltern angenommen und respektiert werden, auch und vor allem wenn diese Familien schwach sind oder in Zwietracht leben, wenn sie überfordert oder hilflos sind bei Erziehungsschwierigkeiten oder materiellen Problemen"*[20]. Ein mutiger Satz, finden Sie nicht? Viele Eltern kommen wegen der Taufe ihres Kindes und fühlen sich regelmäßig schlecht. Sie haben den Eindruck, außerhalb des Rahmens zu leben. Sie bringen negative Bilder von Kirche und Glauben mit sich. Nichts geht dann über eine aus dem Glauben heraus gelebte Annahme. Ich zitiere nochmals: *„Diesen Menschen muss die Möglichkeit gegeben werden, ihre existentiellen Fragen zu stellen, ihre Bitten müssen Gehör finden; zu begrüßen sind all ihre Entdeckungen bis sie ihre Sehnsucht nach Gott erkennen, die durch den Heiligen Geist schon in ihnen geweckt wurde."* Kurz gesagt: „Ihr kommt wegen der Taufe Eures Kindes. Wir freuen uns darüber, denn Ihr seid für uns Zeichen des Wirkens Gottes in den Herzen."

3.3 Dem Wort Raum schaffen

Dann kommen verschiedene Phasen des Weges. Es sind immer Gemeinschaftsmomente. Mit den Eltern geht es darum, dem Wort Raum zu schaffen. Es kann über Erziehungsfragen diskutiert werden. Manche junge Erwachsene empfinden zum ersten Mal, wie man sich mit Kinderfragen selbst beschäftigen kann. Ein anderes Mal treffen sich Eltern, um gemeinsam mit ihren kleinen Kindern und miteinander eine Geste des Glaubens zu erleben: z. B. sein eigenes Kind selbst rituell mit dem Kreuz bezeichnen. Nicht nur anderen zusehen, wie sie ihr Kind bezeichnen. Es kommt auch vor, dass den Eltern angeboten wird, in enger Verbundenheit mit ihrem Kind auf dem Schoß eine biblische Geschichte zu lesen. Während dieser Begegnungen geben sich Eltern gegenseitig kleine Tipps: z. B. wie kann man eine kleine Gebetsecke zuhause gestalten. Jedesmal wird zuerst etwas erlebt, es wird miteinander gesprochen, dann wird gemeinsam gesungen und gebetet.

Es scheint mir ein echter „Erlebnisweg" zu sein, ein Weg der nicht nur die kommende Taufe vorbereitet, sondern den Eltern Zeit lässt, ihr Leben auf die sakramentale Realität festsetzen zu können. Wenn

---

[20] Die Feier der Kindertaufe (s. Anm. 14), 81.

dann der eigentliche Tag der Taufliturgie kommt, ist die Familie mit der christlichen Gemeinschaft schon auf diesem Weg verbunden. Alle können jeden Schritt der Taufliturgie von innen erleben, denn der Weg hatte schon etwas vom Sakrament der Taufe zum Erleben gebracht.

3.4 Ein Weg zur Taufe von katechumenaler Art gibt „Zugehörigkeitsgefühl"

Bei vielen pastoral Verantwortlichen haben Eltern eine sehr schlechtes Image. „Sie kommen nur für das Familienfest", wird öfters gesagt. „Sie wollen schlicht und einfach die Taufe, weiter nichts", kann man hören. Unsere Nationalstelle hat eine DVD herausgegeben, auf der man Eltern sehen und hören kann, die einen solchen Weg gegangen sind[21]. Auf dieser DVD hört man sehr oft Priester oder Pastoralreferenten, die so reagieren: „Ich ahnte nicht mal, dass Eltern so etwas erwarten könnten. Tut mir leid, ich wusste nicht, dass junge Eltern so suchend sein können."

Eltern, die einen solchen Weg gegangen sind, äußern sich auch manchmal mit den selben Worten: „Wir wussten nicht, dass wir so etwas brauchten, so konnten wir auch nicht darum bitten. Sie haben in uns Geschmack entwickelt für solch einen Weg und jetzt wünschen wir uns, diesen Weg weiter zu leben." Oder ganz anders: „Ich wusste nicht, dass ich etwas meinem Kind vermitteln kann. Ich glaubte, nur der Priester oder Frau X könnten etwas vom Glauben unseren Kindern beibringen."

Nach dem Taufgottesdienst kommt es auch vor, dass Eltern „beichten": „Wir hätten niemals gedacht, dass wir etwas Gemeinsames erleben könnten mit Leuten aus einer anderen sozialen Situation." Oder: „Zuvor war ich der Meinung, ich hätte nicht meinen Platz in der Gemeinschaft der Kirche." Ist es nicht so? Wir sind gewohnt zu sagen: Taufe vermittelt Eingliederung in Christi lebendigen Leib. Es scheint mir, dass ein Weg katechumenaler Art zur Taufe auch ein Zugehörigkeitsgefühl in den Leuten entwickelt.

Und nun ein letztes Wort zum Schluss. Bei allem, was wir im Zusammenhang mit dem „Weg zur Taufe" erörtert haben, geht es nicht nur um pastorale Strategie oder passende Organisation. Es geht um das Glaubensleben als einen Glaubensweg. Es ist nicht gut möglich, über die Kindertaufe zu reden, ohne uns im selben Schritt über unser Le-

---

[21] L'espace familial, un leu où s'éveille la vie de foi, Hors série Tabga n 2. Erhältlich bei: SNCC, 58 avenue de Breteuil, F-75007 Paris.

ben als glaubender Mensch Gedanken zu machen. So schreibt Mgr. Rouet, Bischof von Poitiers: „*Die Liturgie erinnert uns an etwas, und sie sollte es ständig für uns verwirklichen: Die Taufe ist nicht das Ende des Weges. Nachdem sie das rote Meer durchgezogen hatten, haben sich die Hebräer auf den Weg gemacht zum Sinaï. [...] Die Taufe verwirklicht die Bitte Christi an uns alle: Folgt mir nach. Geht den Weg hinter mir. [...] Sich auf diesem Weg zu befinden, vermittelt eine Hoffnung, die sich Schritt für Schritt enthüllt, indem wir eben den Weg gehen. Und Christus ist der Mensch der Treue auf diesem Weg.*"[22]

---

[22] Albert ROUET, *Le Christ nous fait chrétiens*, Editions St. Paul, Luxemburg 1998, S. 91f.

Gegen Tod und Teufel –
Aus Wasser und Geist geboren

Tauforte und ihre liturgische Zeichenhaftigkeit

Anja Lempges

„Die Taufkapelle oder der Ort, an dem sich der Taufbrunnen (mit fließendem oder stehendem Wasser) befindet, bleibe für die Taufe reserviert und entspreche in jeder Hinsicht der Würde der Handlung, durch die Menschen aus dem Wasser und dem Heiligen Geist als Christen wiedergeboren werden."[1]

So lautet die grundlegende Aussage zur Gestalt eines Taufortes im 2007 eingeführten Rituale zur Feier der Kindertaufe. Neben anderem wurden während der 7. Trierer Sommerakademie 2008 zur Liturgie der Kindertaufe folgende Fragen lebhaft diskutiert: In welcher Gestalt entspricht der Taufort der Würde der Handlung? Wo im Kirchenraum soll der Taufbrunnen am besten verortet sein? Welcher Bedeutungsgehalt soll den mit diesem Thema zusammenhängenden Realien zugemessen werden? Und nicht zuletzt: Welche funktionalen Eigenschaften müssen diese Realien erfüllen?

Das Rituale nennt in den Vorbemerkungen die zur Taufe benötigten Gegenstände: natürliches und reines, – falls notwendig – angewärmtes Wasser, das in der Osternacht geweiht oder außerhalb der Osterzeit gesegnet wurde sowie einen Taufbrunnen oder ein Gefäß, das sauber und formschön sein soll.[2] Nach dem Ablauf der österlichen Zeit soll außerdem die Osterkerze neben dem Taufstein aufgestellt werden. Ausdrücklich wird darauf hingewiesen: „Immer muss der Taufort so eingerichtet sein, dass er sich für die Teilnahme vieler eignet."[3] Besonders an dieser Forderung ist ein grundlegender Wandel im Verständnis des Taufsakraments ablesbar.[4]

---

[1] Die Feier der Kindertaufe in den Bistümern des deutschen Sprachgebietes. Zweite authentische Ausgabe auf der Grundlage der Editio typica altera 1973, Freiburg u. a. 2007 (Rituale Romanum auf Beschluss des Hochheiligen Ökumenischen Zweiten Vatikanischen Konzils erneuert und unter der Autorität Papst Pauls VI. veröffentlicht), 15 (Praenotanda generalia, Nr. 25).
[2] Die Feier der Kindertaufe 2007 (s. Anm. 1), 14–16 (Praenotanda generalia, Nr. 18–29).
[3] Die Feier der Kindertaufe 2007 (s. Anm. 1), 15 (Vorbemerkung 25). Die Bestimmung setzt damit um, was in der Liturgiekonstitution des II. Vaticanum gefordert wird: „Die Mutter Kirche wünscht sehr, daß alle Gläubigen zu jener vollen, bewußten und tätigen Teilnahme an den liturgischen Feiern geführt werden, die vom Wesen der Liturgie selbst

Seit dem Ende des 18. Jahrhunderts bis zur Mitte des 20. Jahrhunderts sollten im (Erz-) Bistum Trier außer der Hebamme und den Paten höchstens vier „Nachbarsweiber" an einer Taufeier teilnehmen, vor allem um anschließende „Taufgelage" und „Zechereien" zu unterbinden.[5] Ähnliche Bestimmungen finden sich auch in anderen Bistümern. Das Taufsakrament wurde weniger als Begegnungsgeschehen und Aufnahme in die sichtbare Gemeinschaft der Gläubigen verstanden, sondern mehr als ein Gnadenmittel, mit dem Gott am Täufling wirkt. Die Entwicklung zu dieser Form des Ritualismus setzte bereits im Frühmittelalter ein und wurde durch die seit jener Zeit gängige Praxis der Kindertaufe – im Gegensatz zur Taufe eines mündigen Erwachsenen – begünstigt.[6] Insofern stand vor allem die formal korrekte Ausführung des Taufrituals im Vordergrund. Bei diesem Taufverständnis waren daher weder die Anwesenheit der Gemeinde noch eine über das Taufritual hinaus gehende liturgische Einbettung von großem Interesse.

Ganz im Gegensatz dazu steht die gegenwärtige Tauftheologie: Die Taufe ist als Anfang des Christ*seins* und Christ*werdens* zu verstehen.[7] Sie ist daher grundsätzlich ein kommunikatives Geschehen zwischen Christus und seiner Kirche und damit auch der Christen untereinander. Sie ist kein punktuelles Ereignis, sondern steht als grundlegendes Sakrament am Beginn der Christusnachfolge und des Christwerdens. Dies soll auch durch die Taufhandlung und die damit verbundenen Realien symbolischen Ausdruck finden und sichtbar werden. Daher werden in der gesondert erschienenen pastoralen Einführung zum nun in Kraft getretenen „Rituale Romanum zur Feier der Kindertaufe" folgende symbolische Aspekte eigens genannt: Die Taufe durch Untertauchen versinnbildlicht das Sterben und Auf-

---

erfordert wird und zu der das christliche Volk, ‚das auserwählte Geschlecht, das königliche Priestertum, der heilige Stamm, das Eigentumsvolk' [1 Petr 2,9], kraft der Taufe das Recht und die Pflicht hat. Diese volle und tätige Teilnahme des ganzen Volkes ist bei der Erneuerung und Förderung der heiligen Liturgie aufs stärkste zu beachten: […]." II. Vaticanum, SC 14.

[4] Im Folgenden wird vor allem auf die in Trier besuchten Tauforte eingegangen. Zur Taufe allgemein vgl. die grundlegende Publikation Ch. Lange, C. Leonhard, R. Olbrich (Hg.), Die Taufe. Einführung in Geschichte und Praxis, Darmstadt 2008.

[5] So in Bestimmungen des Erzbischofs Klemens Wenzeslaus und des Prümer Dekanatskapitels. Vgl. Martin Persch und Bernhard Schneider (Hg.), Auf dem Weg in die Moderne 1802–1880. Geschichte des Bistums Trier, Bd. 4, Veröffentlichungen des Bistumsarchiv Trier 38, Trier 2000, 263 f.

[6] Vgl. Arnold ANGENENDT, Geschichte der Religiosität im Mittelalter, 2. überarb. Auflage, Darmstadt 2000, 463–471.

[7] Kardinal Karl LEHMANN im Eröffnungsreferat „Im Zentrum: Christwerden und Christsein" zur 9. Diözesanversammlung im Bistum Mainz, Erbacher Hof am 31.05.2008; vgl. auch G. KOCH, Stichwort „Taufe", in: W. Beinert (Hg.), Lexikon der katholischen Dogmatik, Freiburg i. Br. 1997, 486–488.

erstehen mit Christus besonders deutlich, wie auch fließendes Wasser besser als Zeichen des Lebens verstanden werden kann als stehendes Wasser. Sofern dies in der Osternacht geweiht wurde, stellt es den Bezug zum Paschamysterium her. Das erst nach der Taufe angelegte weiße Gewand symbolisiert – im Sinne von Gal 3,27 –, dass das Kind Christus als Gewand angelegt hat. Nach einer Taufe kann das geweihte Wasser im Weihwasserbecken für alle Gläubigen als Tauferinnerung dienen, wie auch der Taufbrunnen und sichtbar aufbewahrtes Katechumenenöl und Chrisam dazu dienen. Mit der Taufkerze soll der Jahrestag der Taufe begangen werden. Sie stellt später durch ihre Verwendung bei der Feier der Erstkommunion und Firmung eine sichtbare Verbindung zur Taufe her.[8] Mit dieser knappen Erläuterung wird auch betont, dass eine liturgische Feier nicht allein durch Wort, Handlung und Gegenwart der Beteiligten ihre Gestalt erhält, sondern maßgeblich durch den jeweiligen Kirchenraum und seine Ausstattung, also die Realien und deren symbolhaften Charakter.[9]

In aller Regel haben die für die Kirchenausstattung Verantwortlichen nur eine bedingte Gestaltungsfreiheit in Bezug auf die schon vorhandenen und vielfach historischen Kirchenbauten samt ihrer „gewachsenen" Ausstattung. Diese mehr oder weniger historischen Ensembles spiegeln dann in ihrer Form und Disposition immer auch die Theologie und liturgische Praxis ihrer jeweiligen Entstehungszeit und stellen damit heutige Liturgen und ihre Gemeinden vor anspruchsvolle Aufgaben. Denn eine erneuerte Liturgie stellt neue An-

---

[8] Vgl. Die Feier der Kindertaufe. Pastorale Einführung, hg. vom Sekretariat der Deutschen Bischofskonferenz (Arbeitshilfen 220), 2. verb. Aufl., Bonn 2008, Nr. 39–46.
[9] Damit wird jene einseitige Sichtweise, die einen Kirchenbau allein an seiner liturgischen Funktionalität misst um eine maßgebliche Perspektive erweitert. Die ästhetische, künstlerische und symbolische Aussagekraft eines Bauwerks und seiner Ausstattung sollte nämlich stets aufs Engste mit seiner Funktionsweise verknüpft sein. Form und Funktion sind nicht getrennt voneinander zu betrachten, aus beiden Aspekten erschließt sich der Bedeutungsgehalt einer Kirche und ihrer Ausstattung. Eine funktionalistische Sichtweise, wie sie in den Jahrzehnten nach dem II. Vaticanum vielfach eingenommen wurde, ist also für eine lebendige Liturgie ebenso wenig hilfreich wie eine bloße restaurative Haltung, die sich ausschließlich an der historischen Gestalt einer Kirche orientiert. Denn weder ein Ignorieren des historischen Raumes, noch ein Festhalten an überkommenen Raumgestaltungen im Sinne einer rein „musealen Denkmalpflege" kann für eine in der Geschichte verwurzelte und in der Gegenwart lebendige Kirche befriedigend sein. Theologen und Denkmalpfleger haben die gemeinsame Aufgabe, im Dialog nach einer angemessenen Raumgestalt zu suchen. Dazu gehört letztendlich auch die Erkenntnis, dass nicht in jedem Kirchenraum jede Form der liturgischen Feier möglich ist. Vgl. dazu den grundlegenden Aufsatz von Albert GERHARDS, Der Kirchenraum als „Liturge". Anregungen zu einem anderen Dialog von Kunst und Kirche, in: F. Kohlschein, P. Wünsche (Hg.), Heiliger Raum. Architektur, Kunst und Liturgie in mittelalterlichen Kathedralen und Stiftskirchen (LQF 82), Münster 1998, 225–242, bes. 239–242.

forderungen an „alte" Kirchenräume. Mit dem Fokus auf den jeweiligen Taufort standen exemplarisch vier Trierer Pfarrkirchen in ihrem historischen Kontext auf dem Exkursionsprogramm der Tagung: die Evangelische Kirche zum Erlöser in der spätantiken sog. „Basilika", die mittelalterliche Stadtpfarrkirche St. Gangolf, die Marienstiftskirche in Trier-Pfalzel und die Pfarrei-, Abtei- und Pilgerkirche St. Matthias.

Die sog. „Basilika" in Trier wurde im ersten Jahrzehnt des 4. Jahrhunderts nicht als Kirche, sondern als repräsentative Empfangshalle der römischen Kaiserresidenz errichtet.[10] Nach einer wechselvollen Nutzung wurde nun die monumentale Palastaula Mitte des 19. Jahrhunderts unter der Ägide des preußischen Königs Friedrich Wilhelm IV. zur (protestantischen) „Kirche zum Erlöser" ausgebaut. Der Innenraum des Ziegelbaus ist in jener Zeit vor allem durch Stuckmarmor in klassizistisch-spätromantischen Formen, einen Ziboriumsaltar in der Apsis und eine gegenüberliegende Orgelempore geprägt.[11] In der Mittelachse vor dieser Empore befand sich auf einem einstufigen Podest das Taufbecken. Nach der Bombardierung der Stadt Trier im Jahr 1944 wird die empfindlich getroffene Saalkirche bis 1956 nach einem denkmalpflegerischen Konzept wieder aufgebaut, das zwar die Raumaufteilung der Wegekirche übernimmt, die Ausstattung des 19. Jahrhunderts aber radikal entfernt. Erklärtes Ziel war die Rekonstruktion des römischen Kaiserbaus. Allerdings entspricht das heutige Bauwerk mit einem hohen Anteil an Bruchsteinmauerwerk des 19. Jahrhunderts allenfalls dem unfertigen römischen Rohbau, nicht jedoch der kaiserlichen Palastaula. Dieses zum Teil heftig kritisierte denkmalpflegerische Konzept – Eberhard Zahn spricht von „Materialfetischismus an Stelle der künstlerischen Form"[12] – hatte auch Konsequenzen für die liturgische Ausstattung. Entsprechend der rohbauartigen Mauern musste die liturgische Ausstattung ebenfalls in zurückgenommenen Formen konzipiert werden. Auch heute befindet sich der Taufort neben dem Haupteingang

---

[10] Vgl. Klaus-Peter GOETHERT/Marco KIESSEL, Trier – Residenz in der Spätantike, in: A. Demandt und J. Engemann (Hg.), Konstantin der Große, Kat. Ausst. Trier 2007, 304–311; Eberhard ZAHN, Die Basilika in Trier. Römisches Palatium – Kirche zum Erlöser, Schriftenreihe des Rheinischen Landesmuseums Trier 6, Trier 1991; Klaus-Peter GOETHERT u.a., Art. Basilika, in: Trier – Kaiserresidenz und Bischofssitz. Die Stadt in spätantiker und frühchristlicher Zeit, Kat. Ausst. Trier 1984, 139–160. Vgl. ferner das gut sortierte Bildmaterial unter den weblinks http://de.wikipedia.org/wiki/Konstantin-Basilika (13.09.2008).
[11] Vgl. ZAHN, Basilika (s. Anm. 10), Abb. 12f. Verantwortlich war der Trierer Architekt Christoph Wilhelm Schmidt. Für die spätklassizistische Ausstattung zeichnete Friedrich August Stüler verantwortlich.
[12] ZAHN, Basilika (s. Anm. 10), 48.

Abb. 1

in der Mittelachse der Kirche (Abb. 1 und 2). Durch schlichte Steinbänke und zwei abwärts führende Stufen wird ein rechteckiges Areal abgetrennt, das mit einem Mosaik aus Schiefer und Goldglas ausgelegt ist. Im Zentrum trägt ein römisches Kapitell eine bronzene Schale (E. Keller), in deren Rund das Apostolische Glaubensbekenntnis eingeschrieben ist; daneben zeigt ein bronzener Osterleuchter (A. Rickert) die biblischen Szenen des Ostergeschehens. Die benannten Ausstattungsgegenstände sind schlicht gehalten, stellen aber sowohl den Bezug zum historischen Gebäude als auch zur Taufe her. Die Steinbänke bieten eine Sitzmöglichkeit und schranken zugleich das Taufbecken vom übrigen Kirchenraum ab, ohne es zu stark auszusondern. Gleich vier Elemente stellen Bezüge zur Antike her. Das oben genannte und als Spolie verwendete antike Kapitell ist der offensichtlichste Bezug, subtiler sind die drei anderen. Zwischen

Abb. 2

den seitlichen Steinbänken und der Außenmauer begrenzen zwei niedrige Metallgitter den Taufort. Sie sind durch vier übereinander versetzte Arkaturen gegliedert und erinnern auf diese Weise an antike Transennenmotive, wie sie auch frühchristliche Schranken und Altäre zeigen. Die beiden zum Taufbecken herabführenden Stufen kann man als Anlehnung an eine antike Piscina[13] verstehen, wie auch das Bodenmosaik an jene Epoche erinnert.[14] In abstrahierten Formen zeigt es Fische in fließendem Wasser und kann als Anspielung auf den Jordan gesehen werden. Dass in der Taufschale die Worte des Glaubensbekenntnisses wiedergegeben sind, kann unter mehreren Aspekten gedeutet werden: Zunächst fasst dieser Text den Glauben der Kirche sprachlich zusammen. Das Sprechen dieses Textes ist darüber hinaus ein Bekenntnisakt, der in frühchristlicher Zeit vom mündigen Täufling am Beginn seines Glaubensweges ge-

---

[13] Eine kurze und prägnante Übersicht zur Entwicklung der Tauforte bietet der Aufsatz von Ralph OLBRICH, „Ad fontes" oder eine neue Tradition? Überlegungen zur sinnvollen Gestaltung moderner Tauforte, in: HlD 62 (2008) 77–90; vgl. ferner Sebastian WATTA, Monolithische Piscinen der Spätantike in den byzantinischen Kerngebieten (Mainz, unveröffentl. Mag.-Arb. 2006); Abstract unter www.byzanz-archaeologie.de/fileadmin/gruppen/rgzm/WattaPiscinen.pdf (13.09.2008).

[14] Mosaik ist eine bedeutende Bildtechnik in der Antike. Vor allem das Glasmosaik erlebt in frühchristlichen Kirchen eine Blütezeit.

sprochen wurde und konstitutiv für das Taufritual war. Das „Credo" des Täuflings – heute durch die Gemeinde gesprochen – war das entscheidende Taufwort.[15] In den ersten Jahrzehnten nach dem Wiederaufbau der „Basilika" hat man jedoch überwiegend außerhalb des Gemeindegottesdienstes, im Rahmen kleiner Familienfeiern, getauft.[16] Für Taufen im Gemeindegottesdienst wurde dagegen die transportable Taufschale vor den Altar getragen, um das Taufritual nicht im Rücken der Gemeinde zu vollziehen und den Weg durch den rund 50 m langen Mittelgang zu vermeiden. Nur in der Osternacht wurde am eigentlichen Taufort das Sakrament gespendet. Seit dem Jahr 2003 tauft die Gemeinde nun innerhalb der Gemeindegottesdienste und bindet den Weg zum Taufort als Prozession in die liturgische Feier ein.

Das zweite Exkursionsziel war die Markt- und (ehemalige) Stadtpfarrkirche St. Gangolf.[17] Vom Trierer Hauptmarkt aus ist über die Dächer der Markthäuser hinweg nur der mächtige spätmittelalterliche Westturm dieses Sakralbaus sichtbar. Wie die „Basilika" nahm auch die zweischiffige Kirche St. Gangolf bei der Bombardierung der Stadt 1944 Schaden. Neben anderem wurde das westliche Joch des einzigen Seitenschiffes zerstört und nicht wieder aufgebaut. Das heute so im Vergleich zum Hauptschiff verkürzte Seitenschiff schließt nach Westen mit einer großen, sechsbahnigen Fensterwand (Entwurf K. Crodel, Ausführung Fa. Binsfeld, Trier, 1967). Die überwiegend hellen, grauen, braunen und rötlichen Scheiben zeigen in abstrahierenden Formen neben anderem die Heilig-Geist-Taube und die Feuerzungen des Pfingstereignisses (Abb. 3). Vor dieser Fensterwand im tonigen, diffusen Licht ist im westlichen Joch des Seitenschiffes seit der Restaurierung 1958 der Taufort eingerichtet. Durch das verhältnismäßig niedrige Gewölbe, die tief gezogenen Arkade zum Hauptschiff und die im Norden begrenzende Außenwand mutet der Raum wie eine eigene Kapelle an, allerdings ohne den Taufort vom übrigen

---

[15] Der Täufling antwortete auf die drei Fragen nach dem Glauben an die drei göttlichen Personen mit „Credo". Diese interrogative Taufformel scheint dem lutherischen Grundsatz des „sola fide" näher als jene seit dem frühen Mittelalter verwendete, indikative Spendeformel, durch die der Liturge mit dem „ego te baptizo" die entscheidenden Worte spricht. Vgl. ANGENENDT, Religiosität (s. Anm. 6), 466. Doch Luther legt in seiner Tauftheologie größeres Gewicht auf den Grundsatz des „sola gratia". Seiner Ansicht nach ist die Taufe und das damit geschenkte Heil allein durch die Gnade Gottes bewirkt. Christus selbst weckt in der Taufe den Glauben des Kindes. Vgl. Karl PINGGÉRA, Martin Luther und das evangelische Taufverständnis vom 16. bis 18. Jahrhundert, in: Lange, Leonhard, Olbrich, Taufe (s. Anm. 4), 85–112, bes. 85–90, 93f.
[16] Vgl. auch die in der „Basilika" aushängenden Schautafeln „Taufe im Wandel der Zeit". Der Gemeinde sei für ihre freundlichen Auskünfte gedankt.
[17] Die Kirche St. Gangolf ist heute keine eigenständige Pfarrkirche, sondern gehört zur Pfarrei Liebfrauen. Freundliche Auskunft von Domkapitular Pfarrer H.-W. Ehlen.

Abb. 3

Kirchenraum zu separieren. Gegenüber am östlichen Ende des Seitenschiffs steht der Marienaltar, auf dem seit 1995 ständig das Altarsakrament zur Verehrung ausgesetzt ist. Wie bereits in der „Basilika" führen auch in St. Gangolf zwei Stufen zum Taufort herab, hier in ein rundes Areal, das die ebenso runde Form des zentralen, bronzenen Taufbeckens widerspiegelt. Das Rund wird außerdem von einem lichten, eisernen Geländer (C. Apel, 1958) abgeschrankt, in das in den leichten und reduzierten Formen der 1950er Jahre Symbole eingeschrieben sind: Taube, Auge Gottes und Christusmonogramm. Das schlichte, tiefe und runde Taufbecken selbst stammt noch aus dem Vorgängerbau der heutigen Kirche und entspricht mit seiner kesselartigen Form einer üblichen Gestalt zu Beginn des 13. Jahrhunderts (Abb. 4).[18] Der einzige Schmuck besteht aus drei Klauenfüßen. Die ansonsten glatte Wand des Gefäßes umlaufen zwei Inschriftenbänder, das untere nennt die drei Stifter mit ihren Namen: „Hoc vas Arnoldus Antonius ad honorem Christi fieri elaboraverunt et Rodolfus" („Dieses Gefäß haben machen lassen zur Ehre Gottes Arnoldus, Antonius und Rodolfus").[19] Durch ihre Stiftung und die Inschrift an einem der zentralen Ausstattungsgegenstände in der Stadtpfarrkirche haben sich jene drei Personen ein dauerhaftes Gedächtnis an prominenter und theologisch zentraler Stelle gesichert.[20] Den modernen Deckel des Taufbeckens (C. Apel, 1958) bekrönt eine vollplastische Taube, auf die auch die Inschrift am Deckelrand Bezug nimmt: „Der Geist Gottes schwebte über den Wassern".[21] An der Taube ist ein dünnes Stahlseil befestigt, mit dem der Deckel zur Gewölbedecke hochgezogen werden kann. Ansonsten ist der Deckel mit einem in seinem Rand integrierten Schloss gesichert. Am Deckel selbst sind als Treibarbeit jeweils drei Szenen aus dem Alten und drei Szenen aus dem Neuen Testament gegenübergestellt, die als Typus und Antitypus gelesen werden können. So verweist der vom Fisch verschlungene Jona und seine Rettung durch Gottes Hilfe auf den Tod und die Auferstehung Christi, wie sie eben mit der Taufe

---

[18] Vgl. bereits Beda KLEINSCHMIDT, Lehrbuch der christlichen Kunstgeschichte, Paderborn 1910, 470–475. In jenen tiefen, kufenförmigen Becken war eine Taufe – zumindest die eines Kindes – durch Untertauchen (Submersionstaufe) oder Eintauchen (Immersionstaufe) noch möglich. Üblich wurde aber die Taufe durch Übergießen (Infusionstaufe) oder durch Besprengen (Aspersionstaufe), was sich auch in den zunehmend flacheren Taufbecken niederschlägt.
[19] Diese und die folgenden Inschriften zitiert nach Hans-Walter STORK, St. Gangolf Trier, 2., überarb. Auflage 1996, 7f.
[20] Zur Sicherung der Memoria vgl. Jürgen BÄRSCH, Der Toten gedenken. Anmerkungen zu einem liturgischen Dienst der Kirche in Geschichte und Gegenwart, in: A. Franz, A. Poschmann, H.-G. Wirtz (Hg.), Liturgie und Bestattungskultur, Trier 2006, 141–158, bes. 144–146, 149. Zur sozialen und politischen Motivation von mit Stiftungen verknüpften heilsgeschichtlichen Erwartungen vgl. den Kolloqiumsband H.-R. Meier, C. Jäggi, Ph. Büttner (Hg.), Für irdischen Ruhm und himmlischen Lohn. Stifter und Auftraggeber in der mittelalterlichen Kunst, Berlin 1995. Carola JÄGGI macht in ihrem Aufsatz wahrscheinlich, dass sich bereits zweihundert Jahre vor dem oben beschriebenen Taufbecken, Bischof Bernward von Hildesheim gerade in der Taufszene der von ihm gestifteten, berühmten Bronzesäule (heute im Hildesheimer Dom) als „Assistent" der Taufe Jesu im Jordan darstellen lässt. Vgl. C. JÄGGI, Stifter, Schreiber oder Heiliger? Überlegungen zum Dedikationsbild der Bernward-Bibel, in: Ebd., 65–75, hier 69 und Abb. 24. Die Bernwardsäule zeigt die Szenen von der Taufe Jesu im Jordan bis zum Einzug in Jerusalem. Die sog. „Bernward-Säule" dürfte formal auch das hochmittelalterliche Vorbild für den modernen Osterleuchter neben dem Taufbecken in St. Gangolf sein. Hier werden Leuchterfuß und Schaft durch eine sich windende Schlange gegliedert, deren Kopf die Tropfschale trägt. Die Bilderfolge reicht von der Paradiesszene bis zum Einzug ins Himmelreich.
[21] Vgl. Gen 1,2 und Mt 3,16.

Abb. 4

– vor allem wenn sie durch Untertauchen geschieht – sinnbildlich nachvollzogen wird. In ähnlichem Sinne können auch die drei Klauenfüße des Taufbeckens als versteckte, symbolhafte Hinweise auf das endgültige Sühneopfer Christi gelesen werden. Die Klauen oder Tatzen stehen dann als pars pro toto für einen Löwen. Dieser wird in Anlehnung an Offb 5,5 und den Physiologus als Sinnbild für den auferstandenen Christus gedeutet.[22] Die Klauenfüße können auch – in

---

[22] „Da sagte einer von den Ältesten zu mir: Weine nicht! Gesiegt hat der Löwe aus dem Stamm Juda, der Sproß aus der Wurzel Davids; er kann das Buch und seine sieben Siegel öffnen." Offb, 5,5, Zitat nach der EÜ. Der Physiologus ist eine naturgeschichtlich-religiöse Schrift aus dem 2. bis 4. Jahrhundert und Hauptquelle der christlichen Tiersymbolik. Durch seine weite Verbreitung bildet er außerdem die Grundlage für die mittelalterlichen Bestiarien. Vgl. Hannelore SACHS, Ernst BADSTÜBNER, Helga NEUMANN, Christliche Ikonographie in Stichworten, 7. überarb. Auflage, Berlin 1998, 293–295.

einer doppelsinnigen Bedeutung, wie häufig in der mittelalterlichen Ikonographie – als Symbole des unterjochten Bösen, der besiegten Dämonen gelesen werden.[23] Im späten Mittelalter wurde nämlich besonders den Exorzismen vor dem eigentlichen Taufakt Beachtung geschenkt, denn durch die Taufe – so die geläufige Vorstellung – vollzog sich ein „Herrschaftswechsel".[24] War der Katechumene vor der Taufe, in seinem „alten Leben", den Dämonen und Mächten der Finsternis ausgeliefert, wurde er durch die Taufe auf den Tod Christi neu geboren. Durch das endgültige Sühneopfer Christi waren die alten Mächte nun ohne Gewalt über den neuen Menschen, der „alte Mensch" war durch die Taufe „gestorben".[25] In diesem Sinne ist auch die oben stehende Inschrift am Taufbecken zu lesen, die eine Aussage über die Wirkmacht der Taufe trifft. Sie ist als Anrufung Gottes in zwei Reimen formuliert: „Hoc Deus hac Munda sacris baptismatis unda. Quidquid primus homo peccavit traduce pomo" („Das wolltest, o Gott, Du reinigen, im Wasser der Taufe Du heiligen, was immer der erste Mensch gesündigt im dargebotenen Apfel").[26] Auf dem rund 200 Jahre jüngeren, aber in untermittelbarer Nähe aufgestellten Weihwasserbecken am nordwestlichen Seiteneingang der Kirche heißt es in ähnlicher Weise: „Aqua benedicta sit nostra salus et vita ac Deus aspergat et abluat a[b omni?] crimine" („Das gesegnete Wasser sei unser Heil und Leben; daß Gott (uns) besprenge und reinige (von allen) Untaten". Die Inschrift bezieht sich auf die reinigende und apotropäische Funktion des Weihwassers, das nicht zuletzt bei jedem Betreten der Kirche und Sich-Bekreuzigen an die eigene Taufe erinnert.[27] In jüngster Zeit sind daher

---

[23] Honorius Augustodunensis erklärt im 12. Jh.: „Der Löwe bezeichnet manchmal Christus, manchmal den Teufel und manchmal den stolzen Fürsten." Vgl. Donat DE CHAPEAUROUGE, Einführung in die Geschichte der christlichen Symbole, 4., verb. Auflage, Darmstadt 2001, 81 f., Zitat 82.

[24] Die Vorstellung, mit der Taufe von der Herrschaft Satans befreit und zugleich als Kind Gottes wiedergeboren zu werden, begegnet bereits in der Alten Kirche. Vgl. Ch. LANGE, Gestalt und Deutung der christlichen Initiation in der Alten Kirche, in: Lange, Leonhard, Olbrich, Taufe (s. Anm. 4), 14.

[25] Da die Klauen *unter* dem Taufbecken sind, können sie auch als Symbol für den tiergestaltigen, überwundenen Versucher interpretiert werden. Das Motiv des überwundenen Feindes, der nun versklavt „zu Füßen" des Siegers liegt, ist im Alten und Neuen Testament vielfach belegt. So z. B. in der Pfingstpredigt des Petrus, nach welcher sich seine Hörer taufen ließen: „David ist nicht zum Himmel aufgestiegen; vielmehr sagt er selbst: Es sprach der Herr zu meinem Herrn: Setze dich mir zur Rechten, und ich lege dir deine Feinde als Schemel unter die Füße. Mit Gewissheit erkenne also das ganze Haus Israel: Gott hat ihn zum Herrn und Messias gemacht, diesen Jesus, den ihr gekreuzigt habt." Apg 2,34–36; vgl. auch Ps 110,1.

[26] Diese und die folgende Inschrift zitiert nach Hans-Walter STORK, St. Gangolf Trier, 2., überarb. Auflage 1996, 7 f.

[27] Vgl. auch die Erklärungen unter den Stichworten „Taufwasser" und „Weihwasser", in: Joseph Braun, Liturgisches Handlexikon, Regensburg 1924, 342 f.; 370.

auch solche Becken entstanden, die zugleich als Taufstein und Weihwasserbecken dienen.[28]

Obwohl der Trierer Baurat Heinrich Otto Vogel 1958 die „Taufkapelle" in St. Gangolf bis auf das eigentliche Taufbecken völlig neu konzipierte, orientierte sich seine Gestaltung doch an traditionellen Anforderungen. Diese gehen letztlich auf die theologisch-liturgischen Auslegungen des Mailänder Bischofs Karl Borromäus zurück und waren seit dem 16. Jh. bis zum II. Vaticanum maßgeblich: Demnach soll das Taufbecken – als Ort des Initiationssakramentes – in der Nähe des Kirchenportals aufgestellt sein.[29] Außerdem musste es einen verschließbaren Deckel haben, da das Taufwasser bis zum II. Vaticanum ausschließlich in der Osternacht geweiht und das Jahr über im Taufbecken aufbewahrt werden sollte.[30] Am Taufbecken selbst sollte ferner eine Darstellung der Taufe Jesu oder der Heilig-Geist-Taube angebracht sein.[31] Alle diese Forderungen sind in der Kirche St. Gangolf erfüllt.

Nur wenige Jahre nach der Restaurierung von St. Gangolf verfolgte Heinrich Otto Vogel auf der gegenüberliegenden Moselseite in Trier-Pfalzel dann ein völlig neues Konzept. Die heutige Pfarrkirche, die sog. „Marienstiftskirche", hat eine komplexe Baugeschichte. Sie vereint umfangreich vorhandenes Mauerwerk des ehemaligen römischen Palatiolums mit dem Bestand der frühmittelalterlichen Klosterkirche und späteren Chorherrenstiftskirche.[32] Anstelle eines 1944 im Krieg zerstörten Querhausarmes der romanischen Stiftskirche wurde 1961/62 ein moderner dreischiffiger Erweiterungsbau errichtet, der seitdem als Langhaus dient. Mit dieser durchgreifenden Umgestaltung wurde das Langhaus der historischen Stiftskirche zum Querhaus der modernen Pfarrkirche. In der Durchkreuzung von alten und neuen Gebäudesegmenten ist nun der Altar aufgestellt, der Taufort wurde im ehemaligen Sanktuarium der Stiftskirche einge-

---

[28] So z. B. in der Kirche St. Marien in Ahrensburg. Vgl. dazu Klaus SIMON, Frontal oder von allen Seiten. drei Raumsituationen – drei Altäre, in: A. Gerhard, Th. Sternberg, W. Zahner (Hg.), Communio-Räume. Auf der Suche nach der angemessenen Raumgestalt katholischer Liturgie, Bild – Raum – Feier. Studien zu Kirche und Kunst 2, Regensburg 2003, 177–190, bes. 187–190.

[29] Jede Pfarrkirche muss einen Taufstein haben. In anderen Kirchen (z. B. einer Domkirche, die nicht zugleich auch Pfarrkirche ist) oder öffentlichen Oratorien ist ein Taufstein nur mit Zustimmung des Ortsordinarius erlaubt. Vgl. CIC (1917) Can. 774 §§ 1, 2; CIC (1983) Can. 858 §§ 1, 2.

[30] Ein verschließbarer Deckel bot Schutz vor Verunreinigungen und Missbrauch bzw. vor Diebstahl des geweihten Wassers.

[31] Vgl. die Ausführungen bei Persch/Schneider (Hg.), Weg in die Moderne (s. Anm. 5), 263.

[32] Zur wechselvollen Geschichte vgl. Franz-Josef HEYEN, Das St. Marien-Stift in Trier-Pfalzel, Germania Sacra N.F. 43, Göttingen 2005.

Abb. 5

richtet (Abb. 5). Betritt man also die (Stifts-) Kirche durch das „alte" Hauptportal (das heutige Querschiff) liegen der Altar und dahinter das Taufbecken (W. Hahn) auf einer Blickachse. Über drei weite Stufen, auf denen rechts und links schlichte Bänke stehen, steigt man in den alten Chor, in dessen Apsisrund eine steinerne Bank, ähnlich einer Presbyterbank, eingezogen ist. In seinem Zentrum steht als Taufbrunnen ein rundes, steinernes Becken, das durch drei übereinanderliegende Blendbogenarkaturen gegliedert ist (Abb. 6). In der Mitte des Beckens ragt eine runde Stele mit zwei Wasserhähnen empor, darüber ein umlaufendes Relief und ein bronzenes, kegelförmiges Dach. Das zentrale Motiv der Reliefs zeigt Christus in der Kelter: Aus seinen Wunden strömt Blut, das von Assistenzfiguren in Gefäßen aufgefangen und in Taufszenen weitergereicht wird (Abb. 7). Zudem umfließt das „Blut" aus der überlaufenden Kelter – die auch

Abb. 6

an einen Lebensbrunnen erinnert – das gesamte Relief und fasst so formal und inhaltlich die dargestellten Taufszenen zusammen.[33] Entsprechend und zur Verdeutlichung sind auf der Stele in verkürzter Weise Verse aus dem Römerbrief zu lesen: „Wißt ihr denn nicht, daß wir alle, die wir auf Christus Jesus getauft wurden, auf seinen

---

[33] Vgl. Alois THOMAS, Stichwort „Kelter, Mystische" in: LCI, Bd. 2, Sp. 497–504; ferner ders., Stichwort „Brunnen" in: LCI, Bd. 1, Sp. 330–336.

Abb. 7

Tod getauft worden sind? Wir wurden mit ihm begraben durch die Taufe auf den Tod; und wie Christus durch die Herrlichkeit des Vaters von den Toten auferweckt wurde, so sollen auch wir als neue Menschen leben."[34] Damit geben Vers und Relief die zentrale Botschaft der Taufe wieder: Der Mensch nimmt durch die Taufe teil am Tod und der Auferstehung Christi. Gerade an diesem Taufbecken wäre also eine Taufe durch Untertauchen und Herausheben als sinnfälliges Zeichen für diese Kernaussage besonders gut verständlich und nachvollziehbar.[35] Jedoch wurde dieser Aspekt bei der Konzeption des Taufbrunnens nicht konsequent verfolgt, denn der Ablauf

---

[34] Röm 6,3–4, Zitat nach der EÜ. Entsprechend Röm 6,3–4 deuten schon die Apostolischen Konstitutionen (Sammlung von „Kirchenordnungen" gegen Ende des 4. Jh.) das Taufbecken als ein Grab (für den „alten" Menschen). Vgl. Ch. LANGE, Gestalt und Deutung der christlichen Initiation in der Alten Kirche, in: Lange, Leonhard, Olbrich, Taufe (s. Anm. 4), 15 f.

[35] R. Olbrich weist im Sinne der paulinischen Theologie zudem auf den ambivalenten Charakter des Wassers hin, das neben seiner lebensspendenden Funktion auch eine bedrohliche Bedeutung hat, die beim Untertauchen deutlich wird. Vgl. R. OLBRICH, Gestaltung und Deutung der christlichen Initiation in der Römisch-Katholischen Kirche seit dem II. Vatikanischen Konzil, in: Lange, Leonhard, Olbrich, Taufe (s. Anm. 4), 119.

Abb. 8

des Beckens kann nicht verschlossen werden. Allerdings könnte zumindest die durch die formale Gestaltung hervorgerufene Assoziation eines (Lebens-)Brunnens durch fließendes Wasser aus den beiden Wasserzuleitungen – auch außerhalb der Tauffeiern – heute besser hervorgehoben werden.[36] Denn die eigentlich primäre und prägnante Zeichenhaftigkeit von natürlichem und reinen Wasser als Lebensquell ist mit einem trockenen Taufbecken nicht erfahrbar.

Anlass zur theologischen Diskussion, verbunden mit einem

---

[36] In Pfalzel wie auch an den anderen Exkursionszielen waren die Taufbecken trocken. Dies fiel umso mehr auf, weil die Exkursion an einem heißen Sommertag stattfand. Es wäre wünschenswert, wenn die leicht begreifliche Symbolik des Wassers als lebensspendendes Element durch angefüllte Taufbecken, oder gar durch fließendes Wasser, zum Ausdruck käme.

Abb. 9

Schmunzeln, gab in Pfalzel noch ein erst auf den zweiten Blick sichtbares Relief in einer Rundbogennische der mittleren Reihe des Taufbeckens (Abb. 8). Das nur wenige Zentimeter große Relief zeigt einen Putto, der mit aller Kraft am Schwanz eines kleinen Teufels zieht. Dieser streckt dem Betrachter sein nacktes Hinterteil entgegen und versucht unterdessen durch die Wandung in das Innere des Taufbeckens zu gelangen. Welchen tieferen theologischen Sinngehalt dieses humoristische Bild eines neugierigen, kleinen Teufels und eines widerstreitenden Engels am Taufstein hat, soll hier offen bleiben.[37]

---

[37] Die Darstellungen und der Humor erinnern an die allerdings erst nach Anfertigung des Taufbeckens auf deutsch veröffentlichten Illustrationen von William Papas zu

Offensichtlich wirkt die Szene (nicht nur auf Kinder) sehr anziehend, denn der Stein ist vom vielen „Begreifen" dunkel verfärbt.

Ähnlich der Raumdisposition in Trier-Pfalzel hat nach der jüngsten Renovierungsphase auch in der Pfarr-, Abtei- und Wallfahrtskirche St. Eucharius/St. Matthias das Taufbecken seinen Ort im ehemaligen Sanktuarium erhalten (Abb. 9).[38] In der Mittelachse der Kirche, am östlichen Ende des Mittelganges folgen also zunächst die gotische Liegefigur des Apostels Matthias und an seinem Kopfende etwas erhöht ein Altar, der über dem Matthiasschrein in der darunterliegenden Krypta verortet ist. Noch weiter östlich, wieder ein wenig erhöht, ist in den beiden westlichen Jochen vor der Vierung das moderne Chorgestühl aufgestellt, in der Vierung selbst der Hauptaltar. Wiederum einige Stufen erhöht folgen dann im Zentrum des einstigen Sanktuariums der Osterleuchter und das Taufbecken (wie die beiden genannten Altäre von H. Rams). Eine weite und flache Schale ruht in einem kreuzförmigen, dünnprofilierten Fußgestell, das in einem massiven, oktogonalen Stein verankert ist (Abb. 10).[39] Dieser hat die gleiche granit-graue Farbgebung wie auch die Bodenplatten des ansonsten leeren Sanktuariums. Die messingfarbene Schale selbst kann abgenommen und auf einem zweiten, transportablen Fuß abgestellt werden, wovon in der Osternacht Gebrauch gemacht wird.[40] Entlang der Mauern des Apsisrundes sind heute die spätromanischen Chorschranken und der Lettner aufgestellt. Gerade diese Aufstellung um den Taufort erweckt den gelungenen Eindruck eines geräumigen, auch für eine große Versammlung geeigneten zentrierten Raumes, der sich über das Taufbecken

---

C. (Clive) S. (Staples) LEWIS, Dienstanweisung für einen Unterteufel, München 1981. Die englische Originalausgabe erschien 1942 unter dem Titel „The Screwtape Letters".

[38] Zur anspruchsvollen Aufgabe diesen Kirchenraum mit vier unterschiedlichen Funktionen (Abtei-, Memorial-, Wallfahrts- und Pfarrkirche) zu bewahren und entsprechend der jeweiligen Anforderungen zu gestalten vgl. ferner Jakobus C. WILHELM OSB, Ausräumen – Umräumen – Einräumen: Liturgie im Kunstdenkmal. Zur Innengestaltung der Abtei- und Pfarrkirche St. Eucharius – St. Matthias in Trier im 19. und 20. Jahrhundert, QuAmrhKg 123, Mainz 2008. Zu den diversen Standorten des Taufsteins in den Jahren 1803 bis zum Beginn der jüngsten Renovierungsarbeiten (2003) vgl. ebd., 243–247. Fotos der jüngsten Renovierungsarbeiten in: Mattheiser Brief (Ausgaben Dezember 2007 und Juni 2008), zu beziehen über der Abtei; vgl. ferner Eduard SEBALD, Basilika St. Eucharius – St. Matthias in Trier Abtei- und Pfarreikirche, DKV-Kunstführer 591, München ²2008, dort jedoch keine Angaben zum Taufstein.

[39] Bereits in der frühen Kirche gibt es achteckige Piscinen und später oktogonale Taufbecken. Die achteckige Form ist eine Anspielung auf Tod und Auferstehung des Täuflings. Nach jüdischer Wochenrechnung ist Christus am 8. Tag auferstanden. Vgl. weitere Quellenangaben bei G. BANDMANN, Stichwort „Acht, Achteck" in: LCI, Bd. 1, Sp. 40 f.

[40] Die Schale hat außerdem eine leicht abgeflachte Lippe und einen Ausguss, durch den das Abfließen bzw. Auffangen des Wasser erleichtert werden soll.

Abb. 10

hin zum Altar öffnet.[41] Aus dem Mittelschiff reicht die Blickachse vom Matthiasgrab über den Hauptaltar hin zum Taufbecken und stellt so eine enge Verbindung zwischen dem Zeugnis des Apostels, der Eucharistie und dem Taufsakrament her. In jeder Eucharistiefeier ist das Taufbecken auf diese Weise als Ort der persönlichen Tauferinnerung und als symbolischer Ursprungsort der in apostolischer Tradition versammelten Gemeinschaft sichtbar. Konsequent werden

---

[41] An der unorthodoxen Aufstellung der glücklicherweise erhaltenen Schrankenanlage ist ein, auch während der Exkursion konträr diskutierter problematischer Aspekt: Die beiden Pforten des Lettners – heute mit schwerem Stoff verhangen – eröffnen keinen Weg, sondern führen direkt vor die Mauer der Ostapsis.

die Tauffeiern in St. Matthias nun in sonntägliche Familiengottesdienste eingebunden.[42] Solche sonntäglichen Gemeindegottesdienste mit Tauffeiern finden an vorher bekanntgegebenen Terminen etwa sechsmal im Jahr statt. Dadurch kann die Gemeinde an den Tauffeiern teilnehmen, ohne dass diese längere Liturgie für die Gemeinde allwöchentlich wird.

Nach dem Besuch der vier Tauforte ist zusammenfassend festzuhalten: In allen vier Kirchen wird der historische Bestand mit modernen Komponenten zu einem jeweils weitgehend überzeugenden Ensemble gefügt. Form, Funktion und symbolische Aussagekraft sind vor allem dann im Einklang, wenn den modernen Komponenten die Gratwanderung zwischen zwei Extremen gelingt, d. h. wenn sie weder unverbunden neben den historischen Bestand gefügt sind noch diesen einfach imitieren. So rekurriert beispielsweise der Mosaikboden der „Basilika" durch seine Materialität und Farbgebung auf historische Vorbilder, zeigt aber selbstbewusst den Formenkanon seiner Entstehungszeit, also der 1950er Jahre. Ähnlich verhält es sich mit dem zur gleichen Zeit entstandenen Deckel des Taufbeckens in St. Gangolf, dessen unverblümt sichtbares Schloss ein typisch puristisches Detail jenes Jahrzehnts ist.[43] Die vorgestellten Beispiele zeigen mit ihren unterschiedlichen Lösungsansätzen, dass jeweils individuelle Raumplanungen notwendig und aus einzelnen konkreten Beispielen kaum allgemeingültige Schlüsse zu ziehen sind. Dennoch waren in loco zwei Aspekte stets von besonderem Interesse: Zunächst ist die Taufe das Initiationssakrament, mit dem ein Mensch in die christliche Gemeinschaft aufgenommen wird. Sie steht am Beginn des Christseins ein Prozess, der nur personal und dialogisch zu denken ist. Eben dies soll auch in der Tauffeier selbst und am Taufort zum Ausdruck kommen. Der Taufort muss daher für eine gemeinschaftliche Feier geeignet sein. Ein Taufbecken, um das man sich nicht versammeln kann, weil es beispielsweise in einem schmalen Gang oder einer beengten Taufkapelle ungünstig aufgestellt ist, steht diesem Communio-Gedanken diametral entgegen. Damit aufs engste verbunden ist der zweite Aspekt: die Verortung des Taufbeckens im Bezug zum Altar. So wurde die „liturgische Achse" zwischen

---

[42] Für die freundlichen und detailreichen Erklärungen vor Ort sei Dr. Augustinus Jünemann OSB, Pfarrer der Pfarrei St. Matthias, gedankt. Der Aufstellungsort des neuen Taufsteins ist in gewisser Weise eine Weiterentwicklung der seit den 1950er Jahren üblichen Tauffeiern am Matthias-Altar. Vgl. die detaillierten Angaben bei WILHELM, Ausräumen (s. Anm. 38), 247.
[43] An diesen Beispielen ist auch ablesbar, dass moderne Bauteile oder Ergänzungen durch den Zeitgeist und die Vorlieben der Verantwortlichen bzw. Künstler geprägt und spätestens von der nächsten Generation als mehr oder weniger charakteristisches „Kind ihrer Zeit" gesehen werden.

Hauptaltar und Taufort in der Basilika, der Marienstiftskirche und in St. Matthias als sinnfällige Verbindung zwischen dem Tauf- und Altarsakrament, d. h. der Taufe auf den Tod Christi und der Feier seiner Auferstehung gesehen. Der evidente Bezug von Taufe und Eucharistie ist dabei nicht nur während einer Tauffeier hergestellt, sondern bleibt – so besonders in St. Matthias – für alle Mitfeiernden und in jedem Gottesdienst im Blick.

Die jüngsten Entwicklungen bei der Neugestaltung bzw. Nutzung der Tauforte in St. Matthias und der „Basilika" zeigen, dass zuweilen erst nach einer Phase des Ausprobierens in der Praxis, beispielsweise mit Hilfe einer transportablen Taufschale sowie das Feiern in unterschiedlichen Raumsegmenten, der „angemessene Ort" im jeweiligen Kirchenraum gefunden wird. Problematisch erscheint ein solches Provisorium allerdings, wenn das Taufbecken auf Dauer nicht verortet ist. Denn mit einer funktionalen Beliebigkeit verlieren meist auch Formen und Symbole ihre Konturen. Grundsätzlich tragen aber Ort, Zeit, Zeichen und verwendete Realien maßgeblich zum Gelingen einer würdigen Feier bei.[44] Außerdem erinnern auch außerhalb der Liturgie sichtbar verwahrte Realien, wie z. B. die Gefäße für das Katechumenenöl und den Chrisam, die Gläubigen an ihre Taufe und sind dann als Zeichen des Heilsdienstes der Kirche erkennbar.[45]

Da die Taufe das grundlegende sakramentale Zeichen des Heiles ist, sollte also der Gestaltung der Tauforte und -feiern in jedem Fall besondere Aufmerksamkeit zukommen. Der Taufort einer Kirchengemeinde ist nämlich mehr als nur ein historisches Ensemble oder bloß pragmatischer Ort für den Vollzug der Taufe. Es ist der Ort, an dem jeder Christ durch Wasser und Geist neu geboren wird. Deshalb und auch weil jeder Christ durch die Taufe zur vollen, bewussten und tätigen Teilnahme an der Liturgie gerufen ist, sollte uns die Sorge um eine gelungene Gestalt und authentische liturgische Zeichenhaftigkeit unserer Tauforte besonders am Herzen liegen.

---

[44] Vgl. den grundlegenden Beitrag von St. RAU, Was sagt die Liturgie durch das, was nicht gesagt wird? Von den liturgischen Zeichen, in: K. Richter, Th. Sternberg (Hg.), Liturgiereform – Eine bleibende Aufgabe. 40 Jahre Konzilskonstitution über die heilige Liturgie, Münster 2004, 97–113.

[45] In den besuchten katholischen Kirchen sind das Katechumenenöl und der Chrisam nicht sichtbar verwahrt. Vgl. dazu Die Feier der Kindertaufe (s. Anm. 1). Pastorale Einführung, Nr. 43.

Die Feier der Taufe – ein Gemeindegottesdienst!

Stephan George

Aus der Sicht des Theologen verkündet der gewählte Titel eine Binsenweisheit. Die Taufe als Feier der Initiation in die Kirche ist ein Gemeindegottesdienst, was sollte sie sonst sein? Sie begründet seit neutestamentlicher Zeit das „Eins-Sein" in Christus[1] und fügt die Neugetauften in die Gemeinschaft der Glaubenden ein[2]. Aus der Sicht des Liturgiewissenschaftlers nach dem Zweiten Vatikanischen Konzil könnte der gewählte Titel und damit das Referat sogar überflüssig erscheinen, da er suggeriert, dass es auch sakramentale Feiern gäbe, die von ihrem Wesen her keine Gemeindegottesdienste sind.

Die Themenvorgabe der Veranstalter zielt aber wohl auf einen anderen Umstand ab. Inwieweit ist die konkrete Tauffeier als Gemeindegottesdienst erfahrbar? Wieweit ist eine Gemeinde daran beteiligt? Die Fragen stellen sich vor allem dann, wenn Eltern sie primär als eine Familienfeier oder als ein Fest im Leben des Kindes verstehen. So haben die Praktiker oft die Spannung zwischen der klaren theologischen Einsicht und dem Wunsch der Eltern auszuhalten. Sie sollen und wollen die Feier der Kindertaufe als Gemeindegottesdienst erfahrbar machen und gleichzeitig Eltern nicht vor den Kopf stoßen, die den Wunsch nach einer persönlichen Note oder gar einer gewissen Privatheit der Feier vorbringen.

1. Beobachtungen in amtlichen liturgischen Vorgaben

Die Kirche feiert ihren Gottesdienst im Strom einer langen Überlieferung. Es lohnt sich, Gleichbleibendes und Neues anzuschauen und für unsere Fragestellung der Gemeindebeteiligung auszuwerten. Das kann nicht umfassend, sondern nur in einer Auswahl geschehen.

Vor dem Zweiten Vatikanischen Konzil war die Frage der Ritualien und damit auch der Tauffeier nicht einfach zentral durch römische Vorgaben geregelt. Dennoch soll eine erste historische Vergewisserung zum Verständnis der Taufe dem nachtridentinischen

---

[1] Vgl. Gal 3,28.
[2] Vgl. Apg 2,41.

Rituale Romanum von 1614[3] gelten, das allerdings nicht einfach das Liturgiebuch der Diözesen war. Das Rituale Romanum kennt ein eigenes Kapitel, was bei der Feier der Kindertaufe zu beachten ist, also eine Art Allgemeine Einführung.[4] Diese argumentiert kaum mit theologischen Aussagen, sondern will vor allem die Gültigkeit der Sakramentenspendung sichern und schreibt dafür eine Fülle von einzelnen Dingen vor.[5]

Das Römische Rituale unterscheidet zwischen dem Ritus „solemnis" und „non solemnis seu privatus"[6]. Hier fällt der Begriff privat, den man durchaus im Gegensatz zum öffentlichen Gemeindegottesdienst sehen kann. Als privat wird die nichtfeierliche Taufe in Todesgefahr angesehen. Zum Nachweis der Taufe sollen in einem solchen Fall nach Möglichkeit zwei Zeugen – also doch eine kleine Gemeinde – hinzugezogen werden. Außerhalb der Todesgefahr darf der Bischof die private Taufe nur für die bedingungsweise Taufe von Häretikern gestatten. Ein Indiz für den öffentlichen Charakter stellt der Ort der Tauffeier dar. Sie soll im Normalfall in der Pfarrkirche stattfinden. Das Rituale beschreibt vieles, was für die Feier der Taufe notwendig ist. Menschen, insbesondere die Gemeinde, spielen dabei kaum eine Rolle.

In Deutschland löste die Collectio Rituum[7] von 1950 ältere Diözesanritualien ab, die freilich oft durch das Rituale Romanum beeinflusst waren. Das deutsche Einheitsrituale ist für die Thematik wenig ergiebig, da es kaum Einleitungen bzw. Erläuterungen kennt. Hinweise auf den gemeinschaftlichen Charakter der Taufe finden sich in einigen Rubriken, in denen gefordert wird, dass die Taufe nicht in der Sakristei stattfinden soll[8], dass die Gläubigen durch Glockengeläut zur Taufe eingeladen werden sollen und dass die feierliche Form wenigstens einmal im Jahr in der österlichen Zeit oder an Epiphanie stattfinden soll, um das Taufbewusstsein der Gläubigen zu

---

[3] Rituale Romanum Pauli V., accommodatum Ssmi D. N. Pii Papae XI, Editio quinta juxta typicam, Regensburg 1937.
[4] Die Zählung folgt dem Rituale Romanum, Tit. II cap. 1.
[5] So soll z. B. „der Priester die Eltern ermahnen, dass das Kind nicht an jüdische oder andere ungläubige oder häretische Frauen zum Stillen oder Ausziehen übergeben wird." RitRom Tit. II cap. 2,33. Hier wird wieder deutlich, welche theologischen Implikationen liturgische Bücher enthalten können. Da das Motu proprio „Summorum Pontificium" ausdrücklich auch vorkonziliare Ritualien für die Sakramentenfeier zulässt, wäre zu klären, welche damit gemeint sind. Vorkonziliar lag diese Klärungsvollmacht eher bei den Diözesen.
[6] RitRom Tit. II cap. 1,3.
[7] Collectio Rituum ad instar Appendicis Ritualis Romani pro omnibus Germaniae Dioecesibus a Sancta Sede approbata, Pars I, Regensburg 1950.
[8] CollRit Tit I, Cap 1, 2.

stärken[9]. Das Rituale bietet daneben ein eigens ausgedrucktes Formular für die Taufe mehrerer Kinder und sieht so eine gemeinschaftliche Tauffeier vor.

Die Liturgiekonstitution des Zweiten Vatikanischen Konzils betont den gemeindlichen Charakter jedes Gottesdienstes. Besonders bei der Feier der Sakramente ist die gemeinschaftliche Feier mit tätiger Teilnahme der Gläubigen einer privaten Feier vorzuziehen (SC 27). Für die Thematik Taufe als Gemeindegottesdienst ist die Forderung erhellend, dass ins Messbuch eine eigene Messe „Bei der Spendung der Taufe" aufgenommen werden soll (SC 66). Geltung haben daneben die Richtlinien des Konzils für die Erneuerung des Gottesdienstes überhaupt, wie etwa die Forderung nach der tätigen Teilnahme der Gläubigen oder nach der adäquaten Übernahme von Diensten (SC 28). Wenn die verschiedenen Dienste wie Lektor, Kantor, Ministranten und andere im Zusammenspiel erlebt werden, dürfte der Charakter der Taufe als Gemeindegottesdienst deutlicher werden als durch viele ermahnende Worte.

Die Umsetzung der konziliaren Richtlinien geschah bekanntermaßen im römischen Modellbuch „Ordo Baptismi Parvulorum"[10] und für das deutsche Sprachgebiet im Ritualefaszikel „Die Feier der Kindertaufe", deren erste Auflage 1971 und die Neuausgabe 2007[11] erschien.

Bruno Kleinheyer umschreibt die Intention des erneuerten Taufritus so: „Die Taufe – das ist das oberste Ziel – soll von einer Feier im kleinen Kreis wieder zu einer Feier der Gemeinde werden."[12] Als Ort der Taufe wird konsequenterweise wieder zuerst die Pfarrkirche genannt, damit „deutlich werde, daß die Taufe ein Sakrament des Glaubens der Kirche ist und in das Volk Gottes eingliedert"[13]. Die Taufe in Kliniken oder Privathäusern soll vermieden werden.[14] Zur Hervorhebung des österlichen Charakters soll als bevorzugter Zeitpunkt der Taufe die Ostervigil oder der Sonntag gewählt werden. „Immer soll die Spendung des Sakramentes österliches Gepräge haben. Am Sonntag kann man die Taufe innerhalb einer Meßfeier spenden, damit die ganze Gemeinde teilnimmt und der enge Zusammenhang zwischen Taufe und Eucharistie deutlich wird." Dann wird

---

[9] Ebd. 3.
[10] Ordo Baptismi Parvulorum, Editio typica, Vatikan 1969; editio typica altera 1973.
[11] Die Feier der Kindertaufe in den Bistümern des deutschen Sprachgebietes. Zweite authentische Ausgabe auf der Grundlage der Editio typica altera 1973, Freiburg u.a. 2007.
[12] Bruno KLEINHEYER, Sakramentliche Feiern I (GdK 7,1), Regensburg 1989, 175.
[13] Die Feier der Kindertaufe in den katholischen Bistümern des deutschen Sprachgebietes, Freiburg u.a. 1971, Vorbemerkungen 42.
[14] Vgl. ebd. 46f.

eingeschränkt: „Allerdings sollte das nicht zu häufig geschehen."[15] Für größere Pfarrgemeinden empfehlen die deutschen Bischöfe die gemeinsame Tauffeier für mehrere Kinder.[16]

Die Neubearbeitung des Rituale, die die Jahreszahl 2007 trägt, setzt diese Linie der Gemeindebeteiligung fort. Neu aufgenommen wurde nach den Fragen an Eltern und Paten am Anfang der Feier eine mögliche Anrede an die Gemeinde, die an deren Verantwortung für den Prozess des Christwerdens erinnert: „Liebe Brüder und Schwestern, diese Kinder sollen einmal selbst auf den Ruf Jesu Christi antworten. Dazu brauchen sie die Gemeinschaft der Kirche, dazu brauchen sie unsere Mithilfe und Begleitung. Für diese Aufgabe stärke uns Gott durch seinen Heiligen Geist."[17] Gerade die derzeitige Einführungsphase bietet die Gelegenheit auf die neuen Formulierungen hinzuweisen und so die Gemeinde an ihre Verantwortung für die Taufe, die Neugetauften und die Tauffamilien zu erinnern.

Die parallel zum liturgischen Buch herausgegebene Pastorale Einführung der deutschen Bischöfe betont die Gemeindebeteiligung nicht nur bei der Feier, sondern auch in der Vorbereitungsphase.[18] Weil Paten oft nur aus familiärer oder freundschaftlicher Verbundenheit gewählt werden, wird der Vorschlag gemacht, zusätzlich Begleiter aus der Gemeinde zu benennen, die den Weg des Neugetauften bis zum Abschluss der sakramentlichen Initiation mitgehen.[19]

Da die Erwartungen an eine Tauffeier in Deutschland heute sicher nicht einfach konfessionell sauber unterschieden werden, soll an dieser Stelle noch ein Blick auf eine Orientierungshilfe der EKD zur Taufe gerichtet werden.[20] In ihr wird den evangelischen Kirchen bescheinigt, dass der Zusammenhang zwischen Taufe und Gemeinde in den letzten Jahren gewachsen, aber gleichzeitig die Taufe doch für viele ein Familienereignis geblieben sei.[21]

Der theologische Befund bleibt über die Konfessionsgrenzen hinweg festzuhalten: Die Taufe gliedert in die Kirche ein und ihre Feier ist ein Gemeindegottesdienst und nicht primär eine Familienfeier. Hier könnten wir mit den Recherchen abbrechen. Die liturgischen Bücher setzen – soweit das hier zu übersehen ist – zumindest seit Trient voraus, dass die Kindertaufe in ihrer Normalform ein Ge-

---

[15] Ebd. 57.
[16] Vgl. ebd. 58.
[17] Kindertaufe 2007 (s. Anm. 11), 38.
[18] Die Feier der Kindertaufe. Pastorale Einführung, hg. v. Sekretariat der Deutschen Bischofskonferenz (Arbeitshilfen 220), Bonn 2008, 11, Nr. 14f.
[19] Vgl. ebd. 16, Nr. 25.
[20] Die Taufe. Eine Orientierungshilfe zu Verständnis und Praxis der Taufe in der evangelischen Kirche, vorgelegt vom Rat der EKD, Gütersloh 2008.
[21] Vgl. ebd. 15.

meindegottesdienst ist, auch wenn die Feiergestalt aus heutiger Perspektive in dieser Hinsicht Wünsche offen lassen mag. Und die neueren Überlegungen zur Taufpastoral betonen diesen gemeindlichen Charakter für den Prozess der Vor- und Nachbereitung über die liturgische Feier hinaus.

2. Beobachtungen in einer konkreten Pfarrgemeinde

Schon die jahrhundertelange vehemente Betonung des öffentlichen Charakters der Tauffeier lässt vermuten, dass die Praxis oft anders aussah bzw. aussieht. Für die Gegenwart wäre das im Gespräch leicht zu erheben. Der hier beschrittene Weg soll ein anderer sein.

Es dürfte mühsam sein, für vergangene Jahrzehnte aufgrund einer verlässlichen Datenbasis zu bestimmen, inwieweit sich Vertreter einer Gemeinde zur Tauffeier versammelten. Relativ leicht ist es dagegen, die Orte der Taufe zu bestimmen, ob sie etwa als Haustaufe oder in der Pfarrkirche stattgefunden hat. Es wird aufzuzeigen sein, dass mit der Angabe des Ortes durchaus eine Aussage über die ekklesiale Dimension verbunden ist.

Bei der stichprobenartigen Auswertung der Taufbücher einer Leipziger Pfarrei, zu deren Territorium ein katholisches Krankenhaus gehört, ergeben sich folgende Zahlen für den Taufort.

Ort	Jahr	1950	2007
Pfarrkirche / Filialkirche		25	24
weitere Gottesdiensträume (Außenstationen)		9	–
katholisches Krankenhaus		54	–
andere Pfarreien („ohne laufender Nr.")		2	13
Privatwohnung		1	–
Gesamtzahl (incl. Krankenhaus)		91	37

Auszug aus den Taufmatrikeln St. Bonifatius, Leipzig-Süd: Orte, an denen getauft wurde

Im Jahr 1950 fanden im Krankenhaus 54 Taufen statt. 25 Kinder wurden in der Pfarrkirche getauft, eins in einer Wohnung, neun in anderen Gottesdiensträumen bzw. auf Außenstationen. 1950 ist bei einigen Taufen vermerkt: „nach dem katholischen Gottesdienst im (evangelischen) Beetsaal". Damit ist auch eine interessante Angabe zum Zeitpunkt mitgegeben. Sie fanden an einem Sonntag statt und sie fanden im Anschluss an die Eucharistiefeier statt. Leider ist mit diesen Angaben nicht zu ermitteln, ob Gläubige da geblieben sind, weil sie die Teilnahme an der Tauffeier als Gemeinde mittragen wollten. Ohne laufender Nummer sind für das Jahr 1950 zwei Taufen verzeichnet. Sie fanden außerhalb der zuständigen Wohnsitzpfarrei statt.

In der nichtrepräsentativen Stichprobe aus dem Jahr 2007 – die Zahlen variieren von Jahr zu Jahr stark – sieht es anders aus. Mit laufender Nummer sind 24 Kinder eingetragen. Sie wurden in der Pfarrkirche oder in der Filialkirche einer bis vor kurzem selbstständigen Pfarrei getauft. Im Krankenhaus gab es 2007 keine gemeldete Taufe. Ohne laufender Nummer sind 13 Kinder vermerkt. Die Taufen „ohne laufender Nummer" fanden überwiegend in Heimatgemeinden der Taufeltern statt, einige auch in anderen Pfarreien der Stadt.

Zwei Zahlen haben sich im Zeitraum der Erhebung besonders verändert. Während 1950 der überwiegende Teil der Kinder bald nach der Geburt im Krankenhaus getauft wurde, gibt es das heute praktisch nicht mehr. Die Sterblichkeitsrate bei Säuglingen ist zurückgegangen und die Angst, dass ein ungetauftes Kind des ewigen Heiles verloren gehen könnte, dürfte ebenso zurückgegangen sein. Viele Kinder christlicher Eltern werden erst im Verlauf des ersten Lebensjahres getauft, manche noch später, manche gar nicht. Diese Entwicklung böte die Chance, zu größeren Tauffeiern zurückzukehren, etwa der Osternacht wieder zu ihrer Stellung als zentraler Tauffeier zu verhelfen.

Eine zweite Zahl fällt auf: Die Zahl der Taufen außerhalb ihrer Grenzen spielte für die untersuchte Pfarrei mit dem katholischen Krankenhaus im Jahr 1950 keine große Rolle. 2007 wurden viele Kinder, deren Wohnsitz zur Gemeinde gehört, außerhalb getauft. Durch die wachsende Mobilität und dem Zuzug vieler junger Katholiken in den Stadtteil haben diese oft noch keine enge Bindung zur hiesigen Diasporagemeinde und entscheiden sich auch aus Gründen kürzerer Wege für eingeladene Verwandte und Freunde für eine Taufe andernorts. Manches Mal mag auch eher der Wunsch der Großeltern zur Taufe in heimatlichen und oft auch katholischeren Gefilden führen.

Für 2007 kann aus der eigenen Erfahrung zu den Zahlen ergänzt werden, dass der größere Teil der Taufen in der Pfarr- bzw. Filialkirche entweder in einer der sonntäglichen Eucharistiefeiern oder für mehrere Kinder gemeinsam stattfand. Eltern, denen der Kontakt zur Gemeinde wichtig ist, sind dafür relativ leicht zu gewinnen. Und manchen Eltern mit einem eher nichtchristlichen Kreis an Verwandten und Freunden kann eine solche Feier mit Gemeindebezug schmackhaft gemacht werden, da ihnen selbst dann nicht allein die

Rolle zugemutet ist, den Gottesdienst durch Gebet und Gesang zu tragen.[22]

3. Der Wunsch nach einer Familienfeier

Aus der Durchsicht der liturgischen Bücher und den Beobachtungen zur Feier bleibt als Ergebnis festzuhalten, dass der Gemeindebezug der Tauffeier in den letzten Jahrzehnten häufiger und deutlicher geworden ist. Es gibt natürlich oft genug auch die Situation, dass Eltern die Tauffeier ihres Kindes sehr persönlich gestalten wollen und – etwas pointiert ausgedrückt – nicht die Konkurrenz weiterer Kinder wünschen, die die Fokussierung auf den einen Mittelpunkt „Kind" beeinträchtigen könnten. Die theologisch eindeutige Aussage, dass die Taufe ein Gemeindegottesdienst ist und als solcher zu feiern ist, wird nicht von allen Taufeltern geteilt. Die meisten dieser Eltern werden ihre Entscheidung zur eigenen Tauffeier für ihr Kind nicht als Entscheidung gegen die Gemeinde gerichtet sehen. Der Anlass ist für sie schlicht und einfach ein familiärer. Oft erntet ein Priester im Taufgespräch Unverständnis, wenn er darauf insistiert, die ekklesiale Dimension des Sakramentes deutlich werden zu lassen.

Die Gründe der Eltern für den Wunsch nach einer familiären Feier, die zu oft die Gemeinde ausschließt, können vielfältig sein und sie können auch in den Regionen variieren. Es könnte eine besondere Kirche sein, die Eltern zu einer Taufe ohne Gemeindebezug veranlasst. Bei der Auswertung der Daten wurde eben schon darauf hingewiesen, dass eine heimatliche Verbindung zum früheren Wohnort entscheidend sein kann und der Aufwand für Verwandte und Freunde zur Fahrt an den neuen Wohnort groß ist.

Etwas anderes kommt hinzu. Nicht nur die vielen Publikationen zur Gestaltung von Tauffeiern mit teilweise kuriosen Vorschlägen und zusätzlichen Symbolen lassen einen Trend oder gar einen Zwang zur Gestaltung durch die jeweilige Familie erkennen. Wie bei anderen sakramentlichen Feiern setzen sich manche Eltern im Vorfeld intensiv mit der Feier auseinander und wollen eigene Ideen einbringen. Das können Gestaltungselemente sein, die sie selbst erlebt haben, die sie in der Literatur oder im Internet gefunden haben. Bei mehreren Familien werden diese individuellen Gestaltungsmöglichkeiten ein-

---

[22] Auf Musik und Gesang nicht zu verzichten, dürfte eine Minimalforderung sein, um den gottesdienstlichen Charakter nicht zu verdunkeln. Reinhard Meßner bezeichnet einen Gottesdienst, in dem beides fehlt, als „unvorstellbar bzw. schwerstens defizient". Reinhard MESSNER, Einführung in die Liturgiewissenschaft, Paderborn u. a. 2001, 120.

geschränkt. Die Taufe mehrerer Kinder setzt dem Spielraum der Gestaltung durch eine Person oder durch eine Familie Grenzen, da weitere Personen handeln. Eine solche Taufe macht aber gerade auch deutlich, dass eine Taufe mehr als ein familiärer Gottesdienst ist, zu dessen Gestalt die Teilnahme vieler Dienste gehört und dessen rituelle Grundgestalt vorgegeben ist.[23]

Das Spektrum möglicher Gründe für die Einzeltaufe im Rahmen der Familie kann bis dahin gehen, dass sich in der Betonung des familiären Charakters der Taufe eine Familienreligiösität zeigt, die die Familie zum höchsten religiösen Wert erhebt.[24] Spätestens an dieser Grenze wird deutlich, dass die Kirche mit dem Sakrament der Taufe etwas anderes will. Die Taufe betrifft die Gemeinde und die Kirche als Ganze. Sie wird durch ein neues Glied, das in sie hinein initiiert wird, selbst verändert und bleibt nicht wie sie vorher war.

Die Akzentuierung der Taufe als familiäre bzw. persönliche Feier ist aber nicht einfach „böswilligen Eltern" zuzuschreiben. Sie hat eine lange Geschichte. Die Ursachen der Deutungsverschiebung dürften auch in theologischen Wertungen und ihren Folgen zu finden sein. Die rasche Säuglingstaufe nach der Geburt und die damit einhergehende Privatisierung wurden schon erwähnt.[25] Wer die Taufgnade nicht empfangen hatte, dessen Seelenheil war im Todesfall gefährdet und er durfte nicht einmal auf dem Friedhof begraben werden. Durch diese Bestimmung ist bis heute bei betroffenen Eltern manche tiefe Verletzung zu beobachten. Die Taufe musste zu Zeiten einer hohen Säuglingssterblichkeit schnell erfolgen und wurde schon deshalb je einem Kind bald nach der Geburt „gespendet".

Das Stichwort „Spender" illustriert eine Entwicklung, die seit dem frühen Mittelalter eingesetzt hatte und die ebenfalls ihren Beitrag zur Privatisierung geleistet hat. Das Sakrament wurde weniger als gottesdienstliche Feier verstanden, sondern, wie auch bei anderen Sakramenten, im Gegenüber eines Spenders zu einem Empfänger. Der Empfänger war nicht mehr der, der seinen Glauben bekannte, son-

---

[23] Die Privatisierung wird nicht nur von kirchenfernen Eltern favorisiert, sondern auch von geschätzten geistlichen Autoren. Henri Nouwen beschreibt in seinem Tagebuch immer wieder sehr individualisierte Gottesdienste, u. a. auch eine Taufe im engsten Familienkreis. „In solch einfachem Rahmen ist die Taufe kein Ritual und keine Zeremonie, sondern ein Geschehen, das unmittelbar anrührt und das Leben beeinflusst." Henri J. M. NOUWEN, Das letzte Tagebuch, Freiburg i. Br. 2000, 341. Es käme wohl noch mehr auf eine überzeugende Feier der Gottesdienste in Gemeinschaft an. Nouwens Erfahrungen scheinen in dieser Hinsicht schlecht zu sein. Dagegen gilt es festzuhalten: Auch die Feier eines Rituals kann anrühren und Leben beeinflussen.
[24] Vgl. MESSNER, Einführung (s. Anm. 22), 145.
[25] Vgl. KLEINHEYER, Sakramentliche Feiern (s. Anm. 12), 152.

dern verhielt sich überwiegend passiv.[26] Die aktive Rolle übernahm der Spender, der die richtigen Formeln zu sprechen und überhaupt für die rituell gültige Gestalt zu sorgen hatte. Eine Gemeinde war bei diesem Gottesdienstverständnis nicht notwendig.

4. Damit die Taufe als Gemeindegottesdienst erlebt werden kann

Ein Blick in die Taufpraxis der Gemeinden zeigt, dass die Taufe eines Kleinkindes oft nicht als Gottesdienst der Gemeinde erlebt werden kann. Theologisch Richtiges ist nicht immer einfach in liturgische Feierpraxis umzusetzen. Genau diesen Umsetzungsprozess gilt es zu fördern. Dabei kommt es in unserem Fall nicht auf große rituelle Veränderungen oder gar eine Revision der Bücher an, sondern zuerst auf eine Mentalitätsänderung, die freilich ähnlich schwer sein dürfte wie die Neuausgabe eines liturgischen Buches. Das neue liturgische Buch bietet die Chance, den Gemeindebezug neu zu akzentuieren. Die deutschen Bischöfe fordern in ihrer Pastoralen Einführung: „Das Buch soll zum Anlass werden, sowohl die sakramentenpastoralen Initiativen der einzelnen Pfarrgemeinden zu überdenken als auch die bisherige Feierpraxis nach Möglichkeit zu verbessern."[27]

Dafür sollen einige mögliche Schritte gesammelt und genannt werden. Die Aufzählung kann nicht vollständig sein.

4.1 Der Ort der Taufe

Der Vollständigkeit halber soll noch einmal darauf verwiesen werden, dass der genuine Ort der Taufe die Pfarrkirche ist. In den Zeiten von Fusionen und der Bildung großer und übergroßer Pfarreien wird man sicher der Tatsache Rechnung tragen müssen, dass die Pfarrkirche in Zukunft nicht immer eine wirkliche Bezugsgröße bilden wird. In solchen Fällen wird man Filialkirchen und Kapellen, in denen sich regelmäßig die Gemeinde versammelt, als sinnentsprechende Tauforte betrachten dürfen. Dagegen sind Taufen in der freien Natur, die Taufe auf Schiffen oder im Wald vor allem wegen der Unmöglichkeit der Gemeindebeteiligung fragwürdig.[28] Auch die Wahl einer

---

[26] Vgl. Martin STUFLESSER / Stephan WINTER, Wiedergeboren aus Wasser und Geist. Die Feiern des Christwerdens (Grundkurs Liturgie 2), Regensburg 2004, 79.
[27] Die Feier der Kindertaufe. Pastorale Einführung (s. Anm. 18), 8, Nr. 5.
[28] Wie etwa der Gemeindebezug bei einer Taufe in der „künstlichen Paradieseslandschaft" des Europaparks Rust zum Tragen kommen soll, ist unklar. Und noch weiter wäre zu fragen, warum Kirchen an einem Ort taufen, an dem sie „nicht mehr die Deutehoheit über ihre Symbole und Zeichen" haben. Vgl. Michael SCHROM, Kirche im

Taufkirche außerhalb der Pfarrei nur wegen ihrer romantischen Lage oder ihrer architektonischen Besonderheiten verdunkelt das, was Kirche mit der Taufe ausdrücken will. Die Überweisung einer Taufe an andere Orte, etwa an frühere Lebensstationen eines Elternteils, wird sich nicht in jedem Fall vermeiden lassen. Gerade dann sollte aber die Kontaktaufnahme zur zuständigen Pfarrgemeinde besonders nahe gelegt, ja zur Bedingung gemacht werden. Manche der taufenden Pfarrer verlangen von den Taufeltern immerhin ein Schreiben des Wohnsitzpfarrers, in dem er sein Einverständnis zur Taufe erklären soll. Das bietet die Chance zum Gespräch über das Christsein – in Ostdeutschland über das Christsein in der Minderheit. Und es bietet die Chance, in das Schreiben den Satz aufzunehmen, dass im Rahmen der Taufvorbereitung sicher auf die notwendige Gemeindeanbindung hingewiesen werden wird.

4.2 Gemeinsame Tauffeiern

„Für alle Kinder, die innerhalb einer bestimmten Zeit in einer Pfarrgemeinde geboren sind, ist eine gemeinsame Tauffeier mit der Gemeinde anzustreben. ... Dabei ist darauf zu achten, dass die Pfarrgemeinde an den Feiern tatsächlich teilnehmen kann."[29] Diese Sätze stammen nicht von einem übereifrigen Pfarrgemeinderat, sondern aus der Pastoralen Einführung der deutschen Bischöfe zum neuen Rituale. Dass Texte von Kommissionen oder Gruppen oft etwas vom Nebeneinander verschiedener Meinungen widerspiegeln, wird deutlich, wenn unmittelbar im Anschluss an diese bischöfliche Forderung von gemeinsamen Tauffeiern Eltern das Recht zugestanden wird, aus „triftigen Gründen" eine eigene Tauffeier für ihr Kind zu wünschen. Den Bischöfen und ihren Beratern ist wohl klar, dass die weithin übliche Privatisierung bei der Feier der Sakramente nicht leicht zu überwinden sein wird. Das neue Buch könnte gerade in größeren Gemeinden mit vielen Kindern die gemeinsame Feier zur Normalform werden lassen oder ihre Häufigkeit steigern.

4.3 Mitfeier der Gemeinde

Es gibt in einigen Gemeinden Versuche, dass wenigstens ein Vertreter des Pfarrgemeindrates zum Taufgottesdienst kommt und so den pri-

---

Freizeitpark, in: Bilder der Gegenwart, August 2008, 337–341. Sicher gäbe es auch niedrigschwelligere Angebote als die Feier von Sakramenten, um als Kirche in der Freizeitindustrie präsent zu sein.
[29] Die Feier der Kindertaufe. Pastorale Einführung (s. Anm. 18), 24, Nr. 47.

vaten Rahmen der Familie für die größere Einheit Gemeinde bzw. Kirche öffnet. Dass einzelne Gemeindeglieder wegen ihrer Verbindung zur Tauffamilie an einer Taufe teilnehmen, dürfte selbstverständlich sein. Oft wird es auch möglich sein, dass die Teilnahme von Ministranten den gottesdienstlichen Charakter unterstreicht. Vielleicht können darüber hinaus aber auch „einige Treue" aus der Werktagsgemeinde zur Mitfeier bewegt werden. Und wenn solche Teilnehmer dann auch bewusst als Gemeinde begrüßt und angesprochen werden, wird die Taufe eines Kindes leichter als Gemeindegottesdienst erlebt als bei ihrem Fehlen.

4.4 Taufe im Sonntagsgottesdienst

Wenigstens mehrere Male im Jahr soll in der sonntäglichen Eucharistiefeier getauft werden, damit der Gemeindebezug des Sakramentes und die enge Verbindung zwischen Taufe und Eucharistie deutlich wird.[30] Als Gegenargument gegen eine häufigere Verbindung mit der sonntäglichen Eucharistiefeier wird oft der Zeitrahmen des Gottesdienstes genannt. Das trifft sicher vor allem dort zu, wo die Sonntagsmesse sowieso minimalistisch gefeiert wird, weil die Zeitschiene für Priester in Seelsorgeeinheiten oder Großpfarreien sehr eng ist und die nächste Gottesdienstzeit ansteht. Wo der Gottesdienst in spätestens 50 Minuten beendet sein muss, wird es kaum möglich sein, innerhalb der Feier zu taufen. In vielen anderen Fällen ist mehr möglich, als allgemein angenommen wird. An einem solchen Tag werden die Auswahlmöglichkeiten von Messbuch und Taufrituale sicher – nicht nur aber auch – vom Zeitfaktor beeinflusst sein. Auf diesem Hintergrund darf dann auch die Liedauswahl und die gesamte musikalische Gestalt überprüft werden. Hier gilt es, nicht zusätzliche Elemente einzufügen oder Sekundäres überzubetonen, sondern die Feier selbst zu gestalten und die Zeichen sprechen zu lassen.

Am Anfang der Messfeier werden Eltern und Paten befragt. Es folgt sofort das Gloria, auf eine der Lesungen könnte verzichtet werden. Die Salbung mit Katechumenenöl ist freigestellt. Nach der eigentlichen Taufe mit einem möglichen Glaubenslied und der Besprengung der Gemeinde wird die Feier mit der Gabenbereitung fortgesetzt. Wenn zur Taufhandlung die Kinder nach vorn eingeladen werden, werden diese das Geschehen kaum als langweilig empfinden und für die Gemeinde und auch die anwesenden Kinder, die sich meist an ihre eigene Taufe nicht erinnern können, spielen Taufe und das Leben aus dem Geschenk der Taufe eine Rolle.

---

[30] Vgl. Die Feier der Kindertaufe. Pastorale Einführung (s. Anm. 18), 20, Nr. 34.

Ein Kompromissvorschlag zur häufigen Taufe in der sonntäglichen Eucharistiefeier findet sich im Werkbuch zum neuen Taufrituale. Dort wird beschrieben, wie in einer Gemeinde vor der Sonntagsmesse getauft wird und dabei schon einige Mitfeiernde dabei sind. Die Taufgemeinde selbst bleibt dann zur Messfeier im Altarraum und im Eucharistischen Hochgebet wird der Neugetauften gedacht. Auch sonst werden in dieser Gemeinde monatlich die Neugetauften einmal in den Fürbitten erwähnt.[31] Warum sollte das Gedenken, wie es bei Verstorbenen Tradition ist, in dieser Form nicht auch für Neugetaufte möglich sein?

Eine besondere Rolle als Tauffeier spielt der zentrale Gottesdienst des Kirchenjahres: die Osternacht.[32] Dieser Feier fehlt etwas, wenn in ihr nicht getauft wird. Die Lesungen und übrigen Texte sprechen vom österlichen Leben, an dem die Getauften Anteil erhalten. So heißt es im Exsultet: „Dies ist die Nacht, die auf der ganzen Erde alle, die an Christus glauben, scheidet von den Lastern der Welt, dem Elend der Sünde entreißt, ins Reich der Gnade heimführt und einfügt in die heilige Kirche." Das genau geschieht bei der Taufe. Und nicht umsonst ist ein Hauptteil der Osternacht mit „Tauffeier" überschrieben. Es muss hier nicht die historische Rolle der Osternacht als Tauffeier und deren theologischer Angemessenheit entfaltet werden. Es genügt darauf hinzuweisen, dass sich für alle, die den Charakter der Taufe als Gemeindefeier betonen wollen, die Aufgabe stellt, den zentralsten Gottesdienst des Kirchenjahres mit seinen deutlichen Taufbezügen auch als Taufgottesdienst erlebbar werden zu lassen und dafür möglichst auf andere Tauffeiern am Ostertag, in der Osteroktav und in der Vierzigtagezeit der Vorbereitung auf die jährliche Osterfeier zu verzichten.

4.5 Die Feier der Kindertaufe als Teil des Christwerdens

Der Gottesdienst ist eine wichtige Ausdrucksgestalt der Kirche und gleichzeitig Quelle des Kircheseins. Er wird aber überfordert, wenn von ihm alles erwartet wird und wenn ihm das Umfeld fehlt. Ein selbstverständlicher „christlicher Grundwasserspiegel", der den Alltag prägt, ist in vielen Gegenden Deutschlands nicht mehr gegeben. Deshalb muss das Umfeld christlichen Lebens – auch außerhalb des Gottesdienstes – glaubwürdig gelebt und gefördert werden. Bei der

---

[31] Vgl. Warnfried BARTMANN, „Kostbarer Besitz der ganzen Kirche". Vorschlag für einen stärkeren Gemeindebezug der Tauffeiern, in: Winfried Haunerland und Eduard Nagel (Hg.), Den Glauben weitergeben. Werkbuch zur Kindertaufe, Trier 2008, 22 f.
[32] Ein Zeugnis für das Gelingen findet sich bei Helmut BÜSSE, „Das geht bei uns nicht ..." Erfahrungen aus einer Osternachtfeier, in: Werkbuch (s. Anm. 31), 20 f.

Erwachseneninitation ist der Wegcharakter sehr deutlich. Die gottesdienstlichen Feiern des Christwerdens sind Höhepunkte auf dem notwendigen Weg der Einübung, des Austausches, des Glaubenlernens aller Beteiligten. Eine Gemeinde oder die Gemeinschaft einer Katechumenatsgruppe geht mit den Taufbewerbern diesen Weg.

Wenn Eltern zunehmend nicht mehr in der Lage sind, das Christwerden ihrer Kinder zu begleiten, weil sie selbst in ihrem Glaubensleben kaum im Stand von Katechumenen sind, dann müssen andere Begleiter einspringen bzw. muss eine Gemeinde überhaupt den Weg des Christwerdens mitgehen, weil er sonst ausfällt. Das gilt für den Weg vor der Taufe und nach der Taufe hin bis zur Vollendung der Initiation in den Sakramenten der Firmung und Eucharistie. Wenn dieser Weg zum Anliegen einer Gemeinde geworden ist, dann muss nicht mehr für die Gemeindeteilnahme an der Tauffeier geworben werden. Sie folgt dann organisch aus dem Umfeld der gottesdienstlichen Feier, aus dem geteilten Glauben und Leben der Gemeindeglieder. Es gibt beachtliche Initiativen zu diesem Ziel hin.

Ein Versuch, diesen Weg zu gestalten, findet sich im erneuerten Rituale. Es ist die Feier in zwei Stufen mit der Eröffnung eines Weges und der späteren Feier der Kindertaufe.[33] Bei dieser Feier soll deutlich werden, dass die Kirche den Glaubensweg der Eltern und ihrer Kinder begleitet.[34]

Ein solches Engagement für einen stärkeren Gemeindebezug der Taufvorbereitung wird anfangs mit mancherlei Widerständen konfrontiert werden und sicher nicht per Beschluss eines Pfarrgemeinderates ohne Rücksicht auf Verluste umzusetzen sein. Ganz unmöglich dürfte es bei geschickter Einführung nicht sein. Es sei nur daran erinnert, wie selbstverständlich heute die Beteiligung der Gemeinde an der Vorbereitung der Firmung oder der Ersteucharistie ist. Warum sollte das langfristig nicht auch für die Taufe möglich sein? Auch hier gilt wieder: Als Nebeneffekt einer solchen Elterngruppe dürfte nach der gemeinsamen Vorbereitung der Taufe die gemeinsame Tauffeier für mehrere Kinder kaum hinterfragt werden.

Auch die Normalform der Taufe ohne der Eröffnung eines Weges kennt ein Elterngespräch oder mehrere Treffen zur Vorbereitung. Dabei werden mancherorts andere Eltern einbezogen.[35] Ihr Zeugnis zum Weg einer Erziehung im Glauben ist durch eigenes Erleben ge-

---

[33] Vgl. Winfried HAUNERLAND, Die Feier der Kindertaufe in zwei Stufen, in: Werkbuch (s. Anm. 31), 24–28.
[34] Vgl. Die Feier der Kindertaufe. Pastorale Einführung (s. Anm. 18), 20, Nr. 36.
[35] Das ist im Sinne der Pastoralen Einführung. Vgl. Die Feier der Kindertaufe. Pastorale Einführung (s. Anm. 18), 11, Nr. 14 f.

deckt und somit oft glaubwürdiger als die Rede hauptamtlicher pastoraler Mitarbeiter.

4.6 Das Patenamt

Im bisherigen Rituale war sehr offen formuliert, dass die Paten „auf ihre Weise" mithelfen sollen, dass aus den Kindern gute Christen werden. Die Neuausgabe beschreibt die Aufgabe der Paten bestimmter: „Sie sollen ihre Patenkinder auf dem Lebensweg begleiten, sie im Glauben mittragen und sie hinführen zu einem Leben in der Gemeinschaft der Kirche."[36] Das Patenamt – wie es die katholische Kirche versteht – ist gegen manche tradierte Familienauffasung kein Ehrenamt, sondern ein zutiefst kirchliches Amt des Dienstes der Wegbegleitung im Glauben. Gemeinden müssen sich fragen lassen, ob im Falle, dass Eltern keine so geeigneten Paten finden, aus ihrer Mitte jemand bereit ist, diesen Dienst der Glaubensbegleitung zu leisten. Sicher werden familiäre und freundschaftliche Verbindungen weiter die Wahl der Paten beeinflussen. Wenigstens beim Fehlen eines katholischen Paten oder bei einer großen Fremdheit gegenüber der Pfarrgemeinde könnte es ein Angebot sein, einen zusätzlichen Begleiter aus der Gemeinde zu suchen. Den Hinweis im zweistufigem Modell des neuen Rituale auf „Gemeindemitglieder, die den Glaubensweg der Eltern begleiten"[37] kann man sicher so verstehen. Und vielleicht gelingt es ja wirklich in dem einen oder anderen Fall, in dem eine örtliche Stabilität herrscht, diese Begleitung auch zu einer Begleitung der getauften Kinder auf ihrem weiteren Weg der Initiation werden zu lassen.

5. Schlussbemerkungen

Es dürfte deutlich geworden sein, dass für die Theologie die Verbindung von Taufe und Gemeinde wesentlich ist. Die Umsetzung dieser theologischen Einsicht bereitet dagegen Probleme. Das gilt auch für einen Pfarrer, der sich zugleich der Liturgiewissenschaft verpflichtet weiß. Das Wissen um den skizzierten Anspruch ist nicht mit der Umsetzung identisch. Dennoch ist es wichtig, immer wieder auch den Anspruch zu formulieren. Umzusetzen wird nur das sein, was theologisch klar ist und wofür mit einem langen Atem geworben und

---

[36] Die Feier der Kindertaufe (s. Anm. 11), 81.
[37] Die Feier der Kindertaufe (s. Anm. 11), 161.

nicht nur im pastoralen Konfliktfall, den es immer wieder geben wird, mit Macht gespielt oder mit Sanktionen gedroht wurde.

Der Weg zur selbstverständlichen Praxis der Taufe als Gemeindegottesdienst kann lang sein. Er wird vor allem durch das Erleben stimmiger Tauffeiern beschritten werden können. Das Erleben, die Feier selbst wird die Wirklichkeit mehr verändern als viele gute und notwendige Klärungen im Vor- und Umfeld.

„Oh Seligkeit, getauft zu sein ..."
Feierformen des Taufgedächtnisses heute

Martin Stuflesser

1. Annäherung

1.1 Eine Impression vom Ökumenischen Kirchentag 2003

Berlin am 1. Juni 2003, der „Platz der Republik" vor dem Reichstag. Es haben sich viele tausend Menschen an diesem Sonntagmorgen hier versammelt. Später wird in den Zeitungen stehen, dass es knapp 200.000 Christen waren, die hier den Abschluss des ersten Ökumenischen Kirchentages mit einem gemeinsamen Gottesdienst gefeiert haben. Wasser wird aus einem großen Brunnen geschöpft, ein Gebet wird gesprochen und das Wasser auf Schalen verteilt, die durch die Menschenmenge gereicht werden. Vor uns steht ein kleines Mädchen, vielleicht fünf Jahre alt, mit einer Wasserschale; wir knien uns hin, damit das Mädchen unseren Kopf berühren kann. Es taucht seine Hand in das Wasser, zeichnet uns ein Kreuz auf die Stirn und sagt dazu mit großer Ernsthaftigkeit: „Du sollst Segen sein!"

Wahrscheinlich hat man nicht oft im Leben die Gelegenheit, die Erinnerung an die eigene Taufe so intensiv zu feiern. Nicht oft wird man dieses Gefühl der Zusammengehörigkeit zwischen unterschiedlichen Menschen aus den verschiedenen christlichen Konfessionen erleben dürfen, die doch alle geeint sind im Band der Taufe[1].

Taufe und Taufgedächtnis bilden dabei sicherlich eine Einheit: Die Taufe ist zunächst ein Aufnahmeritus, der die Eingliederung in die Kirche bewirkt. Man greift jedoch zu kurz, wenn man sich auf diese vordergründige Bedeutung von „Taufe" beschränken würde. „Taufe" bezeichnet ja auch die Antwort eines Menschen auf den Ruf des Evangeliums, und in der Taufe feiert die Kirche die vollzogene Umkehr eines Menschen zu Gott und damit den Eintritt in die Lebensgemeinschaft des in Jesus Christus geoffenbarten dreieinen Gottes. Wenn dieser Umkehrprozess aber vollzogen ist und die Taufe dessen Abschluss feiert, welche Bedeutung kommt dann einem wie auch immer gearteten Ritus der Tauferinnerung zu?

Natürlich kann im Kontext unserer Tagung hier durchaus sinnvoll danach gefragt werden, ob es überhaupt einer Tauferinnerung be-

---

[1] Vgl. II. Vatikanisches Konzil UR 22.

dürfte, wenn nicht eine bestimmte Taufpraxis – nämlich die, Säuglinge zu taufen – den eigentlich der Taufe vorausgehenden Entscheidungsprozess in die Zeit nach der Taufe verlegt.

Taufe als bewusste Umkehr, als eine Hinwendung zum Evangelium – davon kann im Fall der Kindertaufe sicher nicht gesprochen werden. Eher handelt es sich um den Anfang eines Glaubenswegs, bei dem zu einem späteren Zeitpunkt das eingelöst werden kann, was Eltern und Paten bei der Taufe eines Kindes in dessen Namen als ihren Glauben bekannt haben. Damit ist aber gerade die Feier der Kindertaufe immer auch die Feier der Tauferinnerung für die Eltern, für die Paten, für die mitfeiernde Gemeinde.

Im Kontext des durch das II. Vatikanum erneuerten Erwachsenenkatechumenats und der damit zunehmenden Anzahl an Erwachsenentaufen stellt sich jedoch auch die Frage nach der Bedeutung des Taufgedächtnisses noch einmal anders: Die Erwachsenentaufe wird hierdurch ja wieder zu dem, was sie eigentlich streng genommen immer war: zum theologischen Modellfall.

Im Fall der Erwachsenentaufe bildet die Taufe tatsächlich den vorläufigen Abschluss eines Prozesses der Umkehr. Deshalb könnte womöglich die gesamte Feier des Erwachsenenkatechumenats für die mitfeiernde Gemeinde einen Prozess der Tauferinnerung darstellen. Dies kann ein Prozess sein, in dem sich u. U. bereits als Kinder Getaufte neu der in der Taufe grundgelegten Berufung zu einem Leben in der Gemeinschaft des dreifaltigen Gottes bewusst werden. Welche Bedeutung hat aber die Feier des Taufgedächtnisses in unseren Gemeinden, wenn wir dort in einer gewissen Ungleichzeitigkeit sowohl Feiern der Unmündigentaufe (= Säuglingstaufe) erleben als auch Formen der Erwachseneninitiation?

Bereits dieser kurze Überblick zeigt, wie vielschichtig und vielgestaltig die Fragen und Probleme sind, die sich um das Thema „Taufgedächtnis" gruppieren. In einer Zeit, die von vielen Autoren schon als nach-christlich bezeichnet wird, erscheint es umso wichtiger, sich darüber zu verständigen, was christliche Identität eigentlich ausmacht. Hätte man die friedliche Atmosphäre beim Abschlussgottesdienst des Ökumenischen Kirchentages 2003 in Berlin von außen betrachtet, wäre man angesichts der Texte, Lieder, Symbolhandlungen vielleicht zu dem Schluss gekommen: Christen, das sind Menschen, die aus der Taufe leben, die von einer Hoffnung erfüllt sind auf ein Leben in Gemeinschaft mit Gott und untereinander, die sich von Gott in die Welt senden lassen zum liebevollen Dienst am Nächsten. Inwiefern können liturgische Formen des Taufgedächtnisses also dazu beitragen das Taufbewusstsein zu stärken?

2. Verschiedene Feierformen des liturgischen Gedächtnisses der einen Taufe

2.1 Die Erneuerung des Taufversprechens in der Osternachtfeier

Die Aufnahme der Erneuerung des Taufversprechens in die Feier der Osternacht geschah erst im Jahr 1951 – freilich noch lange vor dem II. Vatikanum – im Zuge der Erneuerung der Osternacht durch Papst Pius XII. Ältester Anknüpfungspunkt ist wohl der aus dem 9. Jahrhundert überlieferte Brauch, dass der Priester am Jahrestag der Taufe in der Eucharistiefeier „über die Kinder" das Glaubensbekenntnis rezitierte – eine Art mittelalterlicher Nachklang des frühkirchlichen Katechumenatsritus „Übergabe des Glaubensbekenntnisses".

Die feierliche Erneuerung des Taufversprechens hatte bis dahin ihren liturgischen Ort in Gottesdiensten zum Abschluss von Exerzitien und Volksmissionen, oftmals verbunden mit einer Prozession zum Taufbrunnen. Sie war in der Neuzeit auch als gemeinschaftliche Erneuerung des Taufversprechens in entsprechenden Gruppengottesdiensten durchaus üblich geworden. In den Pfarreien war der Oktavtag von Ostern, der Weiße Sonntag, hierfür vorgesehen. Aber auch an bestimmten hervorgehobenen Tagen des Kirchenjahres wie an Epiphanie, dem Neujahrstag, am Dreifaltigkeitssonntag und an Pfingsten war eine Erneuerung des Taufversprechens möglich.

Durch die Einfügung der Erneuerung des Taufversprechens in die Osternachtfeier wurde somit ein wichtiger Schritt unternommen, die Osternachtfeier – wie zur Zeit der frühen Kirche – wieder zu einer Feier der Tauferinnerung für die versammelte Gemeinde werden zu lassen. In der nachkonziliaren Liturgie der Feier der Osternacht folgt der Aufbau der Tauffeier – als drittem Hauptteil, nach Lichtfeier und Wortgottesdienst – dem Aufbau von 1951: Litanei, Taufwasserweihe, Taufe, Erneuerung des Taufversprechens.

Im Messbuch 1975 beginnt die Tauffeier der Ostervigil mit der Allerheiligen-Litanei; auf sie folgt die Taufwasserweihe mit „Lobpreis und Anrufung Gottes über dem Wasser", dem Hochgebet zur Taufwasserweihe. Dieses Hochgebet benennt zentrale Inhalte des Heilsgedächtnisses, die mit der Taufe in engem inhaltlichen Zusammenhang stehen und wird damit zum eigentlichen liturgischen Ort des Taufgedächtnisses. Denn das über dem Wasser gesprochene anamnetisch-epikletische Gebet hat nicht primär die Heiligung des Wassers zum Ziel, sondern betet um das Heil für jene, die in der Taufe ein neues Leben in Christus anfanghaft begonnen haben. Neben den zentralen biblischen Bildern, die die verschiedenen tauftheologischen Bedeutungen („Wiedergeburt in Christus"; „Reinigung von Sünde") beleuchten, ist die Betonung des Aspekts der Erinnerung an die je eigene Taufe hier besonders hervorzuheben.

Sinn und Funktion der liturgischen Feier der Erneuerung des Taufversprechens in der Osternacht werden schon in der Einleitung im Messbuch deutlich benannt: Das Wasser, das der Herr segnen möge, soll zum einen an die Taufe erinnern. In dieser Erinnerung soll aber Gott zugleich die in der Taufe geschenkte Gnade erneuern und so den Getauften ermöglichen, ein Leben aus der Taufe zu führen in seinem Geist.

Die Überleitung von „Lobpreis und Anrufung Gottes über dem Wasser" zur eigentlichen Erneuerung des Taufversprechens benennt Röm 6,3 und Joh 3,5 als zentrale biblische Deuteworte der eigenen Taufe: In der Taufe sind wir „mit Christus begraben worden, damit wir mit ihm auferstehen zu neuem Leben."

Noch zwei Aspekte von Gewicht sind zu nennen: Zum einen, dass die Überleitung zur Erneuerung des Taufversprechens einen deutlichen Rückbezug zur Österlichen Bußzeit enthält, und zum anderen, dass die Erneuerung des Taufversprechens „mit brennenden Kerzen in den Händen" geschieht – wobei diese in den Händen der versammelten Gemeinde auch auf der Ebene des liturgischen Zeichens einen deutlichen Bezug zur Tauffeier und der Taufkerze aufweisen. Getaufte sind „Kinder des Lichtes", die aus diesem Licht, das Jesus Christus selbst ist, leben sollen.

Bei der eigentlichen Erneuerung des Taufversprechens wählt das Messbuch (wie das lat. Missale Romanum) die Ich-Form, was der deutliche Rückbezug zur Taufe nahe legt. Auch wenn das Große Glaubensbekenntnis aus einsichtigen Gründen den Glauben als kirchlich-vermittelten Glauben in der Wir-Form artikuliert, erscheint doch in diesem tauftheologischen Kontext die Ich-Form angemessener: Wir werden als individuelle Personen, aber in der Gemeinschaft der Kirche angesprochen und eingeladen, unseren Taufglauben erneut zu bekennen.

Zusammenfassend lässt sich sagen: Bei der wieder eingeführten Erneuerung des Taufversprechens in der Osternacht haben wir es mit einer liturgischen Feierform zu tun, die unter Umständen bei entsprechender katechetischer Aufarbeitung dazu imstande sein kann, das Taufbewusstsein der Gläubigen zu vertiefen. Allerdings bleibt die grundlegende Anfrage, wie oft ein solcher Ritus der Erneuerung des Taufversprechens wirklich sinnvoll zu vollziehen ist. Damit soll nicht gegen die einmal jährlich in der Osternachtfeier stattfindende Erneuerung des Taufversprechens argumentiert werden. Vielmehr müsste der Schwerpunkt auf einer gründlichen katechetischen und liturgisch-mystagogischen Vorbereitung liegen: Nur wenn die österliche Bußzeit wirklich als Vorbereitungszeit auf Ostern verstanden wird, kann solches gelingen.

Bereits jetzt zeigt sich, dass in Gemeinden, in denen Erwachsene sich auf die Taufe vorbereiten und diese auch in der Osternacht gefeiert wird, eine größere Sensibilität für die je eigene Erneuerung des Taufversprechens vorhanden ist. Die wirksamste Form der Tauferinnerung ist nun einmal die Mitfeier der Taufe anderer. Gerade deshalb ist die ekklesiale Dimension des Taufgeschehens immer wieder zu betonen. So heißt es ja auch in der neuen Pastoralen Einführung (2008) in Nr. 29 in aller Deutlichkeit:

„Als Eingliederung in die Kirche ist die Taufe auch Aufnahme in die Pfarrgemeinde. Daher ist der Taufgottesdienst keine private Familienfeier, sondern öffentlicher Gottesdienst, zu dem die ganze Gemeinde entsprechend einzuladen ist (Ankündigung durch Gottesdienstanzeiger und Glockengeläute). Nicht nur die unmittelbar Beteiligten, sondern auch weitere Mitglieder der Pfarrgemeinde sollen an der Tauffeier tätig teilnehmen."[2]

Ideal wäre daher eine Kombination von Feier der Taufe und Feier der Erneuerung des Taufversprechens in ein und derselben Feier (der Osternacht). Auch im Falle der Erneuerung des Taufversprechens erweist es sich also, dass verschiedene liturgische Elemente durchaus sinnvoll aufeinander aufbauen können.

2.2 Das sonntägliche Taufgedächtnis

Die Besprengung der Gemeinde mit Weihwasser zu Beginn der sonntäglichen Eucharistiefeier setzt sich seit dem Hochmittelalter durch. Der Asperges wurde schließlich in das römisch Messbuch von 1570 aufgenommen und blieb am Anfang des Gottesdienstes erhalten bis zum Missale Romanum von 1970.

In die nachkonziliare Allgemeine Einführung in das Messbuch [AEM] 1970 wurde der Asperges nicht mit aufgenommen und auch im Messbuch 1970 nur in einen „Anhang I", der vielen für die Liturgie Verantwortlichen leider schon aufgrund seiner „Randstellung" unbekannt sein dürfte.

Prinzipiell kann das sonntägliche Taufgedächtnis aber den Bußakt zu Beginn der Eucharistiefeier immer ersetzen. So heißt es denn nun auch in der neuen Grundordnung des Römischen Messbuchs (2007) konsequenterweise in Nr. 51: „Am Sonntag, vor allem in der Oster-

---

[2] Vgl. auch Die Feier der Kindertaufe in den Bistümern des deutschen Sprachgebietes. Zweite authentische Ausgabe auf Grundlage der Editio typica altera 1973, Praenotanda Generalia, Nr. 7, Freiburg u. a. 2007.

zeit, kann anstelle des üblichen Bußaktes, wenn es möglich ist, die Segnung des Wassers und die Besprengung damit zum Gedächtnis an die Taufe vollzogen werden."[3]

Nach Kreuzzeichen und liturgischem Gruß eröffnet der Vorsteher den Gottesdienst mit einer Überleitung zum sonntäglichen Taufgedächtnis:

„Liebe Brüder und Schwestern! Wir bitten den Herrn, dass er dieses Wasser segne, mit dem wir nun besprengt werden. Das geweihte Wasser soll uns an die Taufe erinnern; Gott aber erneuere in uns seine Gnade, damit wir dem Geist treu bleiben, den wir empfangen haben."

Und nach kurzer Gebetsstille fährt er mit einer der beiden Orationen zur Auswahl fort. Für die Feier des Taufgedächtnisses in der Osterzeit ist eine eigene Oration vorgesehen, die noch einmal eigens Bezug nimmt auf jene, die in der Feier der Ostervigil die Taufe empfangen haben:

„Herr, allmächtiger Vater, höre auf das Gebet deines Volkes, das deiner großen Taten gedenkt: Wunderbar hast du uns erschaffen und noch wunderbarer erlöst. Du hast das Wasser geschaffen, damit es das dürre Land fruchtbar mache und unseren Leib erquicke. Du hast es in den Dienst deines Erbarmens gestellt: Durch das Rote Meer hast du dein Volk aus der Knechtschaft Ägyptens befreit und in der Wüste mit Wasser aus dem Felsen seinen Durst gestillt. Im Bild des lebendigen Wassers verkündeten die Propheten einen neuen Bund, den du mit den Menschen schließen wolltest. Durch Christus hast du im Jordan das Wasser geheiligt, damit durch das Wasser der Wiedergeburt sündige Menschen neu geschaffen werden. Segne, Herr, + dieses Wasser, damit es uns ein Zeichen sei für die Taufe, die wir empfangen haben. Gewähre, dass wir teilhaben an der Freude unserer Brüder, denen du in dieser österlichen Zeit die Gnade der Taufe geschenkt hast. Darum bitten wir durch Christus, unseren Herrn."

Wo es nach den lokalen Gegebenheiten üblich ist, kann dem Wasser Salz beigemischt werden, das zunächst gesegnet wird. Anschließend besprengt der Vorsteher die Gemeinde mit dem Wasser. Dabei werden mehrere Begleitgesänge zur Auswahl angeboten (u. a. „Asperges me" und „Vidi aquam"). Auch wenn festzuhalten ist, dass das Einheitsgesangbuch „Gotteslob" die lateinischen Begleitgesänge[4] zum sonntäglichen Taufgedächtnis recht „stiefmütterlich" behandelt, so ist doch auf eine Fülle von deutschsprachigen Gesängen zu verweisen, die hierfür geeignet erscheinen – nicht zuletzt das in

---

[3] Mit Verweis auf MR³, 1249–1252; vgl. IGMR 2001, Nr. 51.
[4] Gotteslob 424.

viele Diözesananhänge übernommene Lied „Fest soll mein Taufbund immer stehen".[5]

Nach der Besprengung der Gemeinde mit dem Wasser kehrt der Vorsteher zu seinem Platz zurück und spricht die nachfolgende Vergebungsbitte. Die Eucharistiefeier wird anschließend mit dem Hymnus des Gloria fortgesetzt.

In Verbindung mit der liturgischen Eröffnung des Gottesdienstes durch das Kreuzzeichen, das ebenfalls von seinem Ursprung in der frühen Kirche her ein Zeichen der Taufe und damit des Taufgedächtnisses ist, wäre das sonntägliche Taufgedächtnis ein stark zu favorisierender Ritus, zumal den Mitfeiernden das Besprengen mit Weihwasser als Zeichen des Taufgedächtnisses aus der Osternacht geläufig ist.

Zudem kann das sonntägliche Taufgedächtnis eine zu große Wortlastigkeit des Eröffnungsteils der Eucharistiefeier verhindern (Stichwort: überbordende Einführungen). Es vermag einen österlichen und festlichen Akzent gleich zu Beginn des Gottesdienstes zu setzen und ersetzt schließlich das Schuldbekenntnis, das in seiner jetzigen, stark ritualisierten Form noch einmal eigens als Problem zu thematisieren wäre. Das sonntägliche Taufgedächtnis trägt dadurch seinen Teil dazu bei, den Sonntag als Tag des Gedächtnisses von Leiden, Tod und Auferstehung des Herrn zu betonen.

Allerdings ist zu fragen, ob die Besprengung der Gemeinde mit dem Aspergil durch den Priester wirklich die einzige mögliche Form ist, das sonntägliche Taufgedächtnis zu vollziehen. Auch andere Formen der Feiergestalt sind möglich, wie die Bezeichnung der getauften Gemeindemitglieder mit Wasser auf der Stirn durch Priester und liturgische Laiendienste aus Wasserschalen, in denen das zuvor in einem großen Gefäß unter Lobpreis und Anrufung Gottes benedizierte Wasser verteilt wird. Möglich als angemessene liturgische Form ist auch die gegenseitige Bezeichnung mit Wasser durch ein Kreuzzeichen auf der Stirn.

Für die Gemeinde wäre die regelmäßige Eröffnung der Sonntagseucharistie mit dem sonntäglichen Taufgedächtnis eine hervorragende Möglichkeit, gerade die enge Verbindung von Taufe und Eucharistie im Zeichen zu erfahren.

Neben dem sonntäglichen Taufgedächtnis als der sicherlich wichtigsten liturgischen Form der Tauferinnerung sind an dieser Stelle jedoch noch weitere Elemente der (sonntäglichen) Eucharistie zu erwähnen, die einen deutlichen Taufbezug aufweisen: So die Selbstbezeichnung mit Weihwasser beim Betreten der Kirche, das Kreuz-

---

[5] Vgl. GL Nr. 220,3, 634, 635, 637.

zeichen zu Beginn der Messe und das Credo, das ursprünglich ein Taufbekenntnis war.

Dabei ist zum Glaubensbekenntnis anzumerken, dass dieses erst sehr spät in die eucharistische Liturgie eingefügt wird. In einer Zeit, da das eigentliche „Credo" der Eucharistie, das Eucharistische Hochgebet, nicht mehr verstanden wurde, wurde das Glaubensbekenntis eigentlich sachfremd in die eucharistische Feier eingefügt.

Es bleibt zu fragen, ob nicht viel eher die Hochgebetstexte darauf hin zu untersuchen wären, ob sie wirklich den Tauf-Glauben der versammelten Gemeinde in angemessener Sprachform zum Ausdruck bringen. Dennoch ist festzuhalten, dass die Taufthematik dem Glaubensbekenntnis seit der Zeit der frühen Kirche zu eigen ist und von daher dieser Aspekt auch wieder stärker betont werden könnte – etwa indem an den Sonntagen der österlichen Bußzeit in direkter Vorbereitung auf Ostern auch einmal das Große Glaubensbekenntnis (das Nizäno-Constantinopolitanum, GL 356) verwendet wird.

2.3 Taufgedächtnis in der Feier der Tagzeiten: Die Taufvesper

Die sogenannte Taufvesper, also die Feier des Abendlobs mit Elementen der Tauferinnerung, bildet sich seit dem Mittelalter heraus. Auch im Ergänzungsband zum Stundenbuch mit dem Titel „Eigenfeiern des Bistums Münster" aus dem Jahr 1982 findet sich nun am „Ostersonntag der Auferstehung des Herrn" eine sogenannte „Taufvesper".

Bis in die 90er Jahre des 19. Jahrhunderts hatte sich im Bistum Münster, wie in einigen anderen Bistümern nördlich der Alpen, der ursprünglich aus Rom stammende Brauch erhalten, in der Vesper des Ostersonntags durch eine Prozession zum Taufbrunnen ein Gedächtnis der eigenen Taufe zu begehen. Konsequenterweise heißt es deshalb in der Überschrift der nachkonziliaren Taufvesper „gemäß dem alten römischen Ritus der Kirche von Münster erneuert nach den Normen der Allgemeinen Einführung in das Stundengebet". Denn in diesen Normen für das Stundengebet nach dem II. Vatikanischen Konzil heißt es in der „Allgemeinen Einführung in das Stundengebet" in Nr. 213:

„Die Vesper (des Ostersonntags) sollte besonders feierlich gestaltet werden, um die Neige eines so heiligen Tages zu ehren und der Erscheinungen zu gedenken, in denen sich der Herr seinen Jüngern zeigte. Wo der Brauch lebendig ist, am Ostersonntag die ‚Taufvesper' zu feiern, bei der man unter Psalmengesang zum Taufbrunnen zieht, soll er sehr sorgfältig gepflegt werden."

Die erneuerte Taufvesper von 1982 ist wie folgt aufgebaut:

- Einzug mit Kyrie (GL 410 oder 214, 495,5)
- Eröffnung „O Gott, komm mir zu Hilfe"
- Begrüßung der Gemeinde durch den Vorsteher
- Hymnus „Zum Mahl des Lammes" (Stundenbuch, Bd. II, S. 250)
- Psalm 110 mit zwei Antiphonen zur Auswahl
- Zwei Gebete, sogenannte Psalmorationen zur Auswahl (MB I [107] / MR 288)
- Prozession zum Taufbrunnen mit entsprechenden Antiphonen „Dies ist der Tag" / „Halleluja" / „Unser Osterlamm"
- Psalm 114 in responsorialer Form am Taufbrunnen gesungen
- Gebet: Psalmoration (MB II, S. 157)
- Canticum nach Offb 19,1–7 in responsorialer Form
- Gebet: Oration zum Canticum
- Prozession zum Ausgangsort mit Antiphonen „So spricht der Herr: Am Tag meiner Auferstehung" (MB II, 1175)
- Lesung: 1 Petr 2,4–5.9–10
- Homilie
- Responsorium: „Der Herr ist den Jüngern erschienen" (Stundenbuch, Bd. II, S. 325)
- Magnificat mit Antiphon: „Am Abend des ersten Tages" (Stundenbuch, Bd. II, S. 254)
- Fürbitten (Stundenbuch, Bd. II, S. 254)
- Vaterunser
- Zwei Abschlussgebete: Orationen zur Auswahl (MB I [111] oder MB II 145)
- Feierlicher Schlusssegen (fakultativ)
- Entlassungruf: „Gehet hin in Frieden. Halleluja, halleluja"

Die nachkonziliare Form der Münsteraner Taufvesper ist ein gelungenes Beispiel für eine lebendige liturgische Tradition des Taufgedächtnisses. Ganz im Geiste des II. Vatikanischen Konzils und im Rückgriff auf die Liturgiekonstitution Sacrosanctum Concilium, Art. 61, wonach alle Sakramente, Sakramentalien und somit auch die Feier der Tagzeitenliturgie Feier des Paschamysteriums Christi sind, stellt die Münsteraner Taufvesper unsere Teilhabe an Leiden, Tod und Auferstehung Christi durch die Taufe und das gemeinsame Gedächtnis dieser Teilhabe in der Feier der Tagzeiten in den Mittelpunkt.

So kann eine Vesper am Abend des Ostersonntags noch einmal einen deutlichen Tauf-Akzent setzen und so zum Taufgedächtnis für die Mitfeiernden werden, allerdings nur dann, wenn sie wirklich zusammen mit der Gemeinde gefeiert wird. Gerade das belebende Element der Prozession, das zudem auch noch einmal den Taufort in den jeweiligen Gemeinden in den Blickpunkt der liturgischen Feier rückt, kann zudem die Akzeptanz dieser Feierform in den Gemeinden fördern.

So ist die (Wieder-)Aufnahme der Taufvesper in die Eigenfeiern des Bistums Münster ein wichtiger und gelungener Schritt hin zu einer Stärkung der Taufspiritualität im Kontext der Feier des Osterfestes, der zudem noch eine über Jahrhunderte lebendige Tradition aufgreift, neu belebt und damit weiterführt. Vielleicht kann auch in anderen Gemeinden in anderen Bistümern eine solche Taufvesper wieder als ein festliches Taufgedächtnis zum Abschluss des österlichen Triduums eingeführt werden.

2.4 Unerkannte/unbekannte Formen des Taufgedächtnisses

Es erstaunt vielleicht, aber neben den hier vorgestellten liturgischen Feierformen gibt es noch eine ganze Reihe weiterer Formen des Taufgedächtnisses, vor allem im Bereich der Privatfrömmigkeit. Wir möchten diese hier in aller Kürze vorstellen, weil es uns durchaus lohnend erscheint, manche dieser Zeichen, Riten, Symbole in ihrer engen Verbindung zur Taufe wieder neu zu entdecken.

2.4.1 Das Kreuzzeichen

Das Kreuzzeichen entstammt zwar direkt der Taufliturgie, ist allerdings zunächst nicht als Zeichen der Tauferinnerung geschaffen worden. Aber das Zeichen der Besiegelung mit Christus und der Versiegelung wider den Satan, das sich schon in den Katechumenatsriten der frühen Kirche finden lässt und auch in der Feier der Initiation selbst eine zentrale Bedeutung hat, verfügt über einen ganz unmittelbaren Bezug zur Taufe und ist somit ein Zeichen der Tauferinnerung im ursprünglichen Sinn.

Zur Zeit der frühen Kirche stellt das Kreuzzeichen auch ein sprechendes Zeichen für einen Herrschaftswechsel dar: Vergleichbar dem Sklaven in der Antike, der mit dem Namen seines Herrn tätowiert war, trägt der Getaufte das Zeichen seines Herrn auf der Stirn – das Kreuz als Zeichen für Jesus Christus.

Die Glaubenstradition kennt dabei eine ganze Reihe von Anlässen, sich mit dem Kreuz zu bezeichnen: So zunächst beim Morgen- und Abendgebet, eine Tradition, die auch Martin Luther in seinem Kleinen Katechismus beibehält und für durchaus sinnvoll erachtet.

„Des Morgens, wenn du aus dem Bette fährst, sollst du dich segnen mit dem (Zeichen des) heiligen Kreuzes und sollst sagen: Das walte Gott Vater, Sohn und Heiliger Geist. Amen. Darauf knieend oder stehend den Glauben und das Vater unser."[6]

Zu nennen sind außerdem: bei der Segnung von Kindern durch die Eltern mit einem Kreuzzeichen auf der Stirn am Abend vor dem Einschlafen oder bei der Abreise eines Kindes, das Kreuzzeichen mit dem Messer beim Anschneiden eines Brotes sowie das Kreuzzeichen beim Tischgebet. Besonders die Verbindung von Kreuzzeichen und deutendem Begleitwort betont den Zusammenhang zur Taufe: „Im Namen des Vaters und des Sohnes und des Heiligen Geistes. Amen." Aber auch das Kreuzzeichen zu Beginn der Eucharistiefeier ist bewusst im Kontext der Taufe zu verorten und kann so zu einem Element des sonntäglichen Taufgedächtnisses werden, wenn der Vorsteher der Liturgie die Feier etwa mit den Worten eröffnet: „Wir sind getauft im Namen des Vaters ..."

Wird das Kreuzzeichen so in der sonntäglichen Liturgie immer wieder als Zeichen des Taufgedächtnisses in Erinnerung gerufen, kann es auch gelingen, dem Kreuzzeichen im Bereich der Privatfrömmigkeit diese Bedeutung wieder verstärkt zukommen zu lassen. Denn hier handelt es sich ja keineswegs um die gewaltsame Veränderung der Sinngestalt eines Ritus, sondern vielmehr um die Betonung eines Aspekts der Sinngestalt des Kreuzzeichens, der diesem Zeichen seit den Zeiten der frühen Kirche aus Kontext der Feier der Taufe zu eigen ist.

2.4.2 Das Weihwasser

Der Umgang mit geweihtem Wasser entspringt im Mittelalter zunächst dem Wunsch nach heiliger, heilender Materie, die besonders geeignet ist, gegen Dämonen, Krankheiten und Gefahren zu wirken. Dies bedeutet, dass gerade der mittelalterliche Gebrauch des Weihwassers zunächst wenig mit dem Gedanken der Tauferinnerung zu tun hat. Den Weg in den Bereich der Privatfrömmigkeit fand die Selbstbezeichnung mit Weihwasser über das sonntägliche Taufgedächtnis und die Austeilung des Weihwassers am Sonntag und am Osterfest („Osterwasser").

In der Einleitung zur „Segnung des Weihwassers" im Benediktionale wird bereits deutlich auf die Taufe verwiesen und das Weihwasser als Zeichen des Taufgedächtnisses gedeutet, wenn es dort heißt:

„Das Weihwasser erinnert uns vor allem an die Taufe, in der wir aus dem Wasser und dem Heiligen Geist geboren wurden. Der Christ

---

[6] WA 30/1, 392–394.

bezeichnet sich damit, um sich dankbar dieses großen Geschenkes zu erinnern."[7]

Das nachfolgende erste Segensgebet zur Auswahl entspricht dem Segensgebet beim sonntäglichen Taufgedächtnis. Das zweite Segensgebet lautet:

„Herr, allmächtiger Vater, höre auf das Gebet deines Volkes, das deiner großen Taten gedenkt: Wunderbar hast du uns erschaffen und noch wunderbarer erlöst. Du hast das Wasser erschaffen, damit es das dürre Land fruchtbar mache und unseren Leib reinige und erquicke. Du hast es in den Dienst deines Erbarmens gestellt: Durch das Rote Meer hast du dein Volk aus der Knechtschaft Ägyptens befreit und in der Wüste mit Wasser aus dem Felsen seinen Durst gestillt. Im Bild des lebendigen Wassers verkündeten die Propheten einen neuen Bund, den du mit den Menschen schließen wolltest. Durch Christus hast du im Jordan das Wasser geheiligt, damit durch das Wasser der Wiedergeburt sündige Menschen neu geschaffen werden. Segne, Herr, + dieses Wasser, damit es uns ein Zeichen sei für die Taufe, die wir empfangen haben. Darum bitten wir durch Christus, unseren Herrn. Amen."[8]

Die nachkonziliaren Segensgebete des Benediktionale haben demnach einen deutlichen inhaltlichen Bezug zur Taufe. Wenn in Gemeinden also regelmäßig das Sonntägliche Taufgedächtnis gefeiert wird, so kann auch das Bewusstsein dafür wachsen, das Weihwasser-Nehmen beim Betreten einer Kirche bewusst als Taufgedächtnis in Form der Selbstbezeichnung anzusehen.

2.4.3 Das Vater unser und das Glaubensbekenntnis

Diese Texte waren den Katechumenen in der frühen Kirche im Ritus der „traditio symboli" zum bleibenden Besitz „im Herzen" übergeben worden. In der Feier der „redditio symboli" gaben sie diese zentralen Texte des christlichen Glaubens gleichsam symbolisch der Gemeinde zurück, nachdem sie diese nun auswendig gelernt hatten und aufsagen konnten – also eine Art „Generalprobe" für die Abfrage des Taufglaubens bei der Initiationsfeier in der Osternacht.

Die Taufkandidaten wurden dabei ermahnt, auch in Zukunft diese beiden großen Glaubenstexte jeden Tag zu gebrauchen, und zwar am Morgen und am Abend. Schon bei Augustinus findet sich im Hinblick auf das Glaubensbekenntnis eine diesbezügliche Mahnung an die Katechumenen:

---

[7] Benediktionale Nr. 39. Die Segnung des Weihwassers, 193.
[8] Benediktionale, 197f.

„Sagt es täglich. Wenn ihr aufsteht, wenn ihr euch schlafen legt, sprecht euer Symbolum [das Glaubensbekenntnis], sprechet es vor dem Herrn, ruft es euch ins Gedächtnis, werdet nicht müde, es zu wiederholen. Wie in einem Spiegel sollst du dich in ihm ansehen, ob du alles glaubst, was du zu glauben bekennst, und freue dich täglich an deinem Glauben. Er sei dein Reichtum, er sei gewissermaßen das alltägliche Kleid deiner Seele. Ziehst du denn nicht dein Gewand an, wenn du aufstehst? So bekleide auch deine Seele, indem du das Symbolum wiederholst, damit nicht das Vergessen dich entblöße."[9]

Zu fragen wäre, wie solche an die Taufe erinnernden Glaubensformeln in heutiger Zeit aussehen können, damit sie für jeden getauften Christen eine Form des Taufgedächtnisses darstellen. Dabei wird sicher in Gemeinden, in denen der Erwachsenenkatechumenat mit den wiedereingeführten Katechumenats-Riten der „Übergabe" (des Glaubensbekenntnisses und des Vater unsers) gefeiert wird, eine verstärkte Sensibilität für den Zusammenhang zwischen Vater unser, Glaubensbekenntnis und Taufe festzustellen sein.

Auch der Begleittext zum Kreuzzeichen („Im Namen des Vaters und des Sohnes und des Heiligen Geistes.") könnte eine solche Kurzformel des Taufglaubens darstellen. Wenn man bedenkt, welche Bedeutung das Erlernen und Sich-zu-eigen-machen solcher Glaubensformeln für den Prozess des Christwerdens in der frühen Kirche darstellte, wäre es sicher lohnenswert auch in heutiger Zeit im Hinblick auf eine zu vertiefende Taufspiritualität weitere passende Texte zu suchen.

2.4.4 Die Feier des Tauftages/Die Feier des Namenstages

Die Feier des eigenen Tauftages setzt sich bereits im Frühmittelalter durch. Es handelt sich hierbei um das so genannte Pascha Annotinum. Der Tauftag wird so in der Eucharistie und der Tagzeitenliturgie am Tag des Osterfestes des Vorjahres gefeiert. Die Eltern, deren Kind im Vorjahr an Ostern getauft worden ist, sowie die Paten nehmen an diesem Taufgedächtnisgottesdienst teil. Durch die Versammlung der gesamten Gemeinde zu diesem Anlass wird hieraus ein Gottesdienst, der für alle Gemeindemitglieder die Erinnerung an die eigene Taufe wach hält.

Als dies durch den beweglichen Ostertermin immer schwieriger wurde – so konnte der Ostertermin des Vorjahres rein kalendarisch im Folgejahr in die österliche Bußzeit fallen – wurde in diesem Fall die Feier des Pascha Annotinum zum Teil sogar ausdrücklich unter-

---

[9] Sermo 58,13; PL 38,399.

sagt. Deshalb verlegte man den Termin auf den Montag nach der Osteroktav, also den Montag nach dem Weißen Sonntag. Es ist jedoch einsichtig, dass, sobald der gemeinsame Tauftermin in der Osternacht etwa um das Jahr 1000 endgültig abgelöst wurde durch die Taufe unmittelbar nach der Geburt, die Feier des Tauftages als gemeinschaftliche Feier am Jahrestag des vorjährigen Osterfestes keine wirkliche Bedeutung mehr erlangen konnte. So finden sich zwar noch Mahnungen, wie etwa die von Bernold von Konstanz († 1100), bezüglich der Nichtbeachtung des Tauftages:

„Wenn schon jeder seinen Geburtstag feiert, an dem er zum ewigen Leben geboren wurde, um wie viel mehr müsste er jenen Tag beobachten, an dem er zum ewigen Leben wiedergeboren wurde?"[10]

Dennoch konnte sich diese Form der liturgischen Feier des eigenen Tauftages wohl aus oben genannten Gründen nicht halten. Sinnvoller erscheint es vielleicht, die Feier des eigenen Namenstages als bewusste Tauferinnerung zu begehen. Auch wenn es sich hierbei um einen eher indirekten Bezug zur Taufe handelt, so scheint doch mit dem Namenstag eher ein Anknüpfungspunkt für eine heute praktikable Form des Taufgedächtnisses im Bereich der privaten Frömmigkeit zu liegen als bei der untergegangenen Tradition der Feier des eigenen Tauftages.

Hinzu kommt, dass die jährliche Feier des Namenstags am entsprechenden Gedenktag des/der Heiligen gleichzeitig an den Taufnamen erinnert. Dieser Taufname tritt dadurch, dass er bei der Taufe zum ersten Mal feierlich gebraucht wird, in einen engen Zusammenhang zur Taufe. Wenn man dazu noch die entsprechenden Lebensbeschreibungen der Heiligen betrachtet, kann ein Name hier durchaus ein sinnvolles theologisches Programm sein, um ein Leben aus der Taufe zu gestalten.

Gerade die Funktion von Heiligen als Vorbilder, die in der Vergangenheit als Zeugen des Glaubens versucht haben, aus der Taufberufung heraus zu leben, gewinnt zudem auch im neueren ökumenischen Gespräch zunehmend an Bedeutung. Hier kann die Feier des Namenstages eine sinnvolle Tradition privater Tauferinnerung sein, gerade in der Verbindung von Taufgedächtnis (der eigenen Taufe, anlässlich derer man den Namen erhalten hat) und der Feier des jeweiligen Heiligengedenktags (wie hat der/die jeweilige Heilige sein/ihr Leben aus der Taufe gelebt?).

---

[10] Adolf STRUCKMANN, Pascha Annotinum. Eine liturgiegeschichtliche Untersuchung. Roermond 1924, hier 8, Anm. 3.

3. Wie heute Taufgedächtnis in der Gemeinde feiern?

3.1 Vorstellung exemplarischer Gottesdienstmodelle

Es kann an dieser Stelle nicht darum gehen, eine vollständige Übersicht über sämtliche derzeit im deutschen Sprachgebiet in Umlauf befindlichen Gottesdienstmodelle für Taufgedächtnisfeiern vorzulegen. Dies ist schon allein deshalb nicht sinnvoll, weil viele Entwürfe zumeist nicht in gedruckter Fassung vorliegen und von daher auch für den Leser dieses Artikels kaum zugänglich und erreichbar sein dürften.

Wir möchten deshalb zunächst eine Feierform vorstellen, die vom römisch-katholischen Deutschen Liturgischen Institut (DLI) in Trier zusammen mit der Materialstelle Gottesdienst der EKD/VELKD in Nürnberg erstellt wurde und der in ökumenischer Hinsicht ein gewisser Modellcharakter zukommt. Anschließend soll noch kurz auf weitere liturgiewissenschaftliche Publikationen hingewiesen werden, die ebenfalls konkrete Modelle zur gottesdienstlichen Gestaltung der Tauferinnerung bieten.

Das vom DLI und der Materialstelle Gottesdienst gemeinsam herausgegebene liturgische Modell zur Feier eines Taufgedächtnis-Gottesdienstes steht unter dem Titel „Wasser in der Wüste".[11] Das Modell geht zurück auf einen ökumenischen Gemeindetag, der im Juli 1995 in Trier gefeiert wurde und an dem insgesamt sechs Gemeinden aus Trier beteiligt waren: fünf römisch-katholische Ortsgemeinden und ein protestantischer Pfarrbezirk. Im Rückgriff auf Jes 43,20 stand der Taufgedächtnisgottesdienst bei diesem Gemeindetag unter dem Motto: „Ich will Wasser in der Wüste geben". Die zentrale Symbolhandlung des Taufgedächtnisses, die bei diesem Gemeindetag stattfand, wird im Vorwort zu dem Gottesdienstmodell wie folgt beschrieben:

„Jugendliche aus den sechs Gemeinden hatten vor dem Gottesdienst, nach einer liturgischen Aussendung, Wasser aus den im Bereich der sechs Gemeinden fließenden Quellen geholt. Sie gossen nach dem Einzug das Wasser in ein großes Tongefäß. Die Liturgen und je eine Vertreterin und ein Vertreter aus jeder Gemeinde schöpften daraus eine Schale Wasser und zeichneten mit dem Wasser den Gottesdienstteilnehmerinnen und -teilnehmern ein Kreuz in die offene Hand."[12])

---

[11] „Wasser in der Wüste." Ökumenischer Taufgedächtnis-Gottesdienst. Hg. vom Deutschen Liturgischen Institut und der Materialstelle für Gottesdienst. Trier/Nürnberg 1996.
[12] Ebd., 2.

Zusätzlich zu diesem Wasserritus hatten die einzelnen Gemeinden auch noch verzierte Kerzen mitgebracht, die als „Ökumene-Kerzen" im Gottesdienstraum vor dem Altar aufgestellt wurden. Nach der zweiten Lesung aus Joh 17 („Damit alle eins sind …") wurde eine zentrale Christuskerze entzündet, an welcher wiederum zum Abschluss des Gottesdienstes nach dem Vaterunser die „Ökumene-Kerzen" entzündet wurden. Diese Kerzen wurden schließlich in Prozession in die jeweiligen Gemeinden zurück verbracht.

Das nun auch für andere Gemeinden verwendbare Gottesdienstmodell hat nachfolgenden Aufbau:

Gottesdienstliches Element:	Funktion / Inhalt:
Eröffnung:	Verschiedene Ökumenische Liedvorschläge; u. a. „Sonne der Gerechtigkeit", „Lobet den Herren"
Einführung	Hinführung zur Feier des Taufgedächtnisses; Verweis auf das Wasser, das aus den Quellen der unterschiedlichen Gemeinden mitgebracht wurde.
Buß-Rufe	Kyrie-Litanei mit Zwischentexten, die darum bitten, dass die versammelte Gemeinde geöffnet wird für Gottes Liebe, für sein Wort, für die Not des Nächsten; dazwischen Kyrie-Kehrvers aus Taizé
Gebet	„Allmächtiger Gott, du führst zusammen, was getrennt ist, und bewahrst in der Einheit, was du verbunden hast. Schau voll Erbarmen auf alle, die durch die eine Taufe geheiligt sind und Christus angehören. Verbinde uns durch das Band des Glaubens und der Liebe. Darum bitten wir durch Jesus Christus, unseren Herrn."
Wortgottesdienst:	
Erste Lesung	Ex 17,1–6: Mose schlägt mit dem Stab Wasser aus dem Fels am Horeb
Antwortgesang	Diverse Liedvorschläge: „Ins Wasser fällt ein Stein", „Die Steppe wird blühen"
Zweite Lesung	Joh 17,20–23: Jesu Gebet, dass alle eins seien
Entzündung der Christuskerze	danach ein Lied (mehrere Liedvorschläge)
Predigt	
Taufgedächtnis:	
Lobpreis über dem Wasser	Lobpreis und Anrufung Gottes über dem Wasser [angelehnt an Form A aus: Die Feier der Kindertaufe, S. 36], strophisch unterbrochen durch die Akklamation: „V.: Wir loben dich. A.: Wir preisen dich."

Gottesdienstliches Element:	Funktion / Inhalt:
Heilig-Geist-Lied	Lied mit der Bitte um das Wirken des Heiligen Geistes; Liedvorschläge: „Komm, Heilger Geist, der Leben schafft", „Nun bitten wir den Heiligen Geist"
Erneuerung des Taufbekenntnisses	Einleitung: „Wir wollen uns zu dem Geschenk und zu dem Auftrag unserer Taufe bekennen, indem wir gemeinsam unseren Glauben bekennen". Apostolisches Glaubensbekenntnis (von allen gemeinsam gesprochen) oder gesungene Fassung: „Wir glauben Gott im höchsten Thron"
Zeichenhandlung	Mit kleineren Schalen wird Wasser aus dem großen Wassergefäß geschöpft, mit diesem Wasser wird ein Kreuz in die Handinnenfläche gezeichnet. Die Deuteworte hierzu lauten: „Ein Kreuzzeichen mit Wasser in der Hand sagt uns: Erinnere dich: Du bist getauft. Freue dich: Du bist von Gott geliebt. Erinnere dich: Du gehörst in die große Familie Gottes. Neben dir und in der weiten Welt leben deine Geschwister."
Begleitgesang	Während der Zeichenhandlung verschiedene Lieder zur Auswahl: „Ich lobe meinen Gott", „Lasst uns loben, freudig loben", „Selig seid ihr".
Abschluss	
Friedensgruß	Dabei noch einmal Verweis auf das Zeichen der geöffneten Hand beim Taufgedächtnis; den Frieden kann man nicht mit geballter Faust weitergeben.
Segenslied	„Komm, Herr, segne uns"
Fürbitten	
Vater unser	
Entzünden der Ökumene-Kerzen	Die Ökumene-Kerzen werden an der Christuskerze entzündet und nach dem Gottesdienst in die jeweiligen Kirchengemeinden gebracht.
Segen	Aaronitischer Segen: „Der Herr segne dich und behüte dich ..."
Schlusslied	Danklieder zur Auswahl, wie: „Nun danket alle Gott", „Nun saget Dank und lobt den Herren"

An diesem Modellentwurf für die ökumenische Feier der Tauferinnerung lassen sich verschiedene Aspekte beobachten und als beispielhaft festhalten:

Zusammenfassung:
- Die eigentliche Feier des Taufgedächtnisses ist eingebunden in einen Wortgottesdienst.
- Die zentrale liturgische Zeichenhandlung greift bewusst das primäre Symbol der Taufe, das Wasser, auf.
- Diese Symbolhandlung wird durch das zentrale (anamnetisch-epikletische) Hochgebet gedeutet.
- Die biblischen Bilder dieses Hochgebets führen den Teilnehmenden noch einmal zentrale theologische Aussagen über die Taufe vor Augen.
- In der Kombination von Hochgebet und Symbolhandlung geschieht das Gedächtnis der einen Taufe.
- Die Symbolhandlung ist gekoppelt mit einer Vergewisserung: Auch der Getaufte ist der erbarmenden Nähe Gottes bedürftig (Kyrie-Rufe), er steht unter dem Anspruch und dem Zuspruch des Wortes Gottes (Schriftlesung) und weiß sich in der Verantwortung für Kirche und Welt (Fürbitten).
- Diese Weltverantwortung, dieses Leben aus der Taufe im Alltag (der Gemeinde) wird wiederum in einer Zeichenhandlung symbolisch verdichtet zum Ausdruck gebracht (Ökumene-Kerzen).

Von Franz-Peter Tebartz-van Elst ist der Band herausgegeben „Entflamme in uns die Sehnsucht nach dem Licht. Tauferinnerung in der Verkündigung des Kirchenjahres." Neben einer liturgietheologischen Grundlegung finden sich dort ebenfalls liturgische Modelle für Taufgedächtnisfeiern von verschiedenen Autoren zu unterschiedlichen Anlässen des Kirchenjahres (Österliche Bußzeit, Ostern, Advents- und Weihnachtszeit) wie auch zu besonderen Anlässen (Kirchweihe, Ehejubiläen, Begräbnis). Positiv hervorzuheben ist an diesem Band besonders die „Verwurzelung" des liturgischen Gedächtnisses der Taufe in verschiedenen Zeiten des liturgischen Jahres.[13]

An dieser Stelle ist auch auf das von den Liturgischen Instituten Luzern, Salzburg und Trier herausgegebene Werkbuch „Getauft – und dann?" hinzuweisen.[14] In diesem Band finden sich – dem Untertitel des Werkbuchs entsprechend – eine Fülle von Gottesdiensten mit Kindern und Jugendlichen auf ihrem Glaubensweg. Besonders

---

[13] Franz Peter TEBARTZ-VAN ELST. Entflamme in uns die Sehnsucht nach dem Licht. Tauferinnerung in der Verkündigung des Kirchenjahres (Feiern mit der Bibel 2), Stuttgart 1996.
[14] Getauft – und dann? Gottesdienste mit Kindern und Jugendlichen auf ihrem Glaubensweg. Werkbuch. Hg. von den Liturgischen Instituten Luzern, Salzburg und Trier (Pastoralliturgische Reihe in Verbindung mit der Zeitschrift „Gottesdienst"), Freiburg 2002.

gelungen erscheint ein Taufgedächtnis-Gottesdienst zur Vorbereitung auf die Feier der Erstkommunion.

Dieser Ritus ist eine feierliche Form der Zustimmung des Kindes zum Getauftsein, die deutlich über die jährliche Erneuerung des Taufbekenntnisses in der Osternachtfeier hinausgeht. Der Taufgedächtnis-Gottesdienst für die Kommunionkinder mit der feierlichen Erneuerung des Taufversprechens, der im Rahmen einer Eucharistiefeier stattfinden soll, umfasst folgende Elemente:

- Die Begrüßung des Kindes mit den Eltern und Taufpaten am Eingang der Kirche.
- Das namentliche Aufrufen der Kinder und das Entzünden der eigenen Taufkerze durch die Kinder an der Osterkerze nach der Homilie, in der bereits das Anliegen „der erstmaligen öffentlichen Zustimmung der Kommunionkinder zu ihrer Taufe"[15] aufgegriffen wurde.
- Es folgt das anamnetisch-epikletische Hochgebet: Lobpreis und Anrufung Gottes über dem Wasser, das mit eigenen, auch für Kinder leicht nachsingbaren Akklamationen gegliedert ist.
- Es schließt sich an das Erfragen des Glaubensbekenntnisses in einer kindgemäßen Form: „In der Taufe seid ihr Kinder Gottes geworden. Er liebt uns und sorgt für uns. – Glaubt ihr an Gott, den Vater, den Schöpfer der Welt? Kinder: Ich glaube. P: In der Taufe seid ihr Brüder und Schwestern Jesu Christi geworden. Er ist für uns gestorben und auferstanden von den Toten. – Glaubt ihr an Jesus Christus, den Sohn Gottes? Kinder: Ich glaube. P: In der Taufe seid ihr mit dem Heiligen Geist beschenkt worden. Er ist die Kraft Gottes; er stärkt uns im Glauben. – Glaubt ihr an den Heiligen Geist? Kinder: Ich glaube."[16]
- Die Symbolhandlung der Tauferinnerung mit dem Wasser erfolgt im Anschluss: „Der Priester geht mit einem Weihwassergefäß zu jedem Kind und spricht: ‚N., du bist getauft'. Das Kind antwortet: ‚Dank sei Gott.' Dann taucht es seine Hand in das Wasser und bezeichnet sich mit dem Kreuz. Während die Gläubigen ein Tauflied singen, besprengt der Priester die Gemeinde mit dem Weihwasser."[17]

Diese Feier des Taufgedächtnisses in Vorbereitung der Erstkommunion kann sicher ebenfalls als ein gelungenes liturgisches Modell angesehen werden. Besonders hervorzuheben ist, dass eine Konzentration auf die primären Symbole der Taufe erfolgt und dass sprach-

---

[15] Ebd., 133.
[16] Ebd., 140f.
[17] Ebd., 134.

lich wie rituell sehr eng, aber doch in kindgemäßer Form, entlang der Feierformen für Erwachsene vorgegangen wird.

Auch im Werkbuch „Wort-Gottes-Feier"[18], welches vom Deutschen Liturgischen Institut herausgegeben und für die Sonn- und Festtage des Kirchenjahres vorgesehen ist, findet sich gegen Ende des Bandes unter der Rubrik „Zeichenhandlungen" ein Modell zur liturgischen Feier des Taufgedächtnisses. Es besteht aus den Elementen: Einführung, Lobpreis über dem Wasser, Erneuerung des Taufversprechens und Austeilung des Wassers[19]. Und auch in dem für die Werktage vorgesehenen, jüngst erschienenen Werkbuch „Versammelt in Seinem Namen"[20] findet sich ebenfalls ein eigener Abschnitt unter der Überschrift „Zeichenhandlungen" der sich mit der Verwendung von Weihwasser befasst.[21]

Schließlich ist noch auf das Buch „Ökumenische Gottesdienste"[22] einzugehen, das vom Deutschen Liturgischen Institut und dem Gottesdienst-Institut der Evangelisch-Lutherischen Kirche Bayerns gemeinsam herausgegeben wurde. Der besondere Stellenwert, welcher der ökumenischen Feier von Taufgedächtnis-Gottesdiensten beigemessen wird, zeigt sich schon daran, dass die entsprechenden Modelle zu Beginn des Buches an hervorgehobener Stelle stehen. Als einzelne Module, die zur Gottesdienstgestaltung vorgeschlagen werden, sind zu nennen: Liturgische Eröffnung, Christusanrufungen und Gebet, Schriftverkündigung, Auslegung der Schrift, eine zentrale Symbolhandlung entweder mit Licht (Symbolik der Osterkerze, Christus das Licht der Welt) oder mit Wasser, wobei für beide Fälle entweder ein Gebet zur Lichtdanksagung oder ein Lobpreis und eine Anrufung Gottes über dem Wasser vorgesehen ist. Nach der Zeichenhandlung erfolgt das Taufbekenntnis, entweder von allen gemeinsam gespro-

---

[18] Wort-Gottes-Feier. Werkbuch für die Sonn- und Festtage. Hg. von den Liturgischen Instituten Deutschlands und Österreichs im Auftrag der Deutschen Bischofskonferenz, der Österreichischen Bischofskonferenz und des Erzbischofs von Luxemburg, Trier 2004.
[19] Vgl. ebd. 186 f.
[20] Versammelt in Seinem Namen. Tagzeitenliturgie – Wort-Gottes-Feier – Andachten an Wochentagen. Werkbuch. Hg. von den Liturgischen Instituten Deutschlands, Österreichs und der Schweiz im Auftrag der Deutschen Bischofskonferenz, der Österreichischen Bischofskonferenz, der Schweizer Bischofskonferenz und des Erzbischofs von Luxemburg, Trier 2008.
[21] Vgl. ebd., 386.
[22] Ökumenische Gottesdienste. Anlässe, Modelle und Hinweise für die Praxis. Hg. vom Deutschen Liturgischen Institut, Trier, und vom Gottesdienst-Institut der Evangelisch-Lutherischen Landeskirche in Bayern, Nürnberg. Erarbeitet von Eberhard Amon, Hanns Kerner, Konrad Müller und Andreas Poschmann (Pastoralliturgische Reihe in Verbindung mit der Zeitschrift „Gottesdienst"), Freiburg 2003.

chen oder in Frageform. Die Fürbitten, das Vater unser und der Segen beschließen die Feier.[23]

So lässt sich als Ergebnis unseres kurzen Überblicks durch die ausgewählten liturgischen Formulare und Modelle für die Feier von Taufgedächtnis-Gottesdiensten eine Art Grund-Feiergestalt festhalten. Sie besteht aus:

- Eröffnung,
- Christus-Anrufung,
- Schriftverkündigung,
- anamnetisch-epikletischem (Hoch-)Gebet,
- Zeichenhandlung (Wasser- oder Licht-Symbolik),
- Erneuerung des Taufbekenntnisses,
- Fürbitten,
- Vaterunser,
- Segen und Sendung in die Welt

3.2 Der Ort der Taufe und des Taufgedächtnisses

Nachdem in den vorausgegangenen Unterpunkten im Hinblick auf das Taufgedächtnis zuerst das „Warum" und das „Wie" erörtert wurde, soll nun das „Wo" in den Mittelpunkt des Interesses rücken: Es geht hierbei schlicht um das Problem, dass die Feier der christlichen Initiation nicht im eigentlichen Wortsinn „Ort-los" werden darf. Es geht also um die theologische Bedeutung des Ortes der Taufe für die Feier der Taufe selbst und davon abgeleitet auch für die Feier des Taufgedächtnisses.

Dem Ort der Taufe wurde in der Geschichte eine unterschiedliche Bedeutung beigemessen. Wurde in der frühen Kirche noch dort getauft, wo sich lebendiges, frisches Wasser befand, führten Gründe der Schicklichkeit und Schamhaftigkeit wegen der notwendigen Entkleidung der Täuflinge bei der Erwachsenentaufe bald zu eigenen Taufräumen, und spätestens ab dem 4. Jahrhundert verfügten die Bischofskirchen über eigene Baptisterien. Es handelt sich hier zumeist um in den Boden eingelassene Becken. Die Form dieser Becken war unterschiedlich, spiegelte aber auch die jeweilige Tauftheologie wieder. So wurden etwa die Taufbecken, sobald sich Röm 6 (in der Taufe: Mitsterben mit Jesus Christus, um mit ihm aufzuerstehen) als Schlüsseltext der Taufliturgie durchsetzt, ab dem 4. Jahrhundert auch in Kreuzform gestaltet.

Mit dem Auseinanderfallen der Initiationssakramente zu Beginn des Frühmittelalters erhalten auch die Taufkirchen eigene Tauforte,

---

[23] Vgl. ebd., 17f.

wobei sich die Baptisterien trotz der Tatsache, dass fast nur noch Kinder getauft werden, bis ins späte Mittelalter halten. Gerade die Praxis der Kindertaufe hat hier aber dazu geführt, dass der ursprünglich zentrale Taufort nun zu einem verkleinerten Abbild für das ursprüngliche Taufbad im Baptisterium wurde.

Die Wertschätzung des Ortes der Taufe wird im weiteren Verlauf der Liturgiegeschichte unterschiedlich deutlich zum Ausdruck gebracht. Zur Zeit der Gegenreformation betont etwa Karl Borromäus als Bischof von Mailand, wie wichtig die Gestaltung des Taufortes ist. Er fordert dessen Schmuck besonders während der Osterzeit und unterstützt dessen Verehrung als Ort des Taufgedächtnisses. Zu erinnern ist in diesem Zusammenhang aber auch an die Taufvesper der Osteroktav, die ursprünglich eine Prozession und Verehrung des Ortes der Taufe beinhaltete.

In diesen Riten, die den Ort der Taufe zum Ort des Taufgedächtnisses werden lassen, wird etwas von jener Wertschätzung deutlich, die aus der Inschrift über dem Baptisterium der Lateranbasilika in Rom spricht: „Hier ist die Quelle des Lebens; den ganzen Erdkreis umspült sie. Aus der Wunde des Herrn nahm sie ihren gesegneten Lauf."

Durch die Reform der Initiationsliturgie nach dem II. Vatikanischen Konzil wird besonders der ekklesiologische Aspekt der Feier der Initiationssakramente als eine Feier der Eingliederung in die Gemeinde wieder stärker ins Bewusstsein gehoben. Diese theologische Akzentsetzung, die vor allem mit der Forderung nach einer Erneuerung des Erwachsenenkatechumenats einhergeht, hat zwangsläufig auch Auswirkungen auf den Ort der Taufe: Die Feier der christlichen Initiation wird wieder wie zu Zeiten der frühen Kirche zur Feier inmitten der Gemeinde.

Schließlich betont auch die „Feier der Kindertaufe" (^{2}2007) die unterschiedlichen liturgischen Handlungs- und Funktionsorte (Portal der Kirche, Ambo, Taufbrunnen, Altar) und sieht deutlich vor, dass die eigentliche Taufhandlung am Taufort gefeiert wird, wenn es in den Praenotanda generalia Nr. 25 heißt:

„Die Taufkapelle oder der Ort, an dem sich der Taufbrunnen (mit fließendem oder stehendem Wasser) befindet, bleibe für die Taufe reserviert und entspreche in jeder Hinsicht der Würde der Handlung, durch die Menschen aus dem Wasser und dem Heiligen Geist als Christen wiedergeboren werden. Ob in einer Kapelle innerhalb oder außerhalb der Kirche gelegen oder in einem Teil der Kirche im Blickfeld der Gläubigen: Immer muss der Taufort so eingerichtet sein, dass er sich für die Teilnahme vieler eignet."

In der von den Bischöfen des deutschen Sprachgebietes herausgegebenen Pastoralen Einführung zur zweiten Ausgabe der Feier der Kindertaufe vom Januar 2008 heißt es zum Ort der Taufe in Nr. 42:

„Da die Taufe in das Volk Gottes eingliedert, wird sie in der Regel in der Pfarrkirche gefeiert, die deshalb einen Taufbrunnen haben muss. Wo es möglich ist, soll der Taufbrunnen so gestaltet werden, dass die Taufe sowohl durch Untertauchen als auch durch Übergießen vollzogen werden kann. Auch bei der Taufe allein durch Übergießen wird der Taufbrunnen so mit Wasser gefüllt, dass der Taufende aus dem Wasser schöpfen kann."

Diente der Taufbrunnen seit dem Mittelalter vornehmlich der Aufbewahrung des als „heilige Materie" verstandenen Taufwassers, so sieht die nachkonziliare Ordnung vor, dass in jeder Tauffeier das anamnetisch-epikletische Hochgebet „Lobpreis und Anrufung Gottes über dem Wasser" gesprochen oder gesungen wird.

Die Ausführungen der Pastoralen Einführung (2008) zur „Feier der Kindertaufe" betonen dabei in Nr. 40:

„Da fließendes Wasser ein deutlicheres Zeichen des Lebens ist, empfiehlt es sich, dass das Wasser in den Taufbrunnen einfließen und daraus abfließen kann. Der Lobpreis und die Anrufung Gottes über dem Wasser ist auch über dem fließenden Wasser zu sprechen."

Diese Bestimmung macht noch einmal den theologischen Sinngehalt des Hochgebets der Taufe deutlich: Dieses Hochgebet bezieht sich nicht auf das Wasser – etwa im Sinne einer zu konsekrierenden/ zu wandelnden Materie – sondern auf die Täuflinge und die zur Taufe versammelte feiernde Gemeinde.

Die Taufe, so betont die neue Pastorale Einführung in Nr. 39, kann durch Untertauchen oder durch Übergießen gefeiert werden, wobei die Tauftheologie von Röm 6 deutlich unterstrichen wird:

„Wo es möglich ist, kann das Kind durch Untertauchen getauft werden, denn in der Form des Untertauchens wird die Teilnahme des Kindes am Tod und an der Auferstehung Jesu Christi besonders deutlich." Ganz in diesem Sinn betont auch die Arbeitshilfe „Liturgie und Bild"[24] der Liturgiekommission der Deutschen Bischofskonferenz in „3.3.1 Der Ort der Taufe": „Jede Pfarrkirche muss einen eigenen Taufbrunnen haben, an dem auch getauft wird […]"[25], und die „Leitlinien für den Bau und die Ausgestaltung von gottesdienstlichen Räumen"[26] der Deutschen Bischofskonferenz erläutern in

---

[24] Liturgie und Bild. Eine Orientierunsghilfe. Handreichung der Liturgiekommission der Deutschen Bischofskonferenz vom 23. April 1996, hg. vom Sekretariat der Deutschen Bischofskonferenz, (Arbeitshilfen 132). Bonn 1996.
[25] Ebd., 32.
[26] Leitlinien für den Bau und die Ausgestaltung von gottesdienstlichen Räumen. Handreichung der Liturgiekommission der Deutschen Bischofskonferenz vom 25. Oktober

„5.5 Der Ort der Taufe": „Wie Altar und Ambo hat auch der Taufbrunnen eine Bedeutung, die über die Tauffeier hinausreicht: Er ist eine ständige Tauferinnerung und sollte dies auch in seiner funktionalen und künstlerischen Ausgestaltung zum Ausdruck bringen." Allerdings fügen die „Leitlinien", wohl die reale Situation in vielen Gemeinden vor Augen, einschränkend hinzu: „Voraussetzung dafür (für die Funktion des Taufbrunnens als Ort des Taufgedächtnisses) ist allerdings, dass an ihm tatsächlich getauft wird."[27]

So bleibt die Frage im Raum: Kann Taufbewusstsein entstehen, wenn die Taufe in vielen unserer Kirchenräume „Ort-los" ist? Wie soll das Taufbewusstsein wachsen, wenn es keinen liturgischen Ort für die Taufe und damit auch für das Taufgedächtnis gibt?

Sicher stehen in vielen Kirchenräumen die alten Taufsteine, als stille, vom Denkmalschutz konservierte Monumente einer vergangenen Tauffrömmigkeit, doch getauft wird oft genug mit einem „Taufgeschirr" bestehend aus einer Wasserkanne und einer Schüssel, während der Taufbrunnen oftmals gar nicht mehr benutzt wird. Wenn aber die beiden Sakramente Taufe und Eucharistie die beiden wichtigsten Sakramente der Kirche sind, die Sakramente, aus denen die Kirche lebt, dann muss sich dies auch in der Gestaltung der entsprechenden liturgischen Orte widerspiegeln.

Gerade im Kontext der Frage nach dem Taufgedächtnis erfüllt der Taufort eine wichtige Funktion, denn er hat, wie Ambo und Altar, eine Bedeutung, die über die liturgische Feier hinausreicht. Der Taufort kann bei entsprechender Gestaltung zum Ort des fortwährenden Taufgedächtnisses werden, er kann einladen zum persönlichen Gebet, zum dankbaren Gedenken an die eigene Taufe.

Eine solche Entwicklung der Betonung des Ortes der Taufe seit dem II. Vatikanischen Konzil lässt sich zunächst besonders in den USA beobachten. Hier hat die Erneuerung des Erwachsenenkatechumenats dazu geführt, stärker über die Bedeutung des Taufortes nachzudenken und dabei den Taufort künstlerisch im Zuge der nachkonziliaren Umbauten aus dem Schattendasein in das Zentrum der liturgischen Feierräume zu rücken. Dabei orientierte man sich vielerorts an den Vorbildern der frühkirchlichen Baptisterien.

Das Dokument „Environment and Art in Catholic Worship" (EACW)[28] der amerikanischen Bischofskonferenz führt hierzu aus, dass der Taufbrunnen sich inmitten der Gemeinde befinden soll, um

---

1988 (Die deutschen Bischöfe – Liturgiekommission 9), 5. überarbeitete und erweiterte Auflage, Bonn 2000.
[27] Ebd., 27.
[28] Environment and Art in Catholic Worship. United States Catholic Bishops' Conference, Washington DC 1978.

der versammelten Gemeinschaft die volle Teilnahme zu ermöglichen.[29] Der Taufbrunnen soll so gestaltet sein, dass er die Taufe durch Eintauchen zumindest möglich macht, und zwar von der Größe des Taufbrunnens her sowohl für die Taufe von Kindern als auch für die Taufe Erwachsener.[30] In räumlicher Nähe zum Taufbrunnen soll Raum sein für die Osterkerze und für die Aufbewahrung der Heiligen Öle. Die herausragende Bedeutung der Feier der Initiation wird schließlich unterstrichen, wenn für den Taufort gefordert wird, er solle sich in größtmöglicher Sicht- und Hörweite der Gemeinde befinden.[31]

Doch nicht nur in den Vereinigten Staaten gibt es solche positiven Entwicklungen bezüglich der Wiederentdeckung der Bedeutung des Taufortes zu verzeichnen. So gibt es durchaus auch hierzulande Beispiele, in denen sich Gemeinden darauf einlassen, nach einer neuen Gestaltung des Taufortes zu suchen, die ihrem Taufglauben angemessen ist. Dies kann ein spannender und auch spannungsreicher Prozess sein. Er führt eine Gemeinden zu Fragen wie: Was bedeutet uns/mir die Taufe? Wie feiern wir Taufe? Welchen Stellenwert billigen wir den liturgischen Feiern der Initiation und davon abgeleitet den Feiern des Taufgedächtnisses in unserer Gemeinde zu?

Im Hinblick auf die positive Bedeutung, die der Taufort zunächst für die Feier der christlichen Initiation selbst, aber auch für die Entwicklung einer durch regelmäßige Formen der Tauferinnerung genährte Taufspiritualität haben kann, bleibt zu hoffen, dass immer mehr Gemeinden diesen Entscheidungsweg gehen. Vor allem Erfahrungen aus den Gemeinden, in denen seit dem II. Vatikanischen Konzil die Feier des Erwachsenenkatechumenats neu belebt wurde, sind hier in der Tat ermutigend.

4. Ausblick: Christ-Sein als ein Leben aus der Taufe

Zu Beginn unserer Überlegungen hatten wir die Frage thematisiert: Wozu überhaupt Formen der Tauferinnerung und des Taufgedächtnisses? Welchen Sinn haben diese liturgischen Feierformen gerade im Kontext unserer Überlegungen zum neuen Ritus der Kindertaufe.

Wir haben versucht zu verdeutlichen, dass die Wirkung der Taufe mit den beiden Spannungspolen Anspruch und Zuspruch umschrieben werden kann. Würde man den Anspruch der Taufe allein im Be-

---

[29] Vgl. ebd., Nr. 77.
[30] Vgl. ebd., Nr. 76.
[31] Vgl. ebd., Nr. 77.

reich der Moraltheologie oder (Sozial-)Ethik sehen, so wäre dies sicherlich zu kurz gegriffen und würde die Frage unnötig einengen. In der Frage nach Feierformen des Taufgedächtnisses spiegelt sich die Frage nach der Bedeutung der Taufe für das Leben eines Christenmenschen. Es wird die Frage aufgeworfen: Wie kann ein menschliches Leben „aus Wasser und Geist" gelingen? Es stellen sich Fragen nach dem Ursprung des Lebens und nach einer Hoffnung, die den Tod überschreitet. Es stellt sich die Frage nach der Bedeutung der Feier der Liturgie als Feier des Paschamysteriums für unser ganzes Leben: das Paschamysterium, in das man durch die Taufe mit Jesus Christus hinein getauft wurde, um hernach mit ihm zu neuem Leben aufzuerstehen. Schließlich wird die Gottesfrage selbst aufgeworfen: Es stellt sich die Frage nach dem Gott und Vater Jesu Christi, von dem christlicher Glaube mutig bekennt, dass er zum Heil der Menschen handelt.

Eine Antwort können wir hier schon geben: Das Bewusstsein der eigenen Taufe und eines Lebens aus derselben soll und muss ein Fundament christlicher Existenz sein – dies zeigt nicht zuletzt der Blick in die liturgische Tradition. So bleiben am Ende unserer Überlegungen zwei zentrale Ziele zu benennen, auf die es u. E. hinzuarbeiten gilt:

- Innerhalb der einzelnen Konfessionen wird es das Hauptanliegen sein müssen, zunächst einmal das Taufbewusstsein zu stärken. Hierzu sind regelmäßige Feierformen zu etablieren, die in angemessener Weise das in der Taufe begonnene Heilshandeln Gottes lobpreisend erinnern.
- Auch in ökumenischer Perspektive sind regelmäßige ökumenische Feierformen der Tauferinnerung im ursprünglichen Wortsinn „fundamental". Diese Feierformen begehen feiernd das gemeinsame Fundament unserer christlichen Existenz im lobpreisenden Gedächtnis. Sie sind wichtige geistliche Erfahrungsorte auf dem Weg zur Einheit aller Christen, wenn wir uns dabei immer mehr der gemeinsamen Wurzeln in der einen Taufe auf unseren Herrn Jesus Christus bewusst werden.

Wir haben in unseren hier vorgelegten Überlegungen den inhaltlichen Schwerpunkt auf das *liturgische* Gedächtnis der einen Taufe gelegt. Wenn wir uns fragen, wo die Tauferinnerung so etwas wie den „Sitz im Leben" eines getauften Christen hat, so wohl noch am ehesten in der Mitfeier der Taufe anderer. Die positiven, freilich noch anfanghaften Erfahrungen mit dem Erwachsenenkatechumenat in Deutschland zeigen, dass diese Mitfeier der Taufe anderer umso mehr zur Anfrage an das eigene Taufbewusstsein wird, je mehr sich Gemeinden für ihre Taufkandidaten verantwortlich fühlen – sei es als Paten oder in der Katechese.

Wenn aber die Liturgiekonstitution, Art. 14 die „actuosa participatio" – was dann wohl am ehesten mit „wirklicher Teilnahme" zu übersetzen wäre – als Recht und sogar als Pflicht aus der Taufe konstatiert, dann ist wohl jede Mitfeier von Gottesdienst der Kirche Tauferinnerung, weil jede Mitfeier von Liturgie immer Feier des Paschamysteriums Christi ist, jenes Heilshandelns Gottes, in das wir qua Taufe mit hineingenommen worden sind: getauft auf Jesu Tod, mit ihm wiedergeboren zu neuem Leben.

Dann ist aber schließlich auch, wenn doch Glaube und Taufe in wechselseitiger Beziehung stehen und Glaube – Liturgie – Nächstenliebe/Diakonie aufs engste verwoben sind, das gesamte Leben eines Christenmenschen mit den Worten Martin Luthers ein lebenslanges „unter die Taufe kriechen". So ist schließlich das ganze Leben des Christen aus dem lebendigen Glauben heraus ein Gedächtnis der einen Taufe.

Musik und Gesang bei der Kindertaufe – Provokatives und Motivierendes

Matthias Kreuels[1]

Im Kontext der parallelen Workshops[2] gilt es, in diesem Beitrag über den musikalischen Anteil an der Feier der Kindertaufe nachzudenken. Dabei kann es nicht nur um Bestandsaufnahme und um Optionen gehen. Vielmehr drängt sich auch „Provokatives" auf – im eigentlichen Wortsinn, als Hervorrufen von Reaktionen und Folgerungen, die drängend, manchmal bedrängend sind.

Wenn sich die Sommerakademie 2008 zunächst „nur" der „Kindertaufe" widmet, so zielen die Vorträge und Workshops über diese Thematik hinaus: Es geht immer auch um die Taufe „allgemein", um das Taufbewusstsein des einzelnen Christen – und, kirchenmusikalisch gesehen, um Folgerungen in den liturgiemusikalischen Gemeindevollzügen.

1. Die musikalischen Aspekte in *Die Feier der Kindertaufe* und *Den Glauben weitergeben*

Nach Einsichtnahme der Neuausgabe des liturgischen Buches *Die Feier der Kindertaufe* sind die musikalischen Teile schnell benannt:
Nr. 45   Anrufung der Heiligen und Fürbitten[3]
Nr. 54   Lobpreis und Anrufung Gottes über dem Wasser
                    (ohne Akklamationen)
Nr. 167 Lobpreis Gottes und Dank für die Geburt   (Version I)
Nr. 168 Lobpreis Gottes und Dank für die Geburt   (Version II)
Nr. 225 Lobpreis und Anrufung Gottes über dem Wasser
                    (mit Akklamationen)
Daneben gibt es zahlreiche Hinweise zu Musik und Gesang im liturgischen Geschehen.

---

[1] Bei diesem Beitrag handelt es sich um den nachträglich schriftlich fixierten Inhalt des im wesentlichen in freier Rede bestrittenen Workshops gleichen Namens. Die Teilnehmerinnen und Teilnehmer erhielten die Inhalte in Stichworten, außerdem ein kleines Set mit den musikalischen Teilen bzw. musikalischen Impulsen aus den in Abschnitt 1 erwähnten Büchern. – Bewusst wählt dieser Beitrag den Vortragsstil.
[2] Vgl. die entsprechenden Beiträge in diesem Dokumentationsband, 199–229.
[3] Identisch mit Nr. 45 sind die Nummern 88, 144 und 177.

Für das Werkbuch *Den Glauben weitergeben*[4] stellte der Verfasser Hinweise zur musikalischen Gestaltung zusammen.[5] Marion Bexten nahm sich des in den letzten Jahren immer beliebter werdenden Liedblattes an, insb. der Frage, wie dieses ansprechend gestaltet werden kann.[6] Diese Hilfen wie auch der Musik-Part im liturgischen Buch seien an dieser Stelle nur erwähnt, aber nicht näher dargestellt – bis auf wenige Ausnahmen, die im Folgenden Erwähnung finden.

2. Pastoral und Musik am Beispiel „Kindertaufe" bzw. „Taufe allgemein"

Es ist nicht zu umgehen: Gerade bei der Feier der Sakramente wird die pastorale Realität „Musik" bzw. „Kirchenmusik" besonders deutlich. Den zahlreichen Gemeinden, in denen sich etwa die Feier der Kindertaufe auch liebevoller musikalischer Gestaltung erfreut (Menschen aller Generationen können durch Musik in eigener Weise angesprochen werden!), stehen ebenso zahlreiche Pastoralgegebenheiten gegenüber, in denen Derartiges undenkbar ist. Taufe heißt dann: Feier (fast) ohne Musik, allenfalls ein Stück vom CD-Player oder ein Verlegenheitslied („… was alle können"), von einem/einer Kirchenmusiker/in keine Spur. Diese Gegebenheiten mag man beklagen oder inzwischen nur noch klaglos hinnehmen – die Realität ist so.

Hier tut Sensibilisierung Not. Hier fehlen positive Anregungen aus der näheren Umgebung, etwa aus der vielbeäugten Nachbargemeinde (aber in dieser Nachbargemeinde ist es meist, zumindest bisher, nicht anders als innerhalb der eigenen Kirchenmauern!). Hier wäre ein zunehmendes Interesse am gesellschaftlichen Allgemeinphänomen „Musik" bedeutsam, um von daher die „missionarische" Konsequenzen zu ziehen: Die Welt außerhalb der Kirche(n), geprägt durch und durch von Musik (welcher Qualität auch immer), kommt innerkirchlich, d.h. vor allem liturgisch, anders „in den Blick", wenn man auch deren musikalischen Ansätze wahrnimmt – und nutzt![7]

---

[4] W. Haunerland/ E. Nagel (Hg.), Den Glauben weitergeben. Werkbuch zur Kindertaufe, Trier 2008.
[5] M. KREUELS, Musikalische Gestaltung [der Tauffeier], in: ebd., 116–126.
[6] M. BEXTEN, Die Gestaltung des Liedblattes, in: ebd., 147f.
[7] Aus diesem Blickwinkel erhalten die Ergebnisse der vielzitierten und vieldiskutierten „Sinus-Studie" auch eine „kirchenmusikalische" Dynamik: Gibt es nicht Beziehungen zwischen den gesellschaftlichen Milieus und „ihrer" Musik – ohne damit bestimmten Komponisten, Werken oder Stilen bestimmte Milieus „direkt" zuzuweisen?

Es käme also auf eine Trendwende an. Bereits in „kleinen Dingen" könnte sie Niederschlag finden: in einem sorgsam ausgesuchten Tauf-Lied, in einem gesungenen Tauf-Spruch oder auch durch einen „Taufgedanken in Tönen", der die Feier wie ein roter Faden durchzieht.[8]

3. Gesang und Singen bei der Kindertaufe –
Kinder singen ihren Glauben

Trendwende – nur ein „frommer Gedanke"? Unrealistisch? Der Verdacht liegt nahe. Und doch gibt es Ansätze, die Hoffnung geben. Wenn letztens etwa die Liturgiekommission der Deutschen Bischofskonferenz eine Arbeitsgruppe einsetzte, die sich mit dem Thema *Kinder singen ihren Glauben* beschäftigen soll, dann liegt die Frage auf der Hand: Gibt es für Kinder nichts Schöneres, als bei jener Weitergabe des Glaubens, die ihnen gefühlsmäßig am nächsten liegt (... das ist das Miterleben einer Kindertaufe!), ihrem Glauben so Ausdruck zu geben, was sie es am liebsten tun: sie singen?!

Und wenn im heutigen Gemeindealltag keine der Taufen mehr „selbstverständlich" ist, wäre es dann nicht Zeit, die „dienstlichen Gewichte" der Pastoral neu zu ordnen und an eine angemessenere Kirchenmusik (auch) bei der Tauffeier zu denken? Müssten sich – andererseits – nicht auch die kirchenmusikalisch Engagierten nachdrücklich fragen (auch: fragen lassen), wie viel Intensität sie bisher für die Gestaltung einer Kindertaufe aufgebracht haben (oder auch: aufbringen durften)?

Fazit: Hier gäbe es gemeindliches Entwicklungspotential! Hier könnte aus brachliegenden Praxisfeldern inspirierende Glaubensvitalität wachsen.

4. Musik als pastorale Dimension –
konkretisiert am Beispiel der Kindertaufe

Musik bedarf der Realisierung – eine Binsenweisheit. Also: Menschen werden benötigt, Frauen und Männer, Junge und Ältere, die singen, die spielen – vor allem, die singen *können*, die spielen *können*. Nur so wird es möglich jene, die singen *könnten*, aus ihrer „natürlichen Trägheit" zu befreien.[9] Aus diesem Blickwinkel heraus drei Anregungen für die pastorale Praxis:

---

[8] Das am Schluss dieses Beitrags stehende „benetzt" wäre ein solcher „Taufgedanke".
[9] Vielfach wird heute beklagt, dass in der Gesellschaft immer weniger gesungen wird.

4.1 Zeit nutzen

Auch heutzutage sind Taufen meist eingebettet in die Familienfeier: Die Tauffamilie lädt Verwandte und Freunde zur Tauffeier ein. Oft lässt man sich nach der Geburt ein wenig Zeit – und freut sich auf die Taufe. Damit ist die Chance zu angemessener Vorbereitung gegeben. Ob diese Möglichkeit gesehen, ergriffen und positiv genutzt wird, ist eine Sache für sich; die pastorale Realität erweist sich, wie eingangs erwähnt, oft als zumindest verbesserungswürdig. Doch auch bei positiver Vorbereitung gibt es in der eigentlichen Feier nicht selten eine Zweiteilung: auf der einen Seite die „Engagierten" (Eltern, Paten, Taufspender usw.), auf der anderen Seite die „Anwesenden". Letztere befinden sich eher in der Rolle von „Fans", von Anhängern des Täuflings; sie sind zusammen mit den Eltern froh und dankbar über den neuen Erdenbürger, bleiben aber in friedlicher Distanz zum Taufgeschehen. An dieser Distanz (vor allem, wenn sie einer gelebten Kirchenferne entspringt) wird man, realistischerweise, nicht mit dieser einen Tauffeier etwas ändern können. Doch eine freundliche Wieder-Einladung zum kirchlichen Leben – wäre diese so abwegig? Wäre im Rahmen einer solchen „Einladung" nicht das *mit-singen-können* von besonderem Wert? Aber: Wie wäre ein solches *mit-singen-können* überhaupt möglich?

Zeit nutzen – dies die Antwort. Die Zeit vor Beginn der Tauffeier! Der Verfasser hat, als Organist bei einer Taufe, oft erlebt, dass die „Taufgemeinde" bereits (sehr) zeitig anwesend war. Man trifft sich vor der Kirche oder auch in deren Eingangsbereich. Begrüßung allseits. Smalltalk, bis die Tauffeier beginnt. Könnte nicht in dieser Situation (selbstverständlich mit den Eltern des Täuflings bei der Taufvorbereitung vereinbart!) der/die Kirchenmusiker/in die Anwesenden mit dem Liedblatt „vertraut" machen, also einzelne Lieder, Kehrverse, Rufe, Kanons usw. ansingen?

4.2 Personelle Möglichkeiten nutzen

Anregung 4.1 geht von der Gegebenheit einer „Einzeltaufe" aus – oder einer Tauffeier weniger Kinder im überschaubaren Kreis von 3–4 Familien und deren Angehörigen. Wenn, in bestimmten Pastoralstrukturen, letzterer Kreis bewusst verankert wird (Stichwort „Taufsonntag"), läge da nicht die Chance nahe, gerade jene zur musikalischen Mitwirkung zu ermuntern, die genuin dem Geschehen

---

Der Verfasser hat vielerorts eine gegenteilige Erfahrung machen dürfen: Menschen aller Generationen singen *gerne* – es fehlt an der „Einladung" zum Singen!

am nächsten sind – also den Kinderchor der Gemeinde/n? Oder eine Singgruppe aus dem Kindergarten? Oder die Kinder aus den Tauffamilien, mit Unterstützung des Kinderchores und/oder des Kindergartens?

Selbstverständlich sollte man hier Gemeinden bzw. Gemeindeverbünde nicht überfordern – aber liegen hier nicht „gute Möglichkeiten" brach?

4.3 Liturgiemusikalische Möglichkeiten nutzen

Auch Anregung 4.2 geht von bestimmten Gegebenheiten aus, insb. der Taufpraxis *außerhalb* des sonntäglichen Gottesdienstes der Gemeinde/n. Für diese „separate" Feierform sprechen zahlreiche Gründe; sie sind an dieser Stelle nicht eigens darzustellen. Wenn aber im sonntäglichen Gemeindegottesdienst getauft wird, wären dann nicht erweiterte „kirchenmusikalische Chancen" gegeben? Etwa:
- Bildung eines „Spontanchores" mit Probe unmittelbar vor dem Gottesdienst[10] – so, dass dessen „musikalisches Programm"[11] integrativ auf die Feier ausstrahlt;
- bewusste Wahl bestimmter musikalischer Formen, die in quantitativ kleineren Feiergruppen seltener möglich sind;[12]
- „generationsverbindendes Singen"[13] – ebenfalls eher in einer größeren Gemeinde/Gemeinschaft realisierbar;
- und anderes mehr.

Voraussetzung dafür sind pastorale Verhältnisse, die solchen Entwicklungsideen förderlich sind – vor allem dank Verantwortlicher (Pfarrer, Diakon, Pastoral-/Gemeindereferent/in, Kirchenmusiker/in), die in gutem Miteinander kreativ werden können *und wollen*.

---

[10] Die Realisierung einer solchen Probe stellt sich nicht als so schwierig dar, wie es im ersten Moment erscheint! Der Verfasser weiß von mehreren solcher Gemeinden; Voraussetzung war dort eigentlich nur, dass sich die „Binnenstrukturen" der verschiedenen musikalischen Gruppen „aufbrechen" ließen, indem man allseits entdeckte, wie schön auch das „Miteinander" sein kann.
[11] Vgl. die zahlreichen Gestaltungsvorschläge des Verfassers im o. g. Werkbuch (s. Anm. 5).
[12] Ebd.
[13] Als Positivbeispiel mit bundesweiter Ausstrahlung sei an den „Gemeindechor" beim Hauptgottesdienst des Osnabrücker Katholikentags 2008 erinnert, in dem die Altersspanne von ca. 3 bis ca. 80 Jahren reichte!

5. Fazit

Überlegungen im Rahmen einer Sommerakademie sind in der Gefahr, Theorie zu bleiben, fern praktischer Umsetzung. Von daher gewinnt das eigene Tun der Akademie-Teilnehmer/innen spezifische Bedeutung.[14] Aus dieser Arbeit sei ein „Meditationsvers zum Taufgedächtnis"[15] an den Schluss dieses Beitrags gestellt:

benetzt

---

[14] Auch die Sommerakademie 2008 wurde durch den Rhythmus der Tagzeitenliturgie strukturiert. Hier fanden einige der musikalischen Anregungen aus dem Werkbuch Berücksichtigung – selbstverständlich im Rahmen der gegebenen liturgischen Ordnung und ohne „pädagogischen Zeigefinger".

[15] Hinweise zur Ausführung: „benetzt" kann zunächst wie ein üblicher Taizé-Vers gesungen werden, also in häufiger Wiederholung. (Der liturgische Ort für diese Möglichkeit wäre ein „Taufgedächtnis".) Nach den Wiederholungen, deren Quantität bewusst nicht gezählt werden sollte, kann der Vers mit „Amen" schließen, muss es aber nicht. Der für „wiederholendes" Singen erforderliche, stets weiterführende „Puls" sollte von einem Begleitinstrument ausgehen. – Der Vers kann aber auch (dann zunächst ohne „Amen") mit Liedern kombiniert werden: Man singt „benetzt" vor/zwischen/nach den Strophen, und erst abschließend hat das „Amen" seinen „abrundenden" Platz. Beispiele aus dem GOTTESLOB: 264 *Mein ganzes Herz erhebet dich* – 289 *Herr, deine Güt ist unbegrenzt* – 635 *Ich bin getauft und Gott geweiht* (u. v. a. m.; also: textlich passende Lieder, deren musikalisches Kriterium „C-Dur" ist [ggf. auch H-Dur oder D-Dur, mit jeweiliger Transposition des „benetzt"]). – Während der Sommerakademie 2008 wurde der Meditationsvers in *beiden* Möglichkeiten gesungen.

Wenn Paare sich trauen und ihre Kinder taufen lassen wollen

Stephan George

Immer häufiger kommt es vor, dass Paare ihre eigene kirchliche Trauung mit der Taufe eines Kindes oder mehrerer Kinder verbinden wollen. Im Einzelfall wird es möglich sein, die Feiern zeitlich zu trennen und so dem jeweiligen Ereignis die ihm entsprechende Aufmerksamkeit zu schenken. Wenn – aus welchen Gründen auch immer – dennoch beide Sakramente in einem Gottesdienst gefeiert werden sollen, ist danach zu fragen, was das Verbindende ist und wie eine Feiergestalt aussehen könnte, die mehr als eine Aneinanderreihung der Elemente aus den beiden Ritualefaszikeln darstellt.

1. Das Verbindende

Das Verbindende von Taufe und christlicher Eheschließung wird deutlich, wenn weniger auf die Familie geschaut wird, die beide Ereignisse feiert. Theologisch entscheidender und verbindend ist die Grundgestalt jeder christlicher Liturgie: Gottes Handeln im Heute. In beiden Sakramenten wird die Feiergemeinde hineingenommen in das Heilshandeln Gottes, hat sie teil am Paschamysterium. Für die Taufe ist das biblisch ganz klar bezeugt. Der Getaufte ist mit Christus gestorben, wird mit ihm begraben und auferweckt.[1] Für das Sakrament der Ehe setzen die Texte ganz ähnliche Akzente. Die Ehe wird als Zeichen des Neuen Bundes gedeutet und die eheliche Liebe als Zeichen der Liebe Gottes besungen.[2] Taufe und Eheschließung sollen die Zuwendung Gottes zu seinem Volk erfahrbar machen und Anteil am Paschamysterium geben. Es kommt darauf an, dieses Verbindende der Sakramente deutlich zu machen, um auch diese gemeinsame Feier nicht als Feier eines bloß familiären Anlasses erscheinen zu lassen.

---

[1] Vgl. Röm 6,1–11.
[2] So in den Präfationen der Trauungsmessen. Vgl. Messbuch, 984, 988.

2. Der Ablauf

Für den Ablauf der Feier von Taufe und Trauung, im Volksmund oft „Traufe" genannt, geben die beiden Ritualefaszikel und die Pastoralen Einführungen keine Hinweise.[3] Lediglich im Werkbuch zur Neuausgabe des Kindertaufrituales findet sich ein Vorschlag zur Gestaltung.[4]

Im Workshop wurde zunächst der Ablauf der Kindertaufe und der Trauung einzeln angesehen. In einer gemeinsamen Feier kann es nur einen Eröffnungs- und Schlussteil geben, der beide Feiern formal und inhaltlich umschließt. Ebenso wird der Wortgottesdienst mit der Homilie beiden Ereignissen gerecht werden müssen. Neben der möglichen Thematisierung der beiden Sakramenten zu Grunde liegenden Zuwendung Gottes zu seinem Volk wird zu prüfen sein, ob eine Lesung mehr im Hinblick auf die Taufe und eine andere eher zur Deutung der christlichen Ehe ausgewählt wird.

Die folgende Übersicht stellt den möglichen Ablauf eines Wortgottesdienstes zur Taufe und Trauung dar. Die Eucharistiefeier würde sich in dieser Ordnung an die Fürbitten anschließen, auf deren Gestaltung besonders zu achten ist, um beiden Anliegen gerecht zu werden. Die musikalische Gestaltung kann sicher noch vielfältiger sein. Als günstig hat es sich erwiesen, die Übergänge zwischen den Teilen des Gottesdienstes durch Gesang oder Instrumentalmusik zu markieren.

Die Feier der Trauung und der Kindertaufe in einem Wortgottesdienst
Möglicher Ablauf mit Gesängen

Eröffnung
Empfang des Brautpaares, der Kinder und Paten
Einzug (Instrumentalmusik)
Lied
(Begrüßung der Gemeinde – wenn diese nicht schon beim Empfang geschehen ist)
Eröffnungsgebet[5]

---

[3] Die Feier der Trauung in den katholischen Bistümern des deutschen Sprachgebietes, Zweite Auflage Freiburg / Br. u. a. 1992. Die Feier der Kindertaufe in den Bistümern des deutschen Sprachgebietes, Zweite authentische Ausgabe auf Grundlage der Editio typica altera 1973, Freiburg u. a. 2007.
[4] Winfried HAUNERLAND, Damit es *ein* Fest wird. Die Feier der Trauung und Taufe in einem einzigen Gottesdienst, in: Den Glauben weitergeben. Werkbuch zur Kindertaufe, 29–33. Der Workshop wurde vor Erscheinen des Werkbuches geplant und könnte als Versuch erscheinen, das Rad noch einmal zu erfinden.
[5] Die Orationen müssen gut ausgewählt und evtl. der gemeinsamen Feier angepasst

Wortgottesdienst
Schriftlesungen und Gesänge zu den Lesungen
Homilie

Trauung
Befragung der Brautleute
Segnung der Ringe
Vermählung
Bestätigung der Vermählung
Feierlicher Trauungssegen
Gesang oder Instrumentalmusik

Tauffeier
Prozession zum Taufort (mit Anrufung der Heiligen)
Fragen an Eltern und Paten
Bezeichnung mit dem Kreuz[6]
Gebet um Schutz vor dem Bösen
Handauflegung
Lobpreis und Anrufung über dem Wasser
Absage und Glaubensbekenntnis
Taufe
Ausdeutende Riten
    Salbung mit Chrisam
    Bekleidung mit dem weißen Taufkleid
    Übergabe der brennenden Kerze
Gesang oder Instrumentalmusik

Abschluss
Prozession zum Altarraum / zu den Plätzen
Fürbitten
Gebet des Herrn
Segen und Entlassung

---

werden. Geeignet zur Eröffnung wäre z. B. die Oration aus Die Feier der Trauung (s. Anm. 3) Form A, 57.

[6] Winfried Haunerland sieht die Bezeichnung mit dem Kreuz im Eröffnungsteil vor, um das Kind schon dort liturgisch wahrzunehmen. Vgl. HAUNERLAND, Damit es *ein* Fest wird (s. Anm. 4), 31. Da die Bezeichnung mit dem Kreuz die namentliche Nennung einschließt und auf die Taufe abzielt, dürfte man dann sicher in der Tauffeier nicht mehr nach dem Namen und dem Anliegen der Eltern fragen. Aus diesem Grund stellt dieser Vorschlag auch die Bezeichnung mit dem Kreuz an den Anfang der eigentlichen Tauffeier. Der Hinweis auf Taufe und Eheschließung muss natürlich im Eröffnungsteil erfolgen.

Die Gefahr einer Überbetonung der Familie bei einer solchen Feier der Sakramente dürfte besonders groß sein. Ihr wäre unter anderem durch die liturgischen Dienste und durch die Einladung der Gemeinde entgegenzuwirken.

Einige Teilnehmer des Workshops berichteten von ihren positiven Erfahrungen mit diesen Feiern und von motivierten Leuten, die solche Gottesdienste wünschten. So gilt es wohl auch hier nicht überkritisch auf die Anfrage nach einer gemeinsamen Feier von Trauung und Taufe zu reagieren, sondern die Chancen zu nutzen und das Heilshandeln Gottes in der Feier erfahrbar zu machen.

Verkündigung bei der Feier der Kindertaufe

Konrad Baumgartner

In zwei aufeinanderfolgenden Gesprächskreisen mit jeweils etwa zehn Teilnehmerinnen und Teilnehmern aus allen pastoralen Bereichen wurden zunächst die Ausführungen über die Verkündigung bei der Feier der Kindertaufe im (oben abgedruckten) Referat von Konrad Baumgartner miteinander gelesen und bedacht.

Dabei wurde klar: Der hohe Anspruch der Theologie zur Kindertaufpredigt muss in der konkreten Praxis oft vereinfacht und zu einer zuweilen recht kurzen Ansprache umgestaltet werden (oft schon wegen des bzw. der zu taufenden Kinder). In der Tat sollte die gesamte Feier Verkündigungscharakter haben. Dabei können sehr kurze, erläuternde Worte zum jeweiligen Vollzug des Ritus eingefügt werden, doch darf daraus keine permanente Taufkatechese werden. Dieses Anliegen gilt vor allem in Blick auf jene, die als zusätzliche Mitfeiernde zugegen sind und nicht das Taufgespräch oder weitere Gesprächstreffen vor der Taufe erlebt haben. Für sie ist der Liturge nicht selten in der Rolle des Kommentators, der behutsam auch auf ein liturgisch angemessenes Verhalten hinweisen kann und muss.

Damit der Gemeindecharakter der Feier deutlich wird, sollten immer auch Vertreter der Pfarrgemeinde (z. B. aus dem Pfarrgemeinderat, der Kirchenverwaltung oder von anderen ehrenamtlich in der Gemeinde Tätigen) bei einer Tauffeier zugegen sein. Die Feier selbst kann natürlich nur ein Teil der Gesamtverkündigung über die Taufe sein. In thematischen Predigten, im Pfarrbrief oder in anderen Bereichen der Öffentlichkeitsarbeit sollten die Sakramente, ihre Bedeutung und ihre Symbole immer wieder neu erschlossen werden, z. B. „aus gegebenem Anlass": bei der Einführung des neuen Kindertauf-Ritus.

Für die Taufpredigt selbst ist das Grundanliegen der Verbindung von Glaube und Leben zentral: als wechselseitige Erschließung der Gabe und Aufgabe dieses Sakramentes. Unterschiedliche Biographien und Milieus anzusprechen ist dabei eine eigene Herausforderung. Bei der Taufe mehrerer Kinder in einer Feier ist es nicht immer einfach die unterschiedlichen Eltern- und Patensituationen in das Geschehen einzubeziehen. Die Mitgestaltung der Feier – im Rahmen des liturgisch Sinnvollen – ist zu wünschen, eigene Äußerungen der Teilnehmer zeigen aber auch die weithin vorhandene religiöse Sprachnot. Wenn es gelingt, Bilder und Zeichen der heutigen Lebenswelt mit einzubeziehen, wird der Zugang zum Mysterium zusätzlich eröffnet.

Die Feier der Taufe sollte schon in der Kirche als Fest erlebt werden können, das die Freude des Christseins erahnen lässt. Es darf eine Feier „mit allen Sinnen" sein. Auch dadurch könnte in unseren Gemeinden und bei den Christen selbst wieder deutlicher werden: Taufe ist das große Geschenk Gottes an uns Menschen. „Wir sind auf Christus getauft, in ihm lasst uns leben!" So bringt es eine – immer noch fast unbekannte – Antiphon im bisherigen Gotteslob (646,3) zum Ausdruck.

Diese Erfahrungen und Wünsche wurden im Gesprächsaustausch abschließend in einem vorgelegten, gedruckten, aber auch wirklich gehaltenen Text einer Taufpredigt zum großen Teil entdeckt.

Die Zeichen sprechen lassen.
Anstiftung zur symbolgerechten und mystagogischen Feier der Kindertaufe

Klaus Peter Dannecker

0. Vorüberlegungen: Die Menschen

Papst Benedikt XVI. hat seine Meditation über den Weg der Weisen aus dem Morgenland beim WJT in Köln bei der Begegnung mit den Bischöfen zusammengefasst und daraus eine Aufgabe für die Bemühungen – zunächst der Bischöfe – aber dann auch der ganzen Kirche formuliert: „Wir müssen [...] versuchen, [...] das Gesicht Christi, das Gesicht des lebendigen Gottes, sichtbar zu machen, so dass es uns dann von selber geht wie den Weisen, dass wir niederfallen und ihn anbeten. Natürlich gehört zu den Weisen zweierlei: Sie waren zuerst Suchende und dann Findende und Anbetende. Viele Menschen heute sind Suchende. Wir selber sind es auch. Im Grunde muss in unterschiedlicher Dialektik immer beides da sein: Wir müssen Ehrfurcht haben vor dem Suchen der Menschen, dieses Suchen unterstützen, sie fühlen lassen, dass der Glaube nicht einfach fertiger Dogmatismus ist, der das Suchen, den großen Durst des Menschen auslöscht, sondern dass er erst die große Pilgerschaft ins Unendliche bringt, dass wir gerade als Glaubende immer Suchende und Findende zugleich sind."[1]

Einen Teilaspekt dieser Aufgabe möchte ich bedenken: In der Liturgie begegnen Menschen Christus und feiern als Kirche sein Heilswerk, das in dieser Liturgie gegenwärtig gesetzt und neu wirksam wird.[2]

Bevor wir uns aber der näheren Betrachtung der Liturgie und insbesondere der Tauffeier zuwenden, noch ein Blick auf die Menschen, die diese Liturgie feiern. Es gibt eine Vielzahl verschiedener Versuche, sie zu charakterisieren, einzuordnen, zu erfassen und zu verstehen.[3] Dies soll – mit den Worten des Papstes – uns helfen, ihnen das Gesicht Christi sichtbar zu machen. Ich möchte die Lage der

---
[1] Verlautbarungen des Apostolischen Stuhls Nr. 169, 104.
[2] Zum Wesen und der Charakterisierung der Liturgie vgl. A. GERHARDS und B. KRANEMANN, Einführung in die Liturgiewissenschaft, Darmstadt 2006, 111–155.
[3] Vgl. z. B. H. HASLINGER, Sakramente – befreiende Deutung von Lebenswirklichkeit, in: H. Haslinger (Hg.), Handbuch Praktische Theologie. Band 2. Durchführungen, Mainz 2000, 164–185.

Menschen im deutschen Sprachraum in Bezug auf die Kirche wie folgt charakterisieren, wobei ich keineswegs Vollständigkeit oder wissenschaftliche Exaktheit anstrebe:
- Die Menschen haben sich von kirchlichen Ansprüchen emanzipiert. Die Kirche mit ihren Wert- und Lebensvorstellungen wird wahrgenommen. Ob und inwieweit diese in die private Lebensführung übernommen werden, eine religiöse Erziehung der Kinder in der Familie erfolgt und sich die Menschen kirchlich engagieren, differiert stark. Kirche wird als freibleibendes Angebot wahrgenommen, das man soweit annehmen kann, wie man will, aber nicht muss.
- Eine doch ansehnliche Anzahl von Gläubigen feiert relativ regelmäßig die Sonntagsliturgie mit. Manche seltener, manche nur sporadisch, mit abnehmender Tendenz. Statistisch lässt sich allerdings zeigen, dass die Nachfrage nach rituellen Angeboten an wichtigen Punkten im Leben unverändert geblieben ist, wenn nicht sogar wächst. Als Beispiele seien genannt: Taufe, Erstkommunion, Weihnachtsfeier, Beerdigung. Interessanterweise nicht bei der Hochzeit, wobei sich gerade bei Hochzeiten ein Markt an freien Ritualen zu entwickeln scheint.
- Die Menschen nehmen eigene Sinnzuschreibungen zu diesen Feiern vor. So ist Weihnachten für manche zunächst das Fest der Familie oder der Liebe, erst in zweiter Linie das Geburtsfest Christi. Diese eigenen Sinndeutungen sind meist biographisch und familienbezogen und haben oft auch einen Transzendenzbezug. So lassen Eltern ihr Kind taufen, um den Schutz oder Segen Gottes zu erbitten. Die Sinnzuschreiben decken sich oft nicht oder nur teilweise mit den kirchlichen Vorstellungen.
- Neben die Sakramente und Sakramentalien der Kirche sind andere Formen getreten. Durch die Massenmedien, durch Werbung oder auch bewusstes „Kultmarketing" werden christliche und religiöse Formen durch säkulare ersetzt. Arno Schilson bezeichnet sie als religiöse Grundbedürfnisse des Menschen.[4] Zur Verdeutlichung: Früher war die Tagesstruktur durch das Angelusläuten gegeben. „Komm heim, wenn's läutet!", sagte man den Kindern. Heute strukturiert das Fernsehprogramm den Tagesablauf der Kinder: „Bis zum Sandmännchen bist du da." Oder für Jugendliche: Das Kultgetränk „Red Bull" wird als Lebenselixier vermarktet, über eine tatsächliche Wirkung oder gar guten Geschmack wird gestrit-

---

[4] Vgl. dazu verschiedene Aufsätze von Arno Schilson, z. B. A. SCHILSON, Das neue Religiöse und der Gottesdienst, in: LJ 46 (1996) 94–109; A. SCHILSON, Musical als Kult, in: LJ 48 (1998) 143–167.

ten. Das kirchliche Wasser des Lebens sieht dagegen blass aus. Der Führerschein ist das „Sakrament des Erwachsenwerdens", der Eintritt in die Erwachsenenwelt.
– Konfessionelle Bindungen und Grenzen spielen eine immer geringere Rolle. Liturgie und gottesdienstliche Feiern werden im Freundes- und Familienkreis erlebt. Entweder man wird dazu eingeladen oder man lädt dazu ein, an entscheidenden Punkten im Leben, zu freudigen wie traurigen Anlässen. Auch wenn die Konfession oder der Glaube sonst kaum eine Rolle spielt, hier kommt er wieder zum Vorschein, bisweilen unbeholfen und fremdartig, vor allem dann, wenn man an die Grenzen menschlichen Lebens stößt.
– Traditionell geprägte Menschen, die an der guten Welt von gestern hängen, erkennen in Kirche und Religion Garanten für die gute alte Wahrheit. Ihre Haltung findet ihren Ausdruck in einer eher traditionell oder volkstümlich geprägten Liturgie, die bisweilen eigentümliche Züge annimmt.
– Bei diesen Beobachtungen gibt es eine große Ungleichzeitigkeit, z.B. zwischen ehemals geschlossen katholischen und evangelischen ländlichen Gebieten, die auch heute ein reges religiöses Leben aufweisen und urbanen Gebieten, die weitgehend säkularisiert sind.[5]

All diese Menschen kommen mit ihren hier mehr oder weniger treffend charakterisierten Hintergründen zur Feier der Liturgie: als Gläubige oder als Gäste, als Menschen, die Gott intensiv suchen oder als solche, die die Suche vielleicht schon aufgegeben haben.

1. Die Aufgabe der Liturgie

Liturgie darf zu Recht als Ort verstanden werden, wo gerade heute Menschen dem „Gesicht Christi" begegnen, wo die Suchprozesse des menschlichen Lebens gebündelt werden, die in einem Ritus aufbewahrten Glaubens- und Heilserfahrungen wieder freigesetzt und zugänglich werden. Liturgie kann den Rahmen einer Gotteserfahrung bieten, den Ort bereiten, wo Menschen vom Suchen zum Finden gelangen und vielleicht wieder weitersuchen. Aber hier ist auch

---

[5] Vgl. zu dieser Charakterisierung eine Reihe von Studien, in Auswahl seien erwähnt: G. Schulze, Die Erlebnisgesellschaft. Kultursoziologie der Gegenwart, Frankfurt/New York 1992; P. CORNEHL, „Die Welt ist voll von Liturgie". Studien zu einer integrativen Gottesdienstpraxis in: U. Wagner-Rau (Hg.) Praktische Theologie heute 71, Stuttgart 2005; C. BAUER, Gott im Milieu? Ein zweiter Blick auf die Sinus-Milieu-Studie, in: Diakonia 39 (2008) 123–129.

eine Grenze, die wir respektieren müssen: Liturgie kann zwar den Rahmen bieten, den Ort bereiten. Eine Gottes- oder Glaubenserfahrung kann die Liturgie aber nicht machen oder erzeugen. Diese bleibt die Gnadengabe Gottes.

Wie aber muss Liturgie gefeiert werden, dass dieses „Gesicht Christi" erkennbar, erlebbar wird? Oder andersherum gefragt: Gibt es Möglichkeiten, Liturgie so zu feiern, dass eine Gottesbegegnung erleichtert, eine Glaubenserfahrung begünstigt wird?

Diese Fragestellung ist nicht neu. Sie wurde zu verschiedenen Zeiten und in verschiedenen geschichtlichen und kulturellen Zusammenhängen bedacht. Aus den dabei gemachten Erfahrungen können wir heute schöpfen und unsere Antworten finden.[6]

2. Die Mystagogie

Mystagogie heißt wörtlich übersetzt „Führung in die (Glaubens-)Geheimnisse", stammt ursprünglich aus dem antiken Hellenismus und wurde sowohl religiös als auch profan verwendet. Bei den Mysterienreligionen und -kulten wurde damit die kultische Initiation bezeichnet. Profan konnte damit z. B. auch die Tätigkeit eines Fremdenführers bezeichnet werden.[7]

Im frühen Christentum taucht der Begriff im Zusammenhang mit den „mystagogischen Katechesen" auf. Viele Kirchenväter, z. B. Johannes Chrysostomus, Theodor von Mopsuestia, Ambrosius von Mailand, Cyrill von Jerusalem u. v. a., haben solche „mystagogischen Katechesen" gehalten. Während der Vorbereitung auf die Feier der Initiation wurden die Katechumenen zwar in den Glauben eingeführt, wegen der Arkandisziplin aber nicht in die Bedeutung der Sakramente. Die Sakramentenkatechese erfolgte also erst nach der Taufe in der mystagogischen Katechese. Es wurde also nachträglich gedeutet, was bereits zuvor liturgisch erlebt worden war.

Der Begriff „Mystagogie" wurde im 20. Jh. wiederentdeckt und wird seither in der Theologie in verschiedener Weise verwendet, jedoch in einem anderen Sinn als in der alten Kirche.[8] Es ist hier nicht

---

[6] Vgl. B. Kranemann, E. Nagel und E. Nübold (Hg.), Heute Gott feiern. Liturgiefähigkeit des Menschen und Menschenfähigkeit der Liturgie, Freiburg i. Br. u. a. 1999.
[7] Vgl. H. HASLINGER, Was ist Mystagogie? Praktisch-theologische Annäherung an einen strapazierten Begriff, in: S. Knobloch und H. Haslinger (Hg.), Mystagogische Seelsorge. Eine lebensgeschichtlich orientierte Pastoral, Mainz 1991, 15–75; A. Wollbold, „Mystagogie" in: LThK 7 (^{3}1998) 570–571.
[8] Vgl. den Überblick bei K. RICHTER, Eine mystagogische Liturgie. Wunsch und Wirklichkeit nach einem Vierteljahrhundert Liturgiereform, in: K. Richter und A. Schilson (Hg.), Den Glauben feiern. Wege liturgischer Erneuerung, Mainz 1989, 109–135. Die

der Ort, darüber ausführlich zu referieren. Schließlich gab es vor zwei Jahren eine eigene Sommerakademie zu diesem Thema. Ohne die Hintergründe im Einzelnen zu erhellen, möchte ich die mystagogische Feier der Liturgie verstanden wissen als zeichen- und symbolgerecht gefeierte Liturgie. Die Feier der Liturgie ist reich an Zeichen und Symbolen, deren tiefer Sinn und Bedeutung sich aus ihren Deuteworten erschließt. Die Feier muss aus sich heraus, ohne viele Erklärungen den Mitfeiernden einen Zugang zu der gefeierten Heilswirklichkeit eröffnen und dieses Heil erfahrbar werden lassen. Man könnte deshalb „Mystagogie" hier verstehen als die Hinführung zum Glauben an die Heilswirksamkeit Gottes in der Feier der Sakramente.

3. Mystagogie und Kindertaufe

Gerade die seit dem 1. Oktober 1972 verpflichtend eingeführte „Feier der Kindertaufe" (FKT 1971), die seit Januar 2008 in einer überarbeiteten Neuauflage vorliegt (FKT 2007), bietet sehr viele Ansatzpunkte für eine mystagogische Feier. Richtig umgesetzt lässt die neue Ordnung der Kindertaufe die dahinterliegende transzendente Wirklichkeit durchscheinen und macht sie für die Mitfeiernden erfahrbar.

3.1 Ort und Zeit der Taufe

Für uns ist es heute wieder (!) selbstverständlich, dass am Taufbrunnen in der heimischen Pfarrkirche getauft wird: Ausdruck für die Aufnahme in die konkrete Gemeinde vor Ort. Das war nicht immer so. In der Aufklärungszeit gab es aus verschiedenen Gründen Überlegungen und Regelungen für die Haustaufe.[9] Seit etwa den 1930er-Jahren gingen immer mehr schwangere Frauen ins Krankenhaus, um dort ihr Kind zur Welt zu bringen. Die kirchliche Vorschrift, ein Kind

---

Aktualität der Fragestellung belegt das Tagungsthema der 5. Trierer Sommerakademie zum Thema: Liturgie und Mystagogie, vgl. W. Haunerland und A. Saberschinsky (Hg.), Liturgie und Mystagogie, Trier 2007. Dort sind grundlegende Überlegungen zur Mystagogie in der liturgischen Bildung und Praxis dokumentiert.

[9] Vgl. K. P. DANNECKER, Taufe, Firmung und Erstkommunion in der ehemaligen Diözese Konstanz. Eine liturgiegeschichtliche Untersuchung der Initiationssakramente, Liturgiewissenschaftliche Quellen und Forschungen 92, Münster 2005, 108–110; A. HEINZ, Eine neue Chance für das Taufbrauchtum. Brauchtumsfreundliche Impulse in der nachkonziliaren Feier der Kindertaufe, in: M. Klöckener und W. Glade (Hg.), Die Feier der Sakramente in der Gemeinde. FS für Heinrich Rennings, Kevelaer 1986, 169–177.

möglichst rasch nach der Geburt taufen zu lassen, führte zu vielen Krankenhaustaufen.[10]

Dies wurde erst durch die nachkonziliare Neuregelung in der „Feier der Kindertaufe" durchbrochen: „Damit deutlich werde, dass die Taufe ein Sakrament des Glaubens der Kirche ist und in das Volk Gottes eingliedert, soll sie normalerweise in der Pfarrkirche gefeiert werden, die deshalb einen Taufbrunnen haben muss."[11] Außer in begründeten Ausnahmefällen darf nicht mehr im Krankenhaus oder zu Hause getauft werden.[12] Außerdem soll die Taufe „in den ersten Wochen nach der Geburt des Kindes stattfinden"[13], so dass es keinen Zeitdruck mehr gibt.

Die Pfarrkirche mit ihrem sakralen Ambiente und dem Taufbrunnen als hervorgehobenem Ort lässt die Mitfeiernden erahnen, dass etwas Besonderes gefeiert wird. Ein entsprechender Tag – der Sonntag wird vom Rituale empfohlen[14] – unterstreicht dies noch.

Dem Taufbrunnen gebürt ein herausgehobener Platz in der Pfarrkirche, der die Wichtigkeit der Taufe unterstreicht. Er sollte im Blick der ganzen Gemeinde stehen. Für die Taufwasserweihe in der Osternacht sollte er festlich geschmückt werden. Er ist der Ort, an dem man der Taufe gedenkt: In der Osternacht, bei der Erstkommunion oder Firmung wird an diesem Ort das Taufversprechen erneuert. Zum sonntäglichen Taufgedächtnis zu Beginn der Messfeier in der Osterzeit kann der Priester das Taufwasser aus dem Taufbrunnen schöpfen.

Der „Umgang" mit diesem Ort hat eine Botschaft, die mit Worten nur schwer zu vermitteln ist: Ein hervorgehobener Ort für den Taufbrunnen, im Blickfeld der Versammlung, festlich geschmückt und herausgeputzt. Dieser Ort wird den Menschen deutlich machen, dass sich hier das Heil Gottes ereignet. Die Getauften erinnern sich angesichts dieses Ortes daran: Ich bin (hier) getauft, habe das Heil Gottes erfahren.

Diesen Überlegungen stehen konkrete Schwierigkeiten gegenüber. Oft habe ich erlebt: Der Taufbrunnen steht hinten in einem verstaubten Winkel der Kirche. „Der wird bei uns schon seit langem nicht mehr benützt.", heißt es dann zur Erklärung. „Unser Pfarrer tauft

---

[10] Vgl. HEINZ, Taufbrauchtum (s. Anm. 9), 170; Zum Zeitpunkt der Taufe: DANNECKER, Initiationssakramente Konstanz (s. Anm. 9), 98 f.
[11] Die Feier der Kindertaufe in den Bistümern des deutschen Sprachgebietes. Zweite authentische Ausgabe auf der Grundlage der Editio typica altera 1973, Freiburg u. a. 2007; auch: CIC/1983, c. 858.
[12] Vgl. Die Feier der Kindertaufe (s. Anm. 11), Nr. 12–13.
[13] Die Feier der Kindertaufe (s. Anm. 11), Nr. 8,3.
[14] Vgl. Die Feier der Kindertaufe (s. Anm. 11), Nr. 9.

immer auf einem Tisch vor dem Altar". Eine weitere Folge davon: In der Osternacht wird das Taufwasser in Plastikwannen oder anderen provisorischen Gefäßen gesegnet. Auch das spricht eine Sprache. Ich bezweifle, ob sie die Botschaft von der Kostbarkeit und Bedeutung der Taufe wirksam unterstützt.

Eine weitere Schwierigkeit entspringt der immer größeren Mobilität in unserer Gesellschaft. Wohn- und Arbeitsort sind oft nicht gleich, der Ort der menschlichen und gesellschaftlichen Einbindung differiert bisweilen ebenfalls. Viele kennen ihre eigene Pfarrgemeinde nicht. Manchmal ist die Bindung an die Pfarrei aus Kinder- oder Jugendtagen noch so groß, dass man zur Hochzeit oder Taufe dorthin zurückkehrt, obwohl man schon lange nicht mehr dort wohnt. Wie kann Kirche und der Glaube in einer zunehmend heimatlosen Gesellschaft Heimat sein? Am ehesten noch durch persönliche Bindungen, nur eingeschränkt territorial. Die Kirche, der Taufbrunnen: Anstoß für die Sehnsucht nach Heimat, Anstoß für die Suche nach Heimat im Glauben?

Aus unterschiedlichen Gründen wünschen manche Eltern die Taufe ihres Kindes in einer Kapelle, an einem Wallfahrtsort, bisweilen auch an Orten mit besonders eindrücklichen Naturdenkmälern. So sehr diese Orte vielleicht mit persönlich bedeutsamen Erinnerungen verknüpft sind und damit so etwas wie „Heimat" darstellen, so sehr muss in der klug durchgeführten Taufvorbereitung auf die eigentliche Bedeutung des Taufortes in der Pfarrkirche hingewiesen werden.

3.2 Die Wegsymbolik im Ablauf der Tauffeier

Die nachkonziliare „Feier der Kindertaufe" sieht für die vier Teile der Taufe vier verschiedene Orte vor:
- Die Eröffnung am „Eingang der Kirche, oder in dem Teil der Kirche, wo die Eltern und Paten mit den Täuflingen und der übrigen Taufgemeinde sich versammelt haben."[15]
- Den Wortgottesdienst feiert die Taufgemeinde nach der „Feier der Kindertaufe" am „Ort des Wortgottesdienstes"[16], also am Ambo.[17]
- Die Feier des Sakramentes, der eigentliche Taufakt, findet am Taufbrunnen statt.[18]

---

[15] Die Feier der Kindertaufe (s. Anm. 11), Nr. 33.
[16] Vgl. Die Feier der Kindertaufe (s. Anm. 11), Nr. 41.
[17] Leider erwähnt die FKT den Ambo erst beim Effata-Ritus, vgl. Die Feier der Kindertaufe (s. Anm. 11), Nr. 69.
[18] Vgl. Die Feier der Kindertaufe (s. Anm. 11), Nr. 52. Wobei die FKT an dieser Stelle sehr großzügig einen anderen geeigneten Ort in der Kirche ermöglicht, wenn die Anzahl der Mitfeiernden dies erfordert.

– Zum Abschluss der Feier begibt man sich zum Altar.[19]
Der Empfang erfolgt am Eingang der Kirche oder dort, wo sich die Taufgesellschaft versammelt hat. Der Vorsteher und seine Assistenz kommen dorthin: Die Kirche als die Gemeinschaft der Gläubigen trifft sich, um sich gegenseitig Weggeleit zu geben. Der Hirte und Vorsteher geht den Menschen entgegen, um sie weiterzuführen. Der Eröffnungsteil zeigt auch inhaltlich Entgegenkommen: In einem Gespräch, das einem Vorschlag folgen kann oder auch frei geführt werden darf, erkundigt sich der Vorsteher nach Anliegen, Erwartungen und Namen.

Man zieht dann gemeinsam zum Ort des Wortgottesdienstes, also dem Ambo. Dort wird das Wort Gottes verkündet. Gott selber spricht zu seinem Volk. Das Wort Gottes ruft den Glauben hervor, stärkt ihn, lässt ihn wachsen.

Als Antwort auf das Wort Gottes zieht die Taufgemeinde zum Taufbrunnen. Dort findet der eigentliche Taufakt statt, nachdem Absage und Glaubensbekenntnis gesprochen wurden.

Und man geht noch einen Schritt gemeinsam weiter: Der gemeinsame Weg zum Altar zeigt an, dass der Glaube des Kindes wachsen soll und Entwicklung braucht, in der Gemeinschaft der Gläubigen, die mit ihm unterwegs sind. Der Altar steht für den Ausblick auf die Vollendung der Taufe in der Firmung und den Abschluss der Initiation in der Erstkommunion.

Über der ganzen Feier der Tauflliturgie liegt also das Symbol der Wegbegleitung: Kirche versteht sich als Gemeinschaft auf dem Weg zur Vollendung in Christus. Diese Weggemeinschaft soll auf den Strecken zwischen den einzelnen Teilen der Tauffeier von allen gemeinsam erlebt werden. Und die Kirche bietet dieses Weggeleit allen an, die zum Glauben gekommen sind oder Kindern, für deren Glaubenserziehung sich jemand verbürgt. Dieses Motiv hat die frühere Verfahrensweise abgelöst: Der Täufling musste zuerst durch die Exorzismen vom Bösen befreit werden, bevor er in die Kirche kommen konnte. Damit wurde die Schöpfung als gefallen verstanden, die vom Bösen befreit werden muss, bevor sie das Heiligtum betreten darf. Die heutige Kindertaufe sieht die Schöpfung als grundsätzlich gut an, ohne jedoch das Phänomen des Bösen zu unterschlagen.

Auch hier sind Schwierigkeiten anzumerken: Die Gestaltung und Platzierung der liturgischen Orte nicht weniger Kirchen lassen eine solche Feier mit ihren Wegstrecken nicht oder nur schwer zu. Liturgie „in Bewegung" ist für manche Mitfeiernden ungewohnt; verschiedene Ortswechsel setzen die Bereitschaft voraus, den Sitzplatz

---

[19] Vgl. Die Feier der Kindertaufe (s. Anm. 11), Nr. 70.

zu verlassen. Wenn mehrere Kinder getauft werden und die Versammlung größer ist, wird ein Ortswechsel der ganzen Versammlung schwierig. Andererseits wird die Feier der Kindertaufe ihrer dramaturgischen Aussagekraft beraubt oder zumindest stark beschnitten, wenn nicht Lösungen gesucht werden, die liturgischen Orte entsprechend einzurichten und vielleicht auch gegen die Bequemlichkeit die Menschen mit auf den Weg zu nehmen.

3.3 Die Symbolik der Beteiligung ("participatio actuosa") der Mitfeiernden

Für uns ist es heute selbstverständlich, dass bei der Taufe eines Kindes dessen Eltern, die Paten, Verwandte und Freunde und die Gemeinde mit dabei sind. Im Laufe der Geschichte war dies nicht immer so.

Zu Beginn des 16. Jahrhunderts gibt es Zeugnisse von einer recht ansehnlichen Beteiligung bei der Tauffeier. Schon bald danach, in der nachtridentischen Periode kam es zu einer extremen Privatisierung der Taufe.[20] So kam es oft vor, dass zur Taufe lediglich der Priester, die Hebamme und die Paten anwesend waren. Nicht einmal die Eltern waren dabei!

Das hat sich mit der erneuerten Taufliturgie nach dem Zweiten Vaticanum geändert und heute finden sich zu einer Tauffeier selbstverständlich eine kleinere oder größere Schar von Gläubigen ein. Es kann eben nicht sein, dass einer Gemeinschaft neue Mitglieder geboren werden, ohne dass diese Gemeinschaft sich nicht freudig versammelt.

Das Ziel der *participatio actuosa* könnte aus hier nicht näher ausgeführten liturgie- und bildungstheoretischen Gründen so formuliert werden: Liturgie so feiern, dass die Mitfeiernden durch das Tun in das anamnetische Heilsgeschehen mit hineingenommen werden und so erleben, wie sich das Heil in der Mitte der Versammlung ereignet.

Oben haben wir schon das Wegmotiv und das gemeinsame Unterwegssein in der Taufliturgie betrachtet, das als Ausdruck der *participatio actuosa* verstanden werden kann. Hinzu kommen noch: gemeinsames Beten und Singen, der Vortrag von Lesung und Fürbitten, die Antworten der Gemeinde bei den Fürbitten und der Litanei, die verschiedenen zur Wahl stehenden Akklamationen beim Taufwasserweihegebet bzw. Lobpreis über das Wasser und nach dem Taufakt. Die wichtigste Beteiligung der Mitfeiernden, insbesondere der

---

[20] Vgl. DANNECKER, Initiationssakramente Konstanz (s. Anm. 9), 125 f.; 132; 317–320; A. GESTRICH, J.-U. KRAUSE und M. MITTERAUER, Geschichte der Familie. Europäische Kulturgeschichte 1, Stuttgart 2003; HEINZ, Taufbrauchtum (s. Anm. 9), 171.

Eltern und Paten des Täuflings, ist die Absage und das Glaubensbekenntnis unmittelbar vor der Taufe. Sie bringen den Glauben zum Ausdruck, der in der Taufe ganz ausdrücklich seine sakramentale Bestätigung erfährt. Die Eltern und Paten sind bei verschiedenen Handlungen beteiligt: Sie bekreuzigen zu Beginn der Feier das Kind, sie halten das Kind, ziehen das Taufgewand an und zünden die Taufkerze an.

Durch dieses Mittun sollen sich die Mitfeiernden als Träger der Liturgie erfahren, als Adressaten und Protagonisten zugleich, als eingebunden in das Heilsereignis, das sich in der Feier der Taufe an den Täuflingen ereignet.[21] Die Mitfeiernden sollen durch ihre *participatio actuosa* erfahren, dass sie selbst in der Liturgie vorkommen.

Aber: Ist das nicht bisweilen eine Überforderung auf beiden Seiten? Das Erklären der Liturgie ist keine Lösung, sie soll ja aus sich heraus sprechen.[22] Und die Liturgie kann auch nicht bis zur Unkenntlichkeit an die Bedürfnisse der jeweiligen Feiernden angepasst werden, die u. U. recht eigene Vorstellungen von Liturgie haben. Trotzdem bietet der derzeitige Taufritus viele Möglichkeiten, die recht leicht umgesetzt werden könnten. Eigenartigerweise geschieht das oft nicht, z. B. wenn der Vorsteher die Lesung und Fürbitten selber vorträgt oder auf die Beteiligung der Mitfeiernden durch Akklamationen verzichtet.

3.4 Ausgewählte Elemente

Auf ausgewählte Elemente der Taufliturgie soll näher eingegangen werden, die m. E. die Mitfeiernden besonders gut einbinden und nonverbal das „Gesicht Christi" aufscheinen lassen, also die Theologie der Tauffeier deutlich werden lassen.

3.4.1 Die Bezeichnung mit dem Kreuzzeichen

Die Feier der Kindertaufe sieht die Bezeichnung des Täuflings mit dem Kreuzzeichen auf der Stirn wie das lateinische Modellrituale zu Beginn der Feier nach dem Gespräch mit den Eltern und Paten vor.[23]

---

[21] Vgl. zur participatio actuosa in Auswahl: A. GERHARDS und B. KRANEMANN, Einführung in die Liturgiewissenschaft, Darmstadt 2006, 106 f.; J. K. RATZINGER, Der Geist der Liturgie. Eine Einführung, Freiburg i. Br. u. a. 2000, 147–152; H. SCHMIDT, Die Konstitution über die heilige Liturgie. Text – Vorgeschichte – Kommentar, Freiburg i. Br. 1965, 201–206.
[22] Vgl. SC 34.
[23] Die bisherige Ausgabe hatte als deutsche Sonderlösung die Bezeichnung mit dem Kreuz nach Lesung und Homilie vorgesehen, vgl. Die Feier der Kindertaufe in den katholischen Bistümern des Deutschen Sprachgebietes, hg. im Auftrag der Bischofskon-

Die Signatio, also die Bezeichnung mit dem Kreuz, gehört zur ältesten Schicht der Katechumenatsriten, sie war in alter Zeit exorzistisch geprägt und wurde zumeist an Stirn und Brust vollzogen.[24]

Das Begleitwort in der Feier der Kindertaufe 2007 lässt nur eine indirekte Deutung zu: „N. und N., mit großer Freude empfängt euch die Gemeinschaft der Glaubenden. Im Namen der Kirche bezeichne ich euch mit dem Zeichen des Kreuzes. Auch eure Eltern und Paten werden dieses Zeichen Jesu Christi, des Erlösers, auf eure Stirn zeichnen."[25] Das Kreuz ist also als „Zeichen Christi" das Zeichen all derer, die zu ihm gehören. Obwohl hier keine Deutung als Segenszeichen erfolgt, ist es doch als glückliche Lösung anzusehen, dass Eltern und Paten dazu eingeladen werden, das Kind mit dem Kreuz zu bezeichnen: 1. Ist das Kreuz das Zeichen aller Christen, also auch der Eltern und Paten. 2. Knüpft die Bezeichnung mit dem Kreuzzeichen an den alten Brauch des „Versiegelns" an, der auch im Gotteslob empfohlen wird: Es rät, den Kindern am Abend oder beim Abschied aus dem Haus ein kleines Kreuz auf die Stirn zu zeichnen.[26] Die Taufliturgie kann also eine Anleitung sein, diesen Brauch weiter zu pflegen. Die Liturgie weist so über sich hinaus und das abendliche Tun weist wieder zurück auf die Taufe: Ein Mensch ist einbeschrieben in den Schutz, in den Segen Gottes, der in diesem Zeichen Christi seinen Ausdruck findet.

Weil vielen Eltern der Brauch des abendlichen „Versiegelns" nicht mehr bekannt ist, kann er beim Taufgespräch erläutert werden. Die Verwendung in der Tauffeier kann zu einer Wiederbelebung führen. Bei einer Tauffeier sind oft weitere Kinder anwesend. Auch diese Kinder könnten vom Vorsteher der Feier oder ihren Eltern bezeichnet werden, wodurch das „Versiegeln" wieder erinnert wird, auch bei den Eltern und Großeltern.

3.4.2 Die Taufwasserweihe und der Taufort

Spätestens mit dem Tsunami ist vielen wieder die bedrohliche Gefahr des Wassers bewusst geworden. Die Taufe arbeitet mit diesem Element und deutet es als Zeichen des Lebens, ja des göttlichen Lebens. Deshalb muss in der Taufwasserweihe die heilende und lebensspendende Funktion des Wasser herausgehoben werden. Die Feier der Kindertaufe sieht für den Lobpreis und die Anrufung Gottes über

---

ferenzen Deutschlands, Österreichs und der Schweiz und des Bischofs von Luxemburg, Freiburg i. Br. 1971, Nr. 15.
[24] DANNECKER, Initiationssakramente Konstanz (s. Anm. 9), 186–191.
[25] Die Feier der Kindertaufe (s. Anm. 11), Nr. 39.
[26] GL 50.1; vgl. ebd 21.5; 56. Vgl. HEINZ, Taufbrauchtum (s. Anm. 9), 173.

dem Wasser verschiedene Formen vor. Die im Taufordo enthaltene Form ist das Taufwasserweihegebet, das vom Messbuch in der Osternacht vorgesehen ist. Es beschreibt ausführlich Gottes Heilswirken und charakterisiert das Wasser als Zeichen des Lebens und der Auferstehung.[27] Die in der bisherigen Feier der Kindertaufe im Ordo selbst enthaltenen Auswahltexte wurden in der neuen Feier der Kindertaufe in den Anhang ausgegliedert. Sie sind wesentlich knapper gefasst, lassen aber die lebensspendende Funktion des Wassers durch den lebendigen Vollzug mit (gesungenen) Akklamationen zu.[28]

Darüberhinaus kann auch die Gestaltung des Taufbeckens aussagekräftig sein: Taufbrunnen, die tatsächlich als Brunnen gestaltet sind und aus denen lebendiges Wasser hervorsprudelt, sind als Zeichen des Lebens unmittelbar verständlich.[29]

3.4.3 Der Taufakt

Die Feier der Kindertaufe sieht den zentralen Akt der Taufspendung nach der Taufwasserweihe bzw. dem Lobpreis und der Anrufung Gottes über dem Wasser, Absage und Glaubensbekenntnis der Eltern und Paten und dem Glaubensbekenntnis der gesamten Versammlung vor.[30] Dazu heißt es: „Der Zelebrant bittet die Tauffamilien nacheinander an den Taufbrunnen heranzutreten. Die Mutter oder der Vater trägt das Kind. Gegebenenfalls werden die Kinder jetzt entkleidet."[31] Nach der erneuten Frage nach dem Taufwunsch rubriziert die Feier der Kindertaufe: „Wo es möglich ist, kann das Kind durch Untertauchen getauft werden. Wenn durch Übergießen getauft wird, kann das Kind in das Taufbecken gesetzt oder von der Mutter oder dem Vater über das Taufbecken gehalten werden. Der Zelebrant schöpft Wasser aus dem Taufbecken und übergießt das Kind mit Wasser. Dabei spricht er: Z: N., ich taufe dich im Namen des Vaters (erstes Untertauchen oder Übergießen) [...]"[32] Sofort nach der Taufe

---

[27] Vgl. Die Feier der Kindertaufe (s. Anm. 11), Nr. 54; E. NAGEL, „Lebendiges Wasser". Ein Kommentar zu „Lobpreis und Anrufung Gottes über dem Wasser", in: W. Haunerland/E. Nagel (Hg.) Den Glauben weitergeben. Werkbuch zur Kindertaufe, Trier 2008, 112–115.
[28] Vgl. FKT 2007, Nrr. 225–226.
[29] Vgl. Die Feier der Kindertaufe. Pastorale Einführung, hg. vom Sekretariat der Deutschen Bischofskonferenz (Arbeitshilfen 220), Bonn 2008, Nr. 39–40; Vgl. auch Die Feier der Kindertaufe (s. Anm. 11), Praenotanda, Nr. 20*–23*; Beispiele für die Taufbrunnen mit fließendem Wasser finden sich in Trier, Pfalzel, Manderscheid, Bad Hersfeld, Passadena/Texas (USA), Rom u. v. a. m.
[30] Vgl. Die Feier der Kindertaufe (s. Anm. 11), Nr. 53–59.
[31] Die Feier der Kindertaufe (s. Anm. 11), Nr. 60.
[32] Die Feier der Kindertaufe (s. Anm. 11), Nr. 62.

schlägt die Feier der Kindertaufe vor: „Die Gemeinde kann außerhalb der österlichen Bußzeit einen Halleluja-Ruf singen. Sie kann auch einen anderen geeigneten Gesang anstimmen."[33] Diese rubrikalen Anweisungen lassen Fragen offen. Zwar wird die Taufe durch Ein- bzw. Untertauchen erfreulicherweise zuerst genannt. Aber wie soll dies genau geschehen? Warum werden die Paten – im Gegensatz zur bisherigen Ausgabe der Feier der Kindertaufe, wo sie die rechte Hand auf das Kind legten[34] – an dieser Stelle des Taufritus nicht einmal erwähnt? Was tut der Elternteil, der nicht das Kind trägt? Diese und weitere Detailfragen möchte ich zunächst zurückstellen und die geschichtliche Entwicklung des Taufaktes skizzieren, um den tiefen (mystagogischen) Sinn dieser Handlungen zu erhellen.

Im frühen Christentum bis ins 15. Jahrhundert wurde die Taufe durch Untertauchen gespendet, die sog. Immersions- oder Submersionstaufe.[35] Diese Form der Taufe drückt am deutlichsten aus, dass in der Taufe ein Mensch in den Tod Christi eingetaucht (getauft) wird und damit der alte Mensch mit Christus stirbt und das neue Leben mit Christus aufersteht, also ein Christ geboren wird.[36] Deshalb war in der Alten Kirche bis ins Mittelalter hinein das Hinabsteigen in den Taufbrunnen, das Ins-Wasser-Eingetaucht-Werden sowie das Wiederaufgerichtet und Neu-Bekleidet-Werden bei der Feier der Taufe als Transitus vom Tod zum Leben unverzichtbar.[37] Der Übergang von der Immersionstaufe, der Taufe durch Untertauchen, zur Infusionstaufe, der Taufe durch Übergießen, erfolgte im deutschen Sprachraum fast überall im 16. Jahrhundert und wurde mit den Gefahren begründet, die mit einer Taufe durch Untertauchen verbunden wurden.[38]

Die aktuelle Feier der Kindertaufe sieht ausdrücklich die Taufe durch Untertauchen vor. Es gibt verschiedene Beispiele, wie dies in Pfarreien umgesetzt wird. Die Taufe durch Untertauchen setzt einen entsprechenden Taufbrunnen voraus. Er stellt den Raum für die sprechende Symbolhandlung der Taufe dar: Das Hinabsteigen in den Tod mit Christus und die Auferstehung mit ihm zum neuen Leben. Hier wird sichtbar: Ein Mensch steigt die Stufen hinunter, geht unter und steigt die Stufen neugeschaffen wieder hinauf. Dieser Ort

---

[33] Die Feier der Kindertaufe (s. Anm. 11), Nr. 63.
[34] Vgl. Die Feier der Kindertaufe 1971 (s. Anm. 23), Nr. 28.
[35] Vgl. R. MESSNER, Einführung in die Liturgiewissenschaft. UTB für Wissenschaft 2173, Paderborn u. a. 2001, 81.
[36] Vgl. Röm 6,3–11; I. PAHL, Das Paschamysterium in seiner zentralen Bedeutung für die Gestalt christlicher Liturgie, in: LJ 46 (1996) 71–93.
[37] Vgl. PAHL, Paschamysterium (s. Anm. 36), 87.
[38] Vgl. DANNECKER, Initiationssakramente Konstanz (s. Anm. 9), 269–273.

ist auch bei anderen Gelegenheiten wie z.B. in der Osternacht, bei der Firmung und Erstkommunion oder beim sonntäglichen Taufgedächtnis ein gut wahrnehmbares Zeichen zur Tauferinnerung. Der konkrete Vollzug ist zumeist ungewohnt, aber durch viele Beispiele gut belegt und völlig unkritisch.[39] Die Pfarreien, die diese ausdrucksstarke Weise der Taufe vollziehen und einen entsprechenden Taufort haben, berichten von einem gewachsenen Taufbewusstsein in der Pfarrrei.[40]

Auch wenn die Taufe durch Übergießen erfolgt, kann deren Symbolik gewinnend eingesetzt werden. Wird bei der Taufe durch Untertauchen eher die Symbolik des Sterbens und Auferstehens mit Christus verdeutlicht, ist beim Übertauchen der Reinigungsaspekt im Vordergrund. Ein Taufbrunnen – womöglich mit fließendem Wasser – mit einem großen Becken, aus dem Wasser geschöpft werden kann, erhellt die Zeichenhandlung der Taufe eindrücklich.[41] Wenn das Kind richtig nass wird und das Wasser hörbar zurückfließt, wird deutlich, dass die Taufe etwas mit Wasser, Waschung und Reinigung zu tun hat. Eine so vollzogene Taufe spricht eine andere symbolische Sprache als diejenige, bei der das in einer Kanne gesegnete Wasser tropfenweise über den Kopf des Täuflings gegossen und mit einer vielleicht künstlerisch noch so wertvollen Schale aufgefangen wird.

Die sorgfältig ausgewählte Akklamation – das Rituale schlägt ein Halleluja oder einen anderen Gesang vor – hilft den Mitfeiernden unmittelbar nach dem Taufakt, die Tiefe des Vorgangs bewusst zu erleben und die Freude auszudrücken. Dies ist besonders dann zu beherzigen, wenn die Taufe durch Übergießen gefeiert wird und daher rituell weniger ausdrucksstark ist. Der schlichte rituelle Taufakt wird durch die Akklamation aufgewertet und seiner entscheidenden Bedeutung entsprechend hervorgehoben.

In der pastoralen Einführung betonen die Bischöfe des deutschen

---

[39] Vgl. E. NAGEL, Wie neu geboren. Eine Taufe durch Eintauchen, in: Haunerland/Nagel (Hg.), Den Glauben weitergeben (s. Anm. 27), 127–128; M. BODENSOHN, Das Untertauchen als primäre Form der Säuglingstaufe. Zum „Tauchreflex" der Säuglinge, in: Haunerland/Nagel (Hg.), Den Glauben weitergeben (s. Anm. 27), 134–135.

[40] Vgl. O. RICHTER, Anamnesis – Mimesis – Epiklesis: Religiöse Bildung am Gottesdienst. Liturgietheoretische Grundlagen in praktisch-theologischer Perspektive (Diss.), Leipzig 2004, 310–314; A. REDTENBACHER, Quelle des Lebens. Was eine neue Taufstätte für eine Gemeinde bedeuten kann, in: Haunerland/Nagel (Hg.), Den Glauben weitergeben (s. Anm. 27), 129–133; Videofilm: „This is the night", hg. v. d. Erzdiözese Chicago, 1992.

[41] Die Praenotanda in der „Feier der Kindertaufe" und die Pastorale Einführung der deutschsprachigen Bischöfe erwähnen einen Taufort in der Pfarrkirche, an dem durch Untertauchen und Übergießen getauft werden kann, Die Feier der Kindertaufe sogar den Taufbrunnen „mit fließendem oder stehendem Wasser", vgl. Die Feier der Kindertaufe (s. Anm. 11), Nr. 25*; Pastorale Einführung (s. Anm. 29), Nr. 42.

Sprachraumes die Rolle der Paten bei der Begleitung des Kindes auf seinem Glaubens- und Lebensweg. Ggf. kann sogar eine Begleiterin oder ein Begleiter aus der Gemeinde zusätzlich hinzugenommen werden, um diese Aufgabe wahrzunehmen. Das Patenamt soll auch in der liturgischen Feier seinen Ausdruck finden.[42] Trotzdem werden die Paten beim zentralen Taufakt in der neuen FKT nicht erwähnt. Die bisherige FKT sah in den Rubriken vor, dass die Paten als Zeichen der Verbundenheit und der Übernahme des Patenamtes während des Taufaktes die rechte Hand auf das Kind legen können. Dies reflektiert auch die wichtige Stellung, die die Paten bei der Kindertaufe lange Zeit innehatten, weil die Eltern bei der Taufe nicht teilnehmen konnten und durch sie vertreten wurden.[43] Insofern kann der Vorschlag der bisherigen FKT, die Paten während des zentralen Taufaktes die rechte Hand auf das Kind legen zu lassen, nach wie vor angewendet werden. Für den Elternteil, der das Kind nicht trägt, ist das ebenfalls eine sprechende Geste der Teilhabe an diesem wichtigen Akt.

3.4.4 Die Salbungen

Bei der Kindertaufe sind zwei Salbungen vorgesehen: Die Salbung mit Katechumenenöl am Ende des Wortgottesdienstes vor dem Taufakt und die Salbung mit Chrisam unmittelbar nach dem Taufakt.

Weil die präbaptismale Salbung von den Gläubigen nicht verstanden werden könnte, haben die deutschen Bischöfe ihre Anwendung freigestellt. Im Gegensatz zur bisherigen „Feier der Kindertaufe" sieht die neue Ausgabe auch für den Fall, dass die Salbung unterbleibt, ein Deutewort vor, das der Zelebrant spricht, bevor er einzeln die Hände auflegt.

Die Freistellung der Katechumenenölsalbung entspringt der Sorge, dass diese nicht verstanden werden könnte. Die antiken Ringkämpfer haben sich eingeölt, um für den Gegner nicht greifbar zu sein und waren der Auffassung, dass das Öl die Muskeln stärkt. In der Tat ist diese Vorstellung uns heute fremd. Die Anwendung von Salben und Ölen kommt hingegen heute recht häufig vor: Sonnen-

---

[42] Vgl. Die Feier der Kindertaufe. Pastorale Einführung (s. Anm. 29), Nr. 22–25.
[43] Ab spätestens dem 15./16. Jh. bis zur Mitte des 20. Jh. wurden die Kinder möglichst bald nach der Geburt getauft. Deshalb konnte die Mutter nicht dabei sein, die Teilnahme des Vaters galt als schlechtes Zeichen. Die Paten waren für die Taufe verantwortlich und mussten das Kind zur Taufe bringen. Die Übernahme des Patenamtest erfolgte rechtskräftig durch das Entgegennehmen des Kindes vom Priester nach dem Untertauchen („Aus der Taufe heben"), vgl. DANNECKER, Initiationssakramente Konstanz (s. Anm. 9), 120f.

schutzöl, Hautschutz- und Pflegecremes, Salben zur Linderung von Schmerzen, zur Versorgung von Wunden oder zu kosmetischen Zwecken sind jedem bekannt und vertraut. Insofern ist eine Salbung zum Schutz oder zur Stärkung auch heute ein sehr sprechendes Zeichen, das nicht ohne Not ausgelassen werden sollte. Die Begründung, die Salbung mit Katechumenenöl würde nur für Menschen sinnvoll sein, die auch ein Katechumenat machen, ist nicht stichhaltig: Die Bezeichnung „Katechumenenölsalbung" heißt nicht, dass sich die mit der Salbung verbundene Stärkung lediglich auf die Zeit des Katechumenats bezieht. Das heutige Deutewort[44] hat wie auch die Deuteworte aus der Geschichte der Tauffeier keinen ausschließlichen Bezug auf die Zeit des Katechumenats. Es geht um die Stärkung und den Schutz des ganzen Lebens des Täuflings, keineswegs nur bis zur Taufe.[45]

Die Salbung mit Chrisam unmittelbar nach dem Taufakt gehört zu den sog. „Ausdeutenden Riten", die das Taufgeschehen verdeutlichen. Entsprechend charakterisiert das Deutewort zur Chrisamsalbung die Taufe als Befreiung von der Erbschuld, Vermittlung neuen Lebens, Aufnahme in das Volk Gottes und Teilhabe an den Munera Christi, also dem Priester-, König- und Prophetentum Christi.[46] Diese Salbung ist nicht in die Enscheidungsfreiheit des Zelebranten gestellt, sondern gehört konstitutiv zur Feier der Taufe. Von ihrer Bedeutung her ist sie allerdings nicht so leicht zugänglich wie die präbaptismale Schutz- und Stärkungssalbung. Der Sinn erschließt sich auf doppelte Weise: Christus ist im wörtlichen Sinn der „Gesalbte", deshalb wird bei der Taufe jeder Neugetaufte Mensch gesalbt, um so auch in dieser Weise Christus, dem Gesalbten, ähnlich zu werden. Die Christusförmigkeit bleibt eine lebenslange Aufgabe. Eine andere Zugangsweise zum Sinn der Salbung geht über das dabei verwendete Öl. Es wird aus Olivenöl und Balsam bereitet,[47] also gut duftenden Substanzen, die den Wohlgeruch Christi verdeutlichen, der dem Getauften anhaftet.

Aus diesen Überlegungen ergeben sich Folgen für den konkreten

---

[44] „Durch diese Salbung stärke und schütze euch die Kraft Christi, des Erlösers, der lebt und herrscht in alle Ewigkeit.", Die Feier der Kindertaufe (s. Anm. 11), Nr. 50.
[45] Vgl. DANNECKER, Initiationssakramente Konstanz (s. Anm. 9), 260–266.
[46] „Der allmächtige Gott, der Vater unseres Herrn Jesus Christus, hat euch von der Schuld Adams befreit und euch aus dem Wasser und dem Heiligen Geist neues Leben geschenkt. Aufgenommen in das Volk Gottes werdet ihr nun mit dem heiligen Chrisam gesalbt, damit ihr für immer Glieder Christi bleibt, der Priester, König und Prophet ist in Ewigkeit.", Die Feier der Kindertaufe (s. Anm. 11), Nr. 65.
[47] Vgl. B. KLEINHEYER, Sakramentliche Feiern I. Die Feiern der Eingliederung in die Kirche. Gottesdienst der Kirche. Handbuch der Liturgiewissenschaft 7,1, Regensburg 1989, 205. 225.

Vollzug der Salbung mit Katechumenenöl und Chrisam. Die Feier der Kindertaufe beschreibt beides nur knapp: „Die Kinder werden an der Brust mit Katechumenenöl gesalbt."[48] heißt es bei der Katechumenenölsalbung und „Danach salbt der Zelebrant jedes einzelne Kind schweigend mit Chrisam auf dem Scheitel."[49] bei der Salbung mit Chrisam. Über die Form der Salbung, die verwendete Menge an Öl und weitere Details schweigen die Rubriken. Häufig ist zu beobachten, dass der Zelebrant den Daumen der rechten Hand in ein Gefäß mit einem ölgetränkten Wattebausch taucht und dann kreuzförmig die Salbung vollzieht. Bisweilen wird das Öl sofort wieder mit einem Wattebausch abgewischt. Diese Art der Salbung lässt die tiefe Symbolik nicht recht deutlich werden. Hier wird eine Vorgehensweise vorgeschlagen, die die Salbungen sinnenfälliger werden lässt, um sie aus sich selber heraus sprechen zu lassen. Der Zelebrant könnte das Öl zunächst aus dem Vorratsgefäß auf seine rechte Hand gießen. Das hat zwei Vorteile: Für die Mitfeiernden wird das Öl sichtbar und es wird durch den Kontakt mit der Hand vortemperiert. Die Applikation erfolgt dann auf der Brust bzw. auf dem Scheitel mit der ganzen Hand. Das Öl bleibt auf den Stellen sichtbar, es zieht mit der Zeit in die Haut ein. Ein sprechendes Zeichen für die eindringende Gnaden- und Heilswirkung, die sich untrennbar mit dem Menschen verbindet. Zudem werden vor allem bei der Chrisamsalbung auf dem bei Kindern gut durchbluteten und dadurch warmen Kopf die Duftstoffe des Chrisams freigesetzt. Der Wohlgeruch Christi wird für alle deutlich. Voraussetzung dafür ist natürlich die Verwendung einer entsprechenden Menge an Chrisam, der tatsächlich wohlriechend sein muss und nicht verdorben sein darf.

3.4.5 Weitere Zeichenhandlungen

Das bisher Gesagte kann auf die weiteren Zeichenhandlungen der Tauffeier und anderer liturgischer Feiern übertragen werden. Diese Zeichen sollten so vollzogen werden, dass sie aus sich heraus sprechen. Dazu bedarf es des Einsatzes der ihnen eigenen Zeichenhaftigkeit. Leider wird diese durch einen unüberlegten Vollzug bisweilen verstellt. Gut meinende Zelebranten versuchen dann diese Zeichen zu erklären. Das widerspricht der liturgischen Zeichenhandlung allein schon deshalb, weil die Liturgie die Zeichen durch Begleitworte selber deutet und – wie z. B. bei der Taufwasserweihe ausgeführt – in den Zusammenhang des Heilswirkens Gottes stellt. Erklärungen

---
[48] Die Feier der Kindertaufe (s. Anm. 11), Nr. 50.
[49] Die Feier der Kindertaufe (s. Anm. 11), Nr. 65.

doppeln also die Deutworte und konterkarrieren die Liturgie, die so gefeiert werden will, dass sie aus sich heraus spricht.[50]

Deshalb sollte das weiße Gewand bei den ausdeutenden Riten auch tatsächlich angezogen werden und nicht nur, wie es häufig geschieht, für ein paar Sekunden aufgelegt werden. Das richtige Anziehen ist sicherlich aufwändiger, aber auch sprechender. Das Begleitwort deutet die Bekleidung mit dem weißen Gewand als Anziehen Christi.[51] Dafür sollte man sich Zeit lassen.[52]

Nach den Rubriken in der neuen „Feier der Kindertaufe" reicht der Zelebrant die brennende Osterkerze zum Anzünden der Taufkerzen.[53] Diese Präzisierung der bisherigen Beschreibung ist ein begrüßenswerter Gewinn. Häufig war die Praxis dadurch bestimmt, dass der Vater alleine zur Osterkerze ging und die Taufkerze angezündet hat. Das Darreichen der Osterkerze durch den Zelebranten erinnert deutlicher an die Osternacht. Wenn die in der „Feier der Kindertaufe" 2007 erwähnte Möglichkeit genutzt wird, das Licht an die anderen anwesenden Kinder und die übrige Gemeinde weiterzugeben, wird die Verbindung zur Osternacht noch deutlicher unterstrichen. Die Aufnahme des Kindes unter die Kinder des Lichtes kommt damit sinnenfällig zum Ausdruck.

Der freigestellte Effata-Ritus kann, „wo die Umstände es nahelegen, [...] auch am Ambo vollzogen werden, besonders wenn der Wortgottesdienst dort gefeiert wurde."[54] Aus der Symbolik des Ambo heraus sollte der Wortgottesdienst der Tauffeier selbstverständlich dort gefeiert werden. Der Glaube, den jede Feier eines Sakramentes voraussetzt, kommt vom Hören des Wortes Gottes (vgl. Röm 10,17). In der Feier des Wortes Gottes wird das Heil Gottes gegenwärtig und für die Versammelten greifbar. Der Ambo ist der Ort der Schriftverkündigung und damit der Ort, an dem das Heilswerk Gottes in seinem Wort gegenwärtig wird.[55] Der Ambo sollte deshalb in seiner Würde respektiert und zur Wortverkündigung – und nur dazu – verwendet werden, in der Tauffeier wie in allen anderen liturgischen Feiern.

---

[50] Vgl. SC 34.
[51] Vgl. Die Feier der Kindertaufe (s. Anm. 11), Nr. 66.
[52] Vgl. E. NAGEL, „Übergeben" oder anziehen? Für einen sinnvollen Umgang mit dem Taufkleid, in: Haunerland/Nagel (Hg.), Den Glauben weitergeben (s. Anm. 27), 136–137.
[53] Vgl. Die Feier der Kindertaufe (s. Anm. 11), Nr. 67.
[54] Die Feier der Kindertaufe (s. Anm. 11), Nr. 69.
[55] Vgl. K. P. DANNECKER, Der Ambo – Überlegungen zur Entwicklung, Gestalt und Bedeutung eines liturgischen Ortes, in: R. Pacik und A. Redtenbacher (Hg.), Protokolle zur Liturgie. Veröffentlichungen der Liturgiewissenschaftlichen Gesellschaft Klosterneuburg, Band 1, Würzburg 2007, 31–49.

4. Schluss

Zu Beginn dieses Beitrages stand der Wunsch des Papstes, den Menschen das Gesicht Christi aufscheinen zu lassen. Gott ist uns Menschen in Jesus Christus begegnet. Dazu hat er sich ganz auf unsere Menschennatur und die Gegebenheiten des menschlichen Lebens eingelassen. Diesen Weg Gottes zu den Menschen geht Gott immer wieder neu in der Liturgie. Deshalb zeigt sich in der Liturgie auf besondere Weise das Gesicht Christi.

Ziel der Liturgie muss es deshalb sein, dieses Gesicht Christi deutlich aufscheinen zu lassen, eine Begegnung mit dem menschenfreundlichen Gott zu ermöglichen. Die vorstehenden Überlegungen haben versucht, die Symbolik der Taufliturgie zu erschließen und aufzuzeigen, wie es gelingen kann, sie in der Feier so umzusetzen, dass sie Menschen, von welchem Glaubenshintergrund sie auch herkommen, ansprechen. Dabei darf die Liturgie nicht der Gefahr der Pädagogisierung erliegen. Liturgie ist vom Wesen her zweckfrei. Sie setzt das Heilswerk Gottes gegenwärtig. Und das mit allen Sinnen ganzheitlich erlebbar. Die Kindertaufe wird mit und von Menschen gefeiert, die auf der Suche sind. Das neue Leben des Kindes verweist wie von selbst auf den Schöpfer. Die Faszination des Lebens lässt unwillkürlich fragen nach dem Woher und Wohin. So nonverbal sich diese Fragen im Anblick eines Neugeborenen stellen, so eröffnet die Taufliturgie einen Weg auf der Suche nach Antworten in ihren Symbolen und Handlungen. Das kann gerade für Menschen wichtig sein, die im Glauben wenig verankert sind. Und gerade für diese Menschen kann die Bewahrung des Rituellen und damit die Bewahrung des Ritus Heimat und Schutzraum bieten. Die Liturgie der Kindertaufe eröffnet oder beschreibt einen Such-Weg im Glauben der Kirche. Und dieser Weg zeigt das Gesicht Christi.

Heute Kinder taufen

Erkenntnisse und Aufgaben[1]

Jürgen Bärsch

Über vier Tage hinweg haben wir die Feier der Kindertaufe in den Mittelpunkt unseres gemeinsamen Bedenkens und Diskutierens gestellt. Sich damit so lange und intensiv zu beschäftigen, erscheint mir insofern gerechtfertigt, da doch die Taufe das grundlegende und das erste der Initiationssakramente ist und zusammen mit der Eucharistie in der Sprache der klassischen Theologie als „sacramentum maior" bezeichnet werden kann. Ich meine, dass auch in der gegenwärtigen pastoralen Situation vieler Gemeinden die Auseinandersetzung mit dem grundlegenden Sakrament der Taufe auf die zentralen Fragen, Konfliktherde und auch möglichen Perspektiven zielt. Dies ist mir in dieser Woche noch einmal sehr bewusst geworden, und ich habe neu verstehen gelernt, wieso die Christen der ersten Jahrhunderte auf die Frage nach dem wichtigsten Sakrament in ihrem Leben, nicht die Eucharistie, sondern die Taufe genannt haben.

Denn am Sakrament der Taufe entscheidet sich alles: die Frage nach dem Verhältnis von persönlichem Leben und christlichem Glauben, die Frage nach einer angemessenen, den Alltag prägenden christlichen Lebensgestaltung, die Frage nach Einheit und Spannung in der Beziehung zwischen dem einzelnen Christen und der Gemeinschaft der Kirche – um nur einige Aspekte anzusprechen. Sie alle lassen sich theologisch und pastoral bündeln, wenn wir nach der Bedeutung und der praktischen Lebensrelevanz der Taufe suchen. Vor diesem Hintergrund tritt der theologische Sonderfall Säuglingstaufe, der faktisch zum Normalfall in unseren Gemeinden geworden ist, noch einmal schärfer hervor. Im Folgenden möchte ich versuchen, einige Aspekte der vergangenen Tage in Erinnerung zu rufen und die Konturen im Blick auf die Theologie und Praxis der Kindertaufe und der Gesamtinitiation noch etwas zu verdeutlichen.

Als Ausgangspunkt und Impuls für diese Tage haben wir zu Beginn der Woche das erneuerte Rituale für die Feier der Kindertaufe betrachtet, die Hintergründe seiner Entstehung kennen gelernt, seine

---

[1] Der abschließende Vortrag der Sommerakademie versuchte, die Erkenntnisse, Erfahrungen und Diskussionen der vergangenen Tage aufzunehmen, zu bündeln und auf mögliche Perspektiven hin zu bedenken. Die hier gebotene, für den Druck sprachlich überarbeitete Fassung stützt sich auf das stichwortartige Redemanuskript des Verfassers. Der Charakter der gesprochenen Rede ist dabei beibehalten.

Anstöße für eine möglichst noch bessere Praxis gewürdigt, aber auch seine Grenzen wahrgenommen. Am Dienstag standen zunächst einige wichtige Etappen in der Geschichte der Kindertaufliturgie vor uns, um sichtbar zu machen, welche Faktoren diese Form der Initiation begünstigt, gestützt und legitimiert haben. Daran anknüpfend haben wir die ökumenischen Perspektiven für eine Theologie der (Kinder-)Taufe bedacht und am Nachmittag die kirchenrechtlichen Fragen rund um die Kindertaufe diskutiert, um schließlich einen Blick in die Kindertaufpraxis der evangelischen Kirche zu werfen. Der Mittwochvormittag galt der Sakramentenpastoral: Wir haben uns einführen lassen in die gegenwärtigen Probleme der Kindertaufpastoral in unserem Land und gefragt, welche Aufgaben denn für die Zukunft anstehen. Daran schloss sich der Blick über die Landesgrenze in unser Nachbarland Frankreich an, um kennenzulernen, wie hier die Kindertaufe in die Sakramentenpastoral eingebunden ist. Am Nachmittag konnten wir verschiedene Tauforte in Trier (Konstantinbasilika, St. Gangolf, Stiftskirche Trier-Pfalzel und St. Matthias) besuchen, um zu sehen, wie sehr sich die Gestaltung des Taufortes auf die Feier und Präsenz der Taufe in der Gemeinde auswirkt.

Gestern haben wir zunächst die Frage gestellt, wie denn aus der Taufe als Familienfeier im Gottesdienst eine Feier der Ortsgemeinde werden könnte, um dann noch einmal einen Schritt weiterzugehen und die Taufe als Sakramentenfeier in die weiteren liturgischen Formen des Taufgedächtnisses einzubinden, um so nach der umfassenderen Taufwirklichkeit in unseren Pfarrgemeinden zu fragen. Der Nachmittag stand im Zeichen der konkreten Praxis: Musik in der Tauffeier, die Feier der Trauung anlässlich der Kindertaufe, Verkündigung und Homilie, die Zeichenwelt der Taufliturgie.

Wenn ich jetzt versuche, diese Woche zusammenzufassen und mit Ihnen einen Ausblick zu wagen, kann dies nicht rein objektiv sein. Vielmehr möchte ich Ihnen meine Eindrücke, Fragen und Anstöße weitergeben und verbinde damit die Einladung, sich selbst zu fragen: Habe ich das auch so wahrgenommen? Sind das auch meine Erkenntnisse und Einsichten? Sind mir andere Überlegungen wichtiger geworden? Möchte ich vielleicht etwas dagegensetzen, was für mich zentral ist? Deshalb will ich einige mir in den vergangenen Tagen wichtig gewordene Stichworte aufgreifen und versuchen, erste Konsequenzen zu bedenken und Perspektiven anzudeuten.

1. Spannungen und Differenzen

Das Erste, was mir in diesen Tagen bewusst geworden ist, sind die vielfältigen Spannungen und Differenzen, in denen das Sakrament der Taufe und darin speziell der Kindertaufe steht. So ist die Taufe einerseits ein die Christenheit verbindendes Sakrament, das trotz seiner unterschiedlichen Feiergestalt weithin ökumenisch anerkannt ist, andererseits aber gliedert es in eine bestimmte Kirchengemeinschaft ein und begründet eine konfessionelle Kirchenzugehörigkeit. Einerseits verbindet sich mit der Taufe eine dichte und weitreichende Theologie, andererseits sehen die Erwartungen und Wünsche der Eltern und Paten vielfach anders aus. Einerseits ist die Taufe eingebunden in rechtliche Ordnungen, die sie schützen und im kirchlichen Alltag handhabbar machen wollen, andererseits begegnen sie sich mit den so unterschiedlichen pastoralen Gegebenheiten oft konfliktträchtig. Einerseits ist die Feier der Taufe an einen liturgisch normativen Ritus gebunden, andererseits wünschen sich viele eine individuelle Gestaltung. Einerseits ist die kirchlich-gemeinschaftliche Dimension zentral für das Verständnis der Taufe, andererseits steht sie aber häufig im Widerspruch zum Wunsch oder zur Realität einer privaten Familienfeier. Schließlich sehe ich einerseits den umfassenden Anspruch, den die Taufe in der Sache von uns fordert (Martin Stuflesser hat dafür das Bild vom Mantel gebraucht, der erst ganz aufgeknöpft werden muss, will man ihn wieder richtig zuknöpfen), andererseits verstehe ich auch den Eindruck vieler Verantwortlicher, noch mehr in die Pflicht genommen zu sein und überbeansprucht zu werden. Wenn man schließlich noch bedenkt, das diese Spannungen sich im Horizont großer Ungleichzeitigkeiten in der Praxis der Kindertaufe und vor dem Hintergrund verschieden umfangreicher Neustrukturierungen in unseren Diözesen potenzieren, kann ich erahnen, wie schwer es sein wird, aus den vielfältigen Impulsen dieser Woche zu Theologie, Liturgie und Katechese eine trägfähige Taufpastoral zu entwickeln.

Damit ist klar, die genannten (und ungenannten) Spannungen und Differenzen werden sich nicht leicht lösen lassen und, wenn wir ehrlich sind, sind sie oft wohl auch gar nicht lösbar. Nüchtern und realistisch betrachtet werden wir darum mit den unterschiedlichen Spannungen und Differenzen leben müssen und sollten uns nicht unnötig an den vielen Grautönen unserer Lebenswirklichkeiten abarbeiten, in der Hoffnung, zu einer klaren Trennung zwischen Weiß und Schwarz zu finden und damit zu einer vermeintlich einfacheren Taufpraxis.[2]

---

[2] In eine vergleichbare Richtung votiert auch Eva-Maria FABER, Plädoyer für Gelassen-

2. Konsequenzen und Perspektiven

Dies vorausgesetzt und grundsätzlich akzeptiert nehme ich aber aus den vielfältigen Impulsen, Anregungen und Diskussionen dieser Woche gleichwohl sinnvolle und bedenkenswerte Konsequenzen für Liturgie und Pastoral der Taufe in unseren Pfarrgemeinden wahr und erkenne hilfreiche und weiterführende Perspektiven für die Zukunft. Dabei möchte ich fünf Punkte herausgreifen, die mir besonders zu denken gegeben haben und in denen mir wichtige Gesichtspunkte bewusst geworden sind.

2.1 Kindertaufe im Kontext der Theologie und Liturgie der Erwachseneninitiation

Mir haben viele Beiträge dieser Woche noch einmal gezeigt, dass die Kindertaufe nur von der Theologie und Liturgie der Erwachseneninitiation ableitbar ist und deshalb in einem Bemühen um die Eingliederung von Erwachsenen in der Kirche wurzeln muss. Dorothea Sattler und Martin Stuflesser haben nachdrücklich die Taufe theologisch als Abschluss eines tiefgreifenden Umkehrprozesses, des göttlichen Rufs zum Glauben zu bestimmen gesucht, weshalb alle Entfaltungen der hoch potenzierten Theologie der Taufe von einem mündigen Menschen ausgehen: die Eingliederung in Christus und seine Kirche, die Teilhabe am Paschamysterium des Herrn, die Wiedergeburt aus Wasser und Geist zu einer neuen Schöpfung, die Vergebung der Sünde („Erbsünde") und die Besiegelung mit dem Heiligen Geist.[3] Diese theologischen Dimensionen, die der Taufe innewohnen, brauchen der Deuter und der Deutung aus dem Glauben, wollen sie für das Leben und den Glauben der Kirche heute und der Menschen in ihr relevant und aussagekräftig bleiben. Deshalb müssen wir nach Verbindungen und Anknüpfungspunkten zwischen Theologie und Leben suchen. Dorothea Sattler hat die Anschlussfähigkeit tauftheologischer Aussagen ja am Beispiel der Erbsündenlehre angedeutet, wenn sie aus den Einsichten der Human- und Kulturwissenschaften den Gedanken aufgriff, dass wir Menschen immer von den und mit den Prägungen der vorausgehenden Generationen leben.

Sicher werden nicht alle genannten theologischen Aussagen im-

---

heit in der Sakramentenpastoral, in: Pastoralblatt für die Diözesen Aachen, Berlin, Essen, Hildesheim, Köln und Osnabrück 60 (2008) 227–233.
[3] Vgl. die Hinweise in: Die Feier der Kindertaufe. Pastorale Einführung, hg. vom Sekretariat der Deutschen Bischofskonferenz (Arbeitshilfen 220), Bonn 2008, 6–8, Nr. 1–6.

mer und in jeder Situation gleich anschlussfähig sein und überzeugend Leben und Glauben verbinden. Dies mag auf den ersten Blick unbefriedigend erscheinen und gelegentlich dazu verführen, weniger hilfreiche Aussagen eher beiseite zu lassen. Dennoch möchte ich daran festhalten, dass es über meinen aktuellen und persönlichen Zugang hinaus einen „Mehrwert" in der Theologie und Praxis der Taufe gibt, der im Glaubensverständnis und -sinn der ganzen Kirche wurzelt und darin auch an die Widerständigkeit des Glaubens erinnert, die es gelegentlich auszuhalten gilt. Zudem plädiere ich dafür, tauftheologische Deutungen, die uns heute gerade im Kontext der Kindertaufe kaum zugänglich sind, nicht per Praxis „abzuschaffen", sondern sie in einer Art „Reservatenkammer" zu sichern und zu verwahren. Denn möglicherweise wird es einmal wieder religiöse, mentalitäts- und kulturgeschichtliche Verhältnisse geben, in denen die Aussagen, die mir heute sperrig, gar unhaltbar vorkommen, neu zu sprechen beginnen. Dann ist es gut, wenn wir sie aus unserer theologischen Tradition aufgreifen und wiederum als hilfreiche Deutung wahrnehmen können.[4]

So sehr es stimmt, dass die genannten theologischen Aussagen ihr Gewicht von der Erwachseneninitiation her erhalten, so sehr ist aber auch deutlich geworden, dass die Feier der Kindertaufe etwas präsent hält, was keineswegs nebensächlich ist: Der Glaube ist vor aller menschlichen Leistung immer ein Geschenk Gottes. Wohl kaum eine andere Feier kann dies so nachdrücklich vor Augen führen. Wenn ein kleines Kind getauft wird, das auf alles angewiesen und ohne die Liebe und Zuwendung der Eltern nicht lebensfähig ist, spricht dies ohne Worte von der allem menschlichen Tun zuvorkommenden Zuwendung und Liebe Gottes, der seine heilschaffende Gegenwart aus Gnade „gratis" schenkt. Zudem lässt die Kindertaufe ebenso deutlich erkennen, dass der Glaube niemals einfach fertig und abgeschlossen, sondern offen und ein prozesshaftes Geschehen ist und bleiben muss. Es wird darauf ankommen, gerade diese theologischen Dimensionen in der Praxis der Kindertaufe besonders stark zu machen. Aber dann gilt natürlich auch, was Dorothea Sattler uns zu bedenken gegeben hat: „Wenn der Glaube nach der Kindertaufe

---

[4] Ein schönes Beispiel ist dafür die Kategorie des Opfers, die lange Jahre suspekt und deshalb theologisch und praktisch kaum vermittelbar erschien, seit einigen Jahren aber durch die Kulturwissenschaften und die Kunst neu diskutiert und bei aller notwendigen Abgrenzung und christlichen Profilierung heute wieder in ihrer bleibenden Bedeutung für Theologie und christliche Existenz erkannt wird. Vgl. exemplarisch Albert Gerhards und Klemens Richter (Hg.), Das Opfer. Biblischer Anspruch und liturgische Gestalt (Quaestiones disputatae 186), Freiburg u. a. 2000.

nicht wachsen kann, dann werden alle berechtigten Argumente für die Kindertaufe hinfällig."

2.2 Notwendigkeit einer differenzierten Kindertaufpraxis

Auf diesem Hintergrund sprach Konrad Baumgartner von der sogenannten „Kasualienfrömmigkeit" vieler Zeitgenossen als einer Transformation der früheren konfessionellen Milieus in die kirchlichen Rituale zu Geburt, Hochzeit und Bestattung hinein. Ich sehe diesen Befund als eine Herausforderung für uns, aber auch als eine Anfrage an unsere Sakramentenliturgie und -pastoral. Denn gerade angesichts der Kindertaufe bedarf diese Form der Initiation einer in sich stimmigen Praxis. Insofern ist die Frage aus unserer Diskussion mehr als berechtigt: Muss diese „Kasualienfrömmigkeit" nicht als eine Art „Schwundstufe" gesehen werden, die mehr denn je eine gewisse Zurückhaltung in der Feier des Sakramentes verlangt? Wenngleich hier sicher zu differenzieren ist, bleibt das Problem virulent: Wie weit dürfen wir gehen? Wann dürfen wir (noch) taufen, und wann müssen wir davon absehen?

Reinhild Ahlers hat daran erinnert, dass das kanonische Recht die Möglichkeit für einen begründeten Taufaufschub recht hoch angesiedelt hat. So sollen die Eltern und ihr Kind im Wunsch nach der Taufe ernst genommen werden. Ich möchte allerdings die Eltern auch ernst nehmen angesichts ihrer jeweiligen Glaubenssituation. Schon allein deshalb wird je neu zu bedenken sein, ob zum jetzigen Zeitpunkt die Feier der Taufe erfolgen soll oder nicht. Zudem ist mir aus der Geschichte auch noch einmal klar geworden, dass die Motive zur Taufe der Kinder nicht immer so klar und eindeutig „fromm" waren, wie wir es uns vorstellen und auch heute wünschen würden. Das heißt für mich, wir dürfen in den Zugangsvoraussetzungen Eltern und Paten nicht aus einem vermeintlichen Idealbild heraus überfordern. So sehr ich also einerseits die Eltern ernst nehmen möchte, so möchte ich andererseits aber auch das Sakrament der Taufe in seiner Bedeutung ernst nehmen. Und hieraus ergibt sich für mich zwangsläufig ein besonderes Bemühen um die Katechese mit Eltern und Paten in all ihren unterschiedlichen Formen und methodischen Zugängen. Dabei scheint mir gerade für die Sakramentenkatechese die Orientierung an dem, was die Kirche in ihren Sakramenten feiert und welche Gestalt diese Feier in concreto annimmt, ein Maßstab zu sein, hinter den wir nicht gut zurückfallen können.[5] Gerade in einer

---

[5] Vgl. dazu meine Überlegungen bei der 5. Trierer Sommerakademie: Die Feier als Maßstab. Überlegungen zum Verhältnis von Sakramentenkatechese und Sakramenten-

mystagogischen Katechese liegen besondere Chancen, da sie ganz dicht die Erlebnis- und Erfahrungsoffenheit der Menschen und die Erlebnis- und Erfahrungsdimension der Liturgie in ein lebendiges Gespräch zu bringen vermag. Dieser Weg, das Leben und den Glauben zu erschließen, weist einmal mehr auf das kirchliche Geschehen der Sakramente hin, das sich nicht nur in der gemeinsamen Feier, sondern auch in Formen der gemeindlichen Katechese artikuliert.

Genau daran knüpft die in der Neuausgabe des Kindertaufrituales eröffnete Möglichkeit an, die Feier der Taufe in zwei Stufen zu begehen. Hier bilden die Eröffnung des Weges, die intensivierte Taufvorbereitung und die Tauffeier selbst als Abschluss ein einheitliches Geschehen.[6] Sicher haben wir damit nicht das pastorale Erfolgsrezept oder das Allheilmittel zur Hand und insofern sollten wir nicht überzogene Erwartungen an dieses Modell knüpfen. Dennoch verbindet sich mit der Feier in zwei Stufen eine hilfreiche Perspektive für die Kindertaufpastoral, und ich kann nur Konrad Baumgartner beipflichten, der uns ermutigt hat, diese Form in unseren Pfarrgemeinden sachgerecht zu kommunizieren und möglichst vielfältige Erfahrungen mit diesem Modell zu sammeln.

Gerade das letztgenannte Beispiel macht deutlich, wie sehr auch im Bereich der Kindertaufe eine differenzierte Sakramentenpastoral vonnöten ist. Deshalb wird es in einer Pfarrei mutmaßlich gleichzeitig unterschiedliche Wege zur Vorbereitung und Feier der Taufe geben müssen, um so den verschiedenen Situationen angemessen Rechnung zu tragen.

2.3 Kindertaufe als Gottesdienst der Kirche

Eine unsere Sommerakademie begleitende Frage war: Wie kann die individualisierte und privatisierte Feier der Taufe überwunden und die Kindertaufe wieder stärker zu einem Gottesdienst der Gemeinde werden? Dazu haben wir viel Erhellendes von Stephan George gehört. Er hat zu Recht an die verschiedenen Formen und Möglichkeiten der Taufe in der Ostervigil und in der sonntäglichen Gemeindemesse erinnert, auf die Taufe mehrerer Kinder in einer Feier

---

liturgie am Beispiel der Firmung, in: Winfried Haunerland und Alexander Saberschinsky (Hg.), Liturgie und Mystagogie, Trier 2007, 45–62.

[6] Die Feier der Kindertaufe in den Bistümern des deutschen Sprachgebietes. Zweite authentische Ausgabe auf der Grundlage der Editio typica altera 1973, Freiburg u. a. 2007, 141–175; vgl. dazu auch die Pastorale Einführung (s. Anm. 3), 20 f., Nr. 35–38 und Winfried HAUNERLAND, Die Feier der Kindertaufe in zwei Stufen. Ein innovativer Anstoß zur Erneuerung der Sakramentenkatechese, in: ders. und Eduard Nagel (Hg.), Den Glauben weitergeben. Werkbuch zur Kindertaufe, Trier 2008, 24–28.

hingewiesen und betont, wie sehr eine festliche Gestaltung durch Gesang und Musik, aber auch durch die Beachtung der verschiedenen liturgischen Dienste schon wesentlich dazu beitragen kann, die kirchlich-gemeinschaftliche Dimension der Tauffeier zu verstärken. Aber auch hier bedarf es meines Erachtens einer sensiblen Differenzierung. Wo ein Pfarrer die Eltern überreden konnte, ihr Kind doch in der Osternacht taufen zu lassen, die Eltern aber ihrerseits zu diesen Intensivformen kirchlicher Liturgie kaum Kontakt haben, dementsprechend unsicher sind und sich gegebenenfalls sogar der Gemeinde vorgeführt empfinden, da stellt sich die Frage, ob hier angemessen die Situation der betroffenen Familie wie die besondere Feiergestalt der Ostervigil berücksichtigt wurde. Vergleichbares gilt wohl auch für die Kindertaufe innerhalb der sonntäglichen Gemeindemesse.

Sehr einleuchtend und hilfreich erscheint mir der Gedanke, spezielle Gruppen zur Mitfeier der Taufe ausdrücklich einzuladen, wie dies etwa im Rahmen der Erstkommunionkatechese mit Gruppen von Kommunionkindern oder, wie aus dem Plenum berichtet, durch verschiedene Chöre geschieht. Ich erinnere mich, dass schon vor vielen Jahren Balthasar Fischer auf die besondere Affinität älterer Menschen zu neugeborenen Kindern hingewiesen hat. Auch hier liegt sicher eine Chance, die Taufgemeinde über den Kreis der Tauffamilien hinaus zu erweitern.[7] Ebenso könnten die vielerorts lebendig gewesenen, zum Teil heute in ihrem Wert wieder erkannten oder gar erneut reaktivierten Nachbarschafts-Strukturen auch für die Mitfeier am Taufgottesdienst zu gewinnen sein. Wenngleich hier örtliche Traditionen und konkrete Gegebenheiten zu berücksichtigen sind, so wird man doch sagen dürfen, dass es durchaus möglich ist, die Tauffeier in eine größere kirchliche Öffentlichkeit zu stellen. Denn wo es gelingt, den Kreis der Feiergemeinde auszuweiten, wird ja nicht nur rein äußerlich die gemeinschaftlich-kirchliche Dimension der Sakramente dargestellt. Es ist darüber hinaus zudem keineswegs ein geringer Dienst, wenn dabei die im Glauben und Gottesdienst der Kirche Beheimateten in ihrem Beten, Singen und Mitvollziehen zugleich denen eine Stütze bieten, die sich eher als Gäste, denn als Teilnehmer der Feier im Sinn der participatio actuosa empfinden.

Schließlich hat uns Jean-Claude Reichert auf die in der Kindertaufpastoral der französischen Diözesen bekannte Unterscheidung

---

[7] Balthasar FISCHER, Taufgottesdienst als Gemeindegottesdienst – Eine Utopie?, in: Albert Gerhards und Andreas Heinz (Hg.), ders., Redemptionis mysterium. Studien zur Osterfeier und zur christlichen Initiation, Paderborn u. a. 1992, 235–240, hier 239 (Erstveröff. 1986).

zwischen den Paten und der Patenschaft aufmerksam gemacht. Dahinter steht der Gedanke, dass neben den Taufpaten ein Mitglied der Pfarrei die Patenschaft für ein Kind oder eine Tauffamilie übernimmt und als Kontaktperson bei der Begleitung und Einführung in die Gemeinde behilflich ist. Auch wenn im Hintergrund sicher die speziellen französischen Verhältnisse (vor allem auch der Großstädte) stehen, können wir uns anregen lassen, nach vergleichbaren Formen zu suchen, in denen die kirchliche Dimension des Taufsakramentes sich nicht allein auf die Liturgie beschränkt.

2.4 Kindertaufe als mystagogische Feier

Schließlich möchte ich gerne den Gedanken aufgreifen, dass auch die Feier der Kindertaufe – wie alle sakramentliche Liturgie – einer mystagogischen Feierkultur bedarf. Zu Recht haben darum Konrad Baumgartner, Stephan George, Martin Stuflesser und Klaus Peter Dannecker auf je unterschiedliche Weise uns als Merkposten mitgegeben: Das ganze Feiergeschehen mit seinen symbolischen Handlungen hat eine ganz eigene Verkündigungs- und Zeugniskraft, die nicht durch Pseudo-Symbole ergänzt werden muss und die eine solche Ergänzung auch gar nicht verträgt. Wenn wir den zeichenhaften Vollzügen den Raum gewähren, der ihnen zukommt und sie selbst sprechen lassen, kann sich eine geistlich-liturgische Erfahrungswelt öffnen, die letztlich nicht von uns Menschen lebt, sondern vom Wirken Gottes im Hier und Jetzt. Deshalb benötigen wir auch eine Sorgfalt für unsere Zeichen wie Taufkleid und Taufkerze, vor allem aber für die zentralen Elemente wie Chrisamsalbung und Wasserbad. Die Tauforte, die wir auf unserer Exkursion am Mittwoch kennen gelernt haben, waren leider nicht „in Aktion", also in der tatsächlichen Feierpraxis zu erleben. Sie haben dennoch erkennen lassen, wie sehr der Ort die Feiergestalt (mit)bestimmt. Es hängt nicht unwesentlich von der räumlichen Disposition und der Anlage ab, ob Kinder (und Erwachsene) durch Untertauchen oder im Wasser befindlich durch Übergießen getauft werden können. Ähnliches gilt für die Ausdrucksgestalt der Salbung. Martin Stuflesser hat verschiedentlich auf die Taufpraxis in vielen Pfarrgemeinden der USA aufmerksam gemacht und für einen unbefangeneren Umgang mit den sakramentlichen Zeichen Wasser und Öl plädiert. Aber auch über die Taufliturgie hinaus ist zu fragen, wie der Taufort in Gestaltung und Pflege dazu beitragen kann, die besondere Wertschätzung des Sakramentes der Taufe schon durch seine optische Präsenz sichtbar zu halten.

Wenn von einer mystagogischen Feierkultur die Rede ist, müssen sich aber auch die liturgischen Dienste, vorrangig natürlich der

Priester bzw. Diakon, bewusst sein, dass sie jetzt ganz bei dem sind, was in dieser Feier von Gott her geschieht. Ich meine, die vielzitierte *ars celebrandi* besteht zu einem nicht geringen Maße darin, dass wir bereit sind, uns ganz in die Feier hineinzubegeben und uns selbst für das zu öffnen, was sich nun ereignet. Dann erst wird alles menschliche Handeln im Gottesdienst durchsichtig auf den hin, der hier der zentral Handelnde und der eigentliche Liturge seiner Kirche ist. Nur so vermögen wir auch die Feiergemeinschaft hineinzuholen in den Raum des sakramentalen Geschehens. Das darf nicht verwechselt werden mit geistloser Routine oder ritueller Persolvierung. Ich bin vielmehr überzeugt, dass nur wenn wir selbst uns in den Raum Liturgie, den Raum der heilvollen Begegnung zwischen Gott und den Menschen begeben, wir immer auch zugleich ganz nahe bei den Taufkindern und ihren Eltern, Paten, Geschwistern und allen übrigen Mitfeiernden sind. Dabei denke ich noch einmal an Jean-Claude Reichert, der davon gesprochen hat, den Taufgottesdienst und sein Umfeld nicht im Kern nur als Teil einer pastoralen Strategie wahrzunehmen, sondern darauf zu vertrauen, dass im Geschehen der Liturgie Gott einbricht in unser Leben, unser Leben ergreift, um uns mit seiner heilenden Gegenwart zu erfüllen.[8]

2.5 Leben aus der Taufe als umfassende Perspektive der Taufliturgie und -pastoral

Dieser letztgenannte Gedanke lenkt den Blick auf mich und lässt mich fragen nach meinem persönlichen Verhältnis zu meinem Getauft-Sein. Was bedeutet mir meine Taufe? Ist meine Taufe die beständige Quelle meines Christ-Seins? Diesen Fragen kann ich nicht ausweichen, will ich die Taufliturgie und -pastoral nicht nur einfach als seelsorgliches Mittel oder gar als Methode zur Gewinnung von Kirchenmitgliedern missverstehen.

Noch einmal darf ich auf Konrad Baumgartner hinweisen, der uns die (Tauf-)Katechese als einen lebenslangen Prozess vorgestellt hat und darin eine gewisse Entlastungsfunktion für den punktuellen katechetischen Kontakt mit den Eltern und Paten vor der Taufe sieht. Diesen Faden nehme ich auf, wenn ich meine, wir brauchen angesichts der Wandlungen und massiven Veränderungen der kirchlichen Landschaft eine theologisch stimmige und langfristig bestehende Perspektive. Und die sehe ich, wie eingangs bereits erwähnt, möglicherweise in der Erneuerung der Taufspiritualität. Denn alle Einzel-

---

[8] Vgl. insgesamt zu diesen Überlegungen die Beiträge im Dokumentationsband der 5. Trierer Sommerakademie: Liturgie und Mystagogie (s. Anm. 5).

aktionen der Taufpastoral sind zum Scheitern verurteilt, wenn sie nicht getragen sind von einer grundlegenden Option für unser pastorales Handeln.

Darum erscheint mir Martin Stuflessers Plädoyer für eine umfassende Stärkung des Taufbewusstseins in unserer Kirche sehr einleuchtend. Er hat dabei an die vielfältigen liturgischen Formen des Taufgedächtnisses erinnert, die es zu beleben und zu fördern gilt. Aber wenn ich ihn recht verstanden habe, muss es darüber hinaus darum gehen, die Taufe in ihrer fundamentalen Bedeutung für den Glauben und das kirchliche Leben wieder neu wahrzunehmen und von daher unser pastorales Handeln befruchten zu lassen. Was das heißen kann, ist mir in dem Bild aus der Pfarrkirche St. Maria Magdalena in Bochum-Wattenscheid bewusst geworden: Der Sarg, der über dem Wasser der Taufe und unter dem Kreuz steht.

Sollte sich also die Stärkung des Taufbewusstseins als ein hilfreicher Beitrag zu einer zukunftsweisenden Option für die Seelsorge erweisen, dann richtet sich noch einmal mehr die Anfrage an uns persönlich. Denn nur wenn wir selbst aus dem Geheimnis unserer Taufe leben, können wir auch in den Pfarrgemeinden diese Perspektive offen halten. Unwillkürlich muss ich dabei an die Weihnachtspredigt Leos des Großen († 461) denken, der seiner Gemeinde das Mysterium der Menschwerdung auslegt in der Begegnung zwischen Gott und den Menschen, die sich für jeden Getauften in seinem Leben aus der Taufe konkretisiert. Seine Mahnung, vom Geheimnis der Taufe nicht zu gering zu denken, steht mir deshalb am Ende dieser Sommerakademie deutlich vor Augen: „Christ erkenne deine Würde!"[9]

---

[9] Leo der Grosse, Sermo de natale Domini 1,1–3, hier nach: Lektionar zum Stundenbuch. Für die katholischen Bistümer des deutschen Sprachgebietes. Authentische Ausgabe für den liturgischen Gebrauch. Heft 1: Advent und Weihnachten. Erste Jahresreihe, Einsiedeln u. a. 1978, 115–117; vgl. auch die Kommentierung in: Hora lectionis. Die Festtagslesungen der Alten Theologen aus dem Stundenbuch der Kirche, kommentiert von Hans Reinhard Seeliger, Regensburg 1991, 20–22.

Tagungsabfolge

der 7. Trierer Sommerakademie
„Die Liturgie der Kindertaufe"
vom 4. bis 8. August 2008

Montag, 4. August 2008

16:00 *Prof. Dr. Jürgen Bärsch, Eichstätt*
Die Taufe kleiner Kinder – Von einer kirchlichen Praxis und ihren Fragen. Einführung in das Tagungsthema der 7. Trierer Sommerakademie

16:30 *Dr. Eduard Nagel, Deutsches Liturgisches Institut, Trier*
Den Glauben weitergeben. Die revidierte „Feier der Kindertaufe"

Dienstag, 5. August 2008

09:00 *Prof. Dr. Jürgen Bärsch, Eichstätt*
Wie die Kirche Kinder taufte ... Streiflichter aus der Geschichte als Anfragen für die Gegenwart

11:00 *Prof. Dr. Dorothea Sattler, Münster*
Gewiss werden, getauft zu sein. Ökumenische Perspektiven vor dem Hintergrund der Kindertaufpraxis

14:00 *Prof. Dr. Reinhild Ahlers, Münster*
Kirchenrechtliche Fragen rund um die Feier der Kindertaufe

16:00 *Prof. Dr. Hanns Kerner, Nürnberg*
Praxis der Kindertaufe in der evangelischen Kirche. Theologische, liturgische und seelsorgerliche Aspekte

Mittwoch, 6. August 2008

09:00 *Prof. Dr. Konrad Baumgartner, Regensburg*
Die Taufe von Kindern – pastorale Probleme und Aufgaben

11:00	*P. Dr. Jean-Claude Reichert, Paris* Die Kindertaufe in Frankreich – Entwicklungen der Sakramentenpraxis und der theologischen Diskussion
14:00	*Anja Lempges, Frankfurt/Mainz* Orte für die Feier der Taufe *(Exkursion)*

Donnerstag, 7. August 2008

09:00	*Dr. Stephan George, Leipzig* Die Feier der Taufe – ein Gemeindegottesdienst!
11:00	*Prof. Dr. Martin Stuflesser, Würzburg* „Oh Seligkeit, getauft zu sein …" Feierformen des Taufgedächtnisses heute
14:00	Workshops (werden jeweils zweimal angeboten)

Prof. Matthias Kreuels, Deutsches Liturgisches Institut, Trier
Musik und Gesang bei der Kindertaufe

Dr. Stephan George, Leipzig
Wenn Paare sich trauen und ihre Kinder taufen lassen wollen

Prof. Dr. Konrad Baumgartner, Regensburg
Verkündigung bei der Feier der Kindertaufe

Prof. Dr. Klaus Peter Dannecker, Deutsches Liturgisches Institut, Trier
Die Zeichen sprechen lassen. Anstiftung zur symbolgerechten und mystagogischen Feier der Kindertaufe. Mit (Film-)Beispielen und eigenen Versuchen.

Freitag, 8. August 2008

09:00	*Prof. Dr. Jürgen Bärsch, Eichstätt* Heute Kinder taufen. Erkenntnisse und Aufgaben
10:00	Abschlussrunde (anschließend Reisesegen)

Mitarbeitende

Ahlers, Reinhild, Dr. theol, Lic. iur. can., Professorin für Kirchenrecht an der Katholisch-Theologischen Fakultät der Westfälischen Wilhelms-Universität Münster, Leiterin der Abteilung Kirchenrecht im Bischöflichen Generalvikariat Münster, Diözesanrichterin

Baumgartner, Konrad, Dr. theol., Professor em. für Pastoraltheologie an der Katholisch-Theologischen Fakultät der Universität Regensburg

Bärsch, Jürgen, Dr. theol., Professor für Liturgiewissenschaft an der Theologischen Fakultät der Katholischen Universität Eichstätt-Ingolstadt

Dannecker, Klaus Peter, Dr. theol., Professor für Liturgiewissenschaft an der Theologischen Fakultät Trier

George, Stephan, Dr. theol., Pfarrer in Leipzig

Kerner, Hanns, Dr. Dr., Professor für Praktische Theologie an der Friedrich-Alexander-Universität Erlangen-Nürnberg, Leiter des Gottesdienst-Instituts der Evangelisch-Lutherischen Kirche in Bayern

Kreuels, Matthias, KMD Prof., Referent im Deutschen Liturgischen Institut, Trier

Lempges, Anja, Dipl. theol., cand. phil., Kunsthistorikerin, Frankfurt, Mitarbeiterin des Bischöflichen Dom- und Diözesanmuseums Mainz

Nagel, Eduard, Dr. theol., Referent im Deutschen Liturgischen Institut, Trier

Poschmann, Andreas, Dr. theol., Referent im Deutschen Liturgischen Institut, Trier

Reichert, Jean-Claude, Dr. theol., Leiter der Nationalstelle für Katechese und Katechumenat der französischen Bischofskonferenz, Paris

Sattler, Dorothea, Dr. theol., Professorin für Ökumenische Theologie und Dogmatik an der Katholisch-Theologischen Fakultät der Westfälischen Wilhelms-Universität Münster und Direktorin des Ökumenischen Instituts

Stuflesser, Martin, Dr. theol., Professor für Liturgiewissenschaft an der Katholisch-Theologischen Fakultät der Universität Würzburg